KB087682

#홈스쿨링
#혼자공부하기

우등생
국어

Chunjae
Makes
Chunjae

▼

우등생 국어 2-2

기획총괄	박상남
편집개발	원명희, 김한나, 정시현, 임주희
디자인총괄	김희정
표지디자인	윤순미, 여화경
내지디자인	박희춘, 이혜미
제작	황성진, 조규영
이미지 제공	아이클릭아트, Shutterstock, Getty Images Bank 외

발행일	2024년 8월 1일 초판 2024년 8월 1일 1쇄
발행인	(주)천재교육
주소	서울시 금천구 가산로9길 54
신고번호	제2001-000018호
고객센터	1577-0902

문해력 부록

헷갈리는 어휘 수첩

잘못 쓰기 쉬운 어휘
헷갈리는 어휘
뜻에 따라 다른 어휘

PERFECT!
언제 나 우 등생

초등
국어 2·2

천재교육

헷갈리는
어휘 수첩

잘못 쓰기 쉬운 어휘	뜻에 따라 다른 어휘	헷갈리는 어휘
돌뿌리 X 돌부리 O	낫다 낳다	안 되요 → 안 돼요

활용법

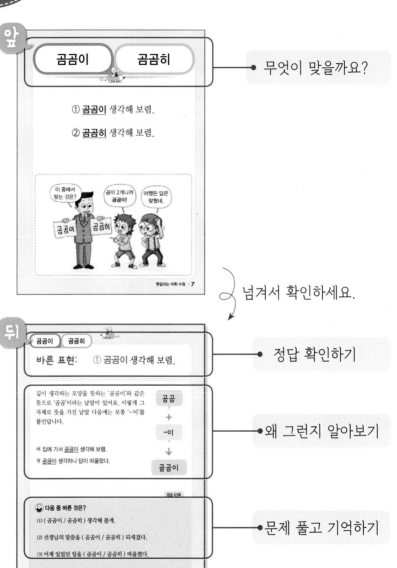

앞

곰곰이 · 곰곰히

무엇이 맞을까요?

① **곰곰이** 생각해 보렴.

② **곰곰히** 생각해 보렴.

이 중에서 맞는 것은?

곰이 2개니까 곰곰이!

어쨌든 답은 맞혔네.

곰곰이 · 곰곰히

헷갈리는 어휘 수첩 · **7**

넘겨서 확인하세요.

뒤

곰곰이 · 곰곰히

바른 표현: ① 곰곰이 생각해 보렴.

정답 확인하기

깊이 생각하는 모양을 뜻하는 '곰곰이'와 같은 뜻으로 '곰곰'이라는 낱말이 있어요. 이렇게 그 자체로 뜻을 가진 낱말 다음에는 보통 '-이'를 붙인답니다.

곰곰
+
-이
↓
곰곰이

왜 그런지 알아보기

예) 집에 가서 <u>곰곰이</u> 생각해 보렴.
예) <u>곰곰이</u> 생각하니 답이 떠올랐다.

정답 63쪽

다음 중 바른 것은?

(1) (곰곰이 / 곰곰히) 생각해 볼게.

(2) 선생님의 말씀을 (곰곰이 / 곰곰히) 되새겼다.

(3) 어제 있었던 일을 (곰곰이 / 곰곰히) 떠올렸다.

문제 풀고 기억하기

8 · 2-2

차례

가려고　　갈려고

① 밭에 **가려고** 한다.

② 밭에 **갈려고** 한다.

지금 밭에 갈려고 해.

밭을 갈려고? 밭에 가려고?

가려고 **갈려고**

바른 표현: ① 밭에 가려고 한다.

'숙제를 하려고 한다.', '밥을 먹으려고 한다.'
처럼 무엇을 하려는 마음을 가지고 있을 때에는
'-려고'를 붙여서 표현해야 바릅니다.

> **할려고**
>
> (✕)
>
> ↓
>
> **하려고**
>
> (◯)

㉖ 시장에 <u>가려고</u> 버스를 탔다.

㉖ 도서관에 <u>가려고</u> 한다.

※ '밭을 갈다'의 '갈다'에 '-려고'가 붙으면 '밭을 갈려고'가 됩니다.
  ㉖ (돈을 벌다 ➡ 돈을 벌려고 / 무를 썰다 ➡ 무를 썰려고)

정답 63쪽

🙂 **다음 중 바른 것은?**

(1) 동생이 문구점에 (가려고 / 갈려고) 나갔다.

(2) 학교에 (가려고 / 갈려고) 신발을 신었다.

(3) 놀이터에 (가려고 / 갈려고) 친구를 불렀다.

가리키다 · 가르치다

① 동생에게 글자를 **가리키다**.

② 동생에게 글자를 **가르치다**.

내가 글자를 **가리켜** 줄게.

엄마가 우리 딸 먼저 **가르쳐** 줄게.

가리키다	가르치다

바른 표현: ② 동생에게 글자를 가르치다.

'가리키다'는 '손가락 등으로 어떤 방향이나 물건을 집어서 보이거나 알리다.'라는 뜻이에요. 그리고 '가르치다'는 '알지 못하던 것을 깨닫거나 익히게 하다.'라는 뜻이지요.

방향이나 물건을 보게 할 때	→	가리키다

모르는 것을 알려 줄 때	→	가르치다

㉠ 집을 <u>가리키며</u> 그쪽으로 가라고 하였다.

㉠ 선생님께서 국어를 <u>가르쳐</u> 주셨다.

정답 63쪽

🙂 다음 중 바른 것은?

(1) 시곗바늘이 1시를 (가리켰다 / 가르쳤다).

(2) 우리나라 역사를 바르게 (가리키는 / 가르치는) 사람이다.

(3) 형이 지도에서 남극을 (가리키며 / 가르치며) 가고 싶다고 하였다.

곰곰이   곰곰히

① **곰곰이** 생각해 보렴.

② **곰곰히** 생각해 보렴.

곰곰이 곰곰히

바른 표현: ① 곰곰이 생각해 보렴.

깊이 생각하는 모양을 뜻하는 '곰곰이'와 같은 뜻으로 '곰곰'이라는 낱말이 있어요. 이렇게 그 자체로 뜻을 가진 낱말 다음에는 보통 '-이'를 붙인답니다.

 곰곰

+

 -이

↓

 곰곰이

㉠ 집에 가서 <u>곰곰이</u> 생각해 보렴.

㉠ <u>곰곰이</u> 생각하니 답이 떠올랐다.

정답 63쪽

😊 다음 중 바른 것은?

(1) (곰곰이 / 곰곰히) 생각해 볼게.

(2) 선생님의 말씀을 (곰곰이 / 곰곰히) 되새겼다.

(3) 어제 있었던 일을 (곰곰이 / 곰곰히) 떠올렸다.

구지 　 굳이

① **구지** 도와준다니 말릴 수 없네.

② **굳이** 도와준다니 말릴 수 없네.

바른 표현: ② 굳이 도와준다니 말릴 수 없네.

'고집을 부려서 일부러'의 뜻을 가진 낱말은 '굳이'입니다. 소리 나는 대로 '구지'라고 쓰지 않도록 주의해야 해요.

(×)

↓

(○)

㉠ 굳이 돈 주고 사지 마세요.

㉠ 굳이 불을 켜지 않아도 잘 보입니다.

정답 63쪽

🙂 다음 중 바른 것은?

(1) (구지 / 굳이) 비교하자면 이 연필이 더 낫다.

(2) 힘들면 (구지 / 굳이) 할 필요는 없다.

(3) (구지 / 굳이) 나무를 베지 않아도 된다.

깡총깡총　　깡충깡충

① 토끼가 **깡총깡총** 뛴다.

② 토끼가 **깡충깡충** 뛴다.

엄마, 저 **깡총깡총** 잘 뛰지요.

깡충깡충 뛰면서 어디를 가니?

깡총깡총 깡충깡충

바른 표현: ② 토끼가 깡충깡충 뛴다.

'짧은 다리를 모으고 자꾸 힘 있게 솟구쳐 뛰는 모양'을 '깡충깡충'이라고 해요. 예전에는 '깡총깡총'도 맞는 표현이었지만 요즈음에는 '깡충깡충'만 표준어랍니다.

깡총깡총

(×)

깡충깡충

(○)

㉠ 아이가 <u>깡충깡충</u> 달려왔다.

㉠ 계단을 <u>깡충깡충</u> 뛰어 올라갔다.

정답 63쪽

다음 중 바른 것은?

⑴ 친구들이 (깡총깡총 / 깡충깡충) 뛰며 좋아했다.

⑵ 눈이 오자 개가 (깡총깡총 / 깡충깡충) 뛰었다.

⑶ 바닷가에서 (깡총깡총 / 깡충깡충) 뛰며 술래잡기를 하였다.

날아가다 날라가다

① 제비가 **날아가다**.

② 제비가 **날라가다**.

날아가다 **날라가다**

바른 표현:　　① 제비가 날아가다.

'날아가다'를 '날라가다'로 쓰는 것은 잘못된 표현입니다. '날다'에 '-아'가 붙고 그다음에 '가다'라는 말이 이어진 것이므로 '날아가다'가 바른 표현입니다.

날다 + **-아** + **가다** → **날아가다**

㉑ 로켓이 하늘로 <u>날아가다</u>.

㉑ 공이 친구 쪽으로 <u>날아가다</u>.

※ '날라 주다'는 '물건을 옮기어 주다'라는 뜻입니다.

정답 63쪽

다음 중 바른 것은?

(1) (날아가는 / 날라가는) 것처럼 빠르게 집에 왔다.

(2) 비행기가 (날아가다 / 날라가다).

(3) 벌이 (날아가서 / 날라가서) 꽃 위에 앉았다.

낫다 　 낳다

① 약을 먹고 감기가 **낫다**.

② 약을 먹고 감기가 **낳다**.

약을 먹었더니 감기가 **낳**네.

감기가 **낫**지 않고 **낳**았어? 더 심해진 거야?

 **낫다** **낳다**

바른 표현: ① 약을 먹고 감기가 낫다.

병이나 상처 등이 고쳐져서 본래
대로 되는 것은 '낫다'라고 해요.
'낳다'는 '아이를 낳다, 알을 낳다'
처럼 배 속의 아이, 새끼, 알을 몸
밖으로 내놓는다는 뜻이랍니다.

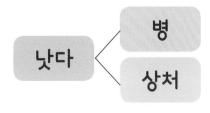

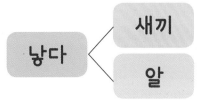

㉾ 주사를 맞고 병이 <u>낫다</u>.

㉾ 이모가 아들을 <u>낳다</u>.

정답 63쪽

🙂 다음 중 바른 것은?

(1) 고모가 쌍둥이를 (낫다 / 낳다).

(2) 병원에서 꾸준히 치료를 받아서 병이 (낫다 / 낳다).

(3) 우리 집 개가 새끼를 (나았다 / 낳았다).

덥다　덮다

① 여름이라서 날씨가 **덥다**.

② 여름이라서 날씨가 **덮다**.

덥다　덮다

바른 표현: ① 여름이라서 날씨가 <u>덥다</u>.

'덥다'는 여름의 날씨처럼 공기의 온도가 높다는 뜻이고, '덮다'는 어떤 것이 보이지 않도록 얹어서 씌운다는 뜻이에요.

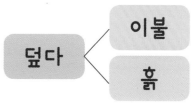

㉠ 오늘이 어제보다 더 <u>덥다</u>.

㉠ 이불을 <u>덮다</u>.

정답 63쪽

🙂 다음 중 바른 것은?

(1) 초가을이지만 한낮에는 아직 (덥다 / 덮다).

(2) 먼지가 많아서 종이로 컵을 (덥다 / 덮다).

(3) 날씨가 추워서 담요를 (덥다 / 덮다).

돌뿌리　　돌부리

① **돌뿌리**에 걸려서 넘어지다.

② **돌부리**에 걸려서 넘어지다.

바른 표현: ② 돌부리에 걸려서 넘어지다.

'부리'는 어떤 물건의 끝이 뾰족한 부분을 뜻해요. 그래서 땅 위로 내민 돌멩이의 뾰족한 부분을 뜻하는 낱말은 '돌부리'예요.

㉰ 돌부리를 툭툭 차며 걸었다.

㉰ 동생이 돌부리에 걸려 넘어지더니 울음을
  터뜨렸다.

돌부리

정답 63쪽

😀 다음 중 바른 것은?

(1) (돌뿌리 / 돌부리)를 걷어차서 발가락을 다쳤다.

(2) 솟아 있는 (돌뿌리 / 돌부리)를 피해 조심스럽게 걸어라.

(3) 달리기를 하다가 (돌뿌리 / 돌부리)에 걸려 넘어질 뻔했다.

-든지 -던지

① 사과**든지** 배**든지** 마음대로 먹어.

② 사과**던지** 배**던지** 마음대로 먹어.

어느 것을 먹을까요?

둘 다 얼마나 달**던지** 아주 맛있더라. 사과**든지** 배**든지** 마음대로 먹어.

바른 표현:　① 사과든지 배든지
마음대로 먹어.

말한 것 중에서 선택할 때에는 '－든지'를 써요. '－던지'는 지난 일을 생각하며 말을 이을 때에 쓰는 말이에요.

－든지 ── 선택

－던지 ── 지난 일

㉠ 도서관에 가<u>든지</u> 놀이터에 가<u>든지</u> 해라.

㉠ 책이 얼마나 재미있<u>던지</u> 시간 가는 줄 몰랐어.

정답 63쪽

다음 중 바른 것은?

(1) 숙제를 (하든지 말든지 / 하던지 말던지) 마음대로 해.

(2) 물을 (마시든지 / 마시던지) 우유를 (마시든지 / 마시던지) 해.

(3) 다리가 얼마나 (아프든지 / 아프던지) 자리에 주저앉았어.

매다　　메다

① 가방을 **<u>매다</u>**.

② 가방을 **<u>메다</u>**.

가방 **매는** 것 좀 도와줘.

가방을 **멜** 거야, **맬** 거야?

매다   메다

바른 표현: ② 가방을 메다.

'매다'는 끈이나 줄로 풀어
지지 않게 묶는다는 뜻이고,
'메다'는 어깨에 걸치거나
올려놓는다는 뜻이에요.

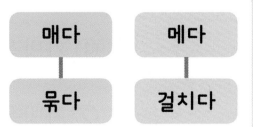

매다	메다
묶다	걸치다

㉠ 신발 끈을 풀어지지 않게 <u>매라</u>.

㉠ 무거운 가방을 <u>메고</u> 학교에 갔다.

정답 63쪽

다음 중 바른 것은?

(1) 차를 타면 안전띠를 (매야 / 메야) 한다.

(2) 엄마께서 리본을 예쁘게 (매 / 메) 주셨다.

(3) 배낭을 (매고 / 메고) 여행을 떠났다.

묶다　　　묵다

① 말을 이 기둥에 **묶다**.

② 말을 이 기둥에 **묵다**.

묶다　　묵다

바른 표현:　① 말을 이 기둥에 묶다.

'묶다'는 끈이나 줄로 매듭을 만들거나 붙들어 맨다는 뜻이고, '묵다'는 어떤 곳에서 머무른다는 뜻이에요.

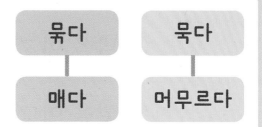

묶다 — 매다

묵다 — 머무르다

㉠ 쓰다 남은 리본을 잘 <u>묶어</u> 두어라.

㉠ 산에서 하룻밤 <u>묵고</u> 왔다.

정답 63쪽

🙂 다음 중 바른 것은?

(1) 머리카락를 양 갈래로 (묶어 / 묵어) 주세요.

(2) 끈 두 개를 (묶어서 / 묵어서) 길게 만들었다.

(3) 할머니 댁에 가서 며칠 (묶고 / 묵고) 왔습니다.

바람 　 바램

① 나의 **바람**을 들어주세요.

② 나의 **바램**을 들어주세요.

산신령님, 제 **바람**은 도끼를 찾는 것입니다.

'**바람**'이라고 하는 나무꾼이 한 명도 없구나.

바람 바램

바른 표현: ① 나의 바람을 들어주세요.

'바람'은 '생각한 대로 이루어지기를 원한다.'는 뜻의 '바라다'에서 온 말입니다. '바램'은 잘못 쓴 표현이에요.

 바라다

＋

 - ㅁ

↓

 바람

㉵ 우리 <u>바람</u>대로 운동회하는 날은 비가 오지 않았다.

㉵ 네 생일이니 <u>바람</u>을 한 가지 말해 보렴.

정답 63쪽

다음 중 바른 것은?

(1) 산신령님, 제 (바람 / 바램)을 들어주세요.

(2) 네게 힘이 되고 싶은 (바람 / 바램)이야.

(3) 나의 (바람 / 바램)은 수진이와 짝이 되는 것이야.

바치다 받치다

① 커다란 무를 **바치다**.

② 커다란 무를 **받치다**.

사또, 커다란 무를 **받치고** 싶습니다.

바치고? 받치고?

바치다	받치다

바른 표현:　① 커다란 무를 바치다.

'바치다'의 뜻은 '윗사람에게 드리다.'이고, '받치다'의 뜻은 '물건이나 몸의 한 부분을 다른 물건이나 몸의 아래에 놓이게 하다.'예요.

드리다	→	바치다

아래에 놓다	→	받치다

㉠ 생신 선물을 <u>바치다</u>.

㉠ 턱을 <u>받치다</u>.

정답 63쪽

다음 중 바른 것은?

(1) 책받침을 (바치다 / 받치다).

(2) 신에게 (바칠 / 받칠) 선물을 준비했다.

(3) 베개를 (바치고 / 받치고) 비스듬히 누워 있다.

설레다　　설레이다

① 선물을 받을 생각에 **설레다**.

② 선물을 받을 생각에 **설레이다**.

받아쓰기 시험에서 백 점 맞으면 선물을 받기로 했어. 정말 **설레이네**.

설레지 않는 것이 좋을 것 같은데.

두두두

설레다 설레이다

바른 표현: ① 선물을 받을 생각에 설레다.

'설레이다'라는 표현을 많이 쓰지만 '설레다'가 맞는 표현이에요. '설레임'도 '설렘'으로 써야 한답니다.

설레이다
설레임
(×)

설레다
설렘
(○)

㉠ 설레는 소풍

㉠ 지민이를 볼 때마다 설렌다.

정답 63쪽

🙂 **다음 중 바른 것은?**

(1) 내일 여행을 간다는 생각에 (설레서 / 설레여서) 잠이 오지 않는다.

(2) 1등이 누구인지 발표하는 순간 (설레서 / 설레여서) 가슴이 쿵쾅거렸다.

(3) 멋진 단풍과 가을 하늘을 보면 마음이 (설렌다 / 설레인다).

쌍동이 　　쌍둥이

① 우리는 **쌍동이**이다.

② 우리는 **쌍둥이**이다.

나와 동생은 쌍동이예요.

나와 형은 쌍둥이예요.

생긴 것은 똑같은데 국어 실력은 다르구나.

쌍동이　쌍둥이

바른 표현:　② 우리는 쌍둥이이다.

'한꺼번에 둘 이상 낳은 아이'를 '쌍둥이'라고
합니다. '쌍동이'라고 쓰지 않도록 주의하세요.

예 <u>쌍둥이</u>가 태어나다.

예 건물이 <u>쌍둥이</u>처럼 똑같이 생겼다.

정답 63쪽

다음 중 바른 것은?

(1) 저 아이들은 (쌍동이 / 쌍둥이)인데 생김새가 다르다.

(2) 형과 나는 (쌍동이 / 쌍둥이)처럼 똑같이 생겼다.

(3) (쌍동이 / 쌍둥이) 형제를 볼 때마다 누가 누구인지 모르겠다.

쑥스럽다　　쑥쓰럽다

① 실수를 해서 **쑥스럽다**.

② 실수를 해서 **쑥쓰럽다**.

쑥스럽다　　쑥쓰럽다

바른 표현:　① 실수를 해서 쑥스럽다.

'쑥스럽다'는 읽을 때에는 '쑥쓰럽다'로 소리 나지만 쓸 때에는 꼭 '쑥스럽다'로 써야 해요.

쑥쓰럽다
(　×　)

⑩ 쑥스러운 얼굴

⑩ 쑥스러운 표정

쑥스럽다
(　○　)

정답 64쪽

😀 다음 중 바른 것은?

⑴ 칠판 앞에 나가 발표하는 것은 정말 (쑥스럽다 / 쑥쓰럽다).

⑵ (쑥스러워서 / 쑥쓰러워서) 미안하다는 말을 하지 못하였다.

⑶ 사람들이 모두 바라보자 (쑥스러워서 / 쑥쓰러워서) 얼굴이 붉어졌다.

안 되요   안 돼요

① 낙서하면 **안 되요**.

② 낙서하면 **안 돼요**.

안 되요   안 돼요

바른 표현: ② 낙서하면 안 돼요.

'되다'에 '-어'가 붙으면 '되어'가 됩니다. 그리고 이것을 줄여서 말하면 '돼'입니다. 그러므로 '안 돼요'가 맞는 표현이에요.

㉖ 수업 시간에 떠들면 <u>안 돼요</u>.

㉖ 쓰레기를 버리면 <u>안 돼요</u>.

안 되다

+

-어

↓

안 되어

↓

안 돼

정답 64쪽

다음 중 바른 것은?

(1) 창문을 두드리면 (안 되요 / 안 돼요).

(2) 칠판에 낙서를 하면 (안 되요 / 안 돼요).

(3) 친구와 싸우면 (안 되요 / 안 돼요).

알맞은   알맞는

① **알맞은** 것을 고르세요.

② **알맞는** 것을 고르세요.

알맞은 알맞는

바른 표현: ① 알맞은 것을 고르세요.

정해 놓은 기준에 넘치거나
모자라지 않을 때 '알맞은'
이라고 해요. '알맞는'은
틀린 말이에요.
'걸맞다'의 경우 '걸맞는'
이라고 하지 않고 '걸맞은'이라고 쓴다는 것도 알아
두세요.

| 알맞은 ○ | 알맞는 ✕ |
| 걸맞은 ○ | 걸맞는 ✕ |

㉠ 빈칸에 <u>알맞은</u> 말을 써넣으시오.

㉠ 날씨에 <u>알맞은</u> 옷차림을 하고 다녀라.

정답 64쪽

다음 중 바른 것은?

(1) 오늘은 나들이하기에 (알맞은 / 알맞는) 날씨이다.

(2) 자신에게 (알맞은 / 알맞는) 운동을 하는 것이 좋다.

(3) 글을 쓸 때에는 (알맞은 / 알맞는) 표현을 써야 한다.

어이없다　　어의없다

① **어이없는** <u>어이없는</u> 행동을 하였다.

② **어의없는** <u>어의없는</u> 행동을 하였다.

어이없다 어의없다

바른 표현: ① 어이없는 행동을 하였다.

'어이없다'는 '일이 너무 뜻밖이어서 기가 막히
다.'라는 뜻의 말이에요. 비슷한 말로는 '어처구
니없다', '놀랍다' 등의 말이 있어요.

어이
+
없다
↓
어이없다

㉮ 어이없는 말은 듣고 싶지 않다.

㉮ 어이없게도 방 안에서 넘어졌다.

정답 64쪽

🙂 다음 중 바른 것은?

(1) 시험에서 (어이없는 / 어의없는) 실수를 하였다.

(2) 동생의 (어이없는 / 어의없는) 거짓말에 웃음만 나왔다.

(3) 줄다리기 경기에서 옆 반에 (어이없게 / 어의없게) 졌다.

-에요   -예요

① 제가 키우는 고양이**에요**.

② 제가 키우는 고양이**예요**.

-에요 **-예요**

바른 표현: ② 제가 키우는 고양이예요.

'-예요'는 '-이에요'가 줄어서 된 말이에요.
주로 받침이 없는 낱말 뒤에는 '-예요'가 붙고,
받침이 있는 낱말 뒤에는 '-이에요'가 붙어요.
'이예요'는 틀린 말이랍니다.

-이에요

-예요

⑩ 전화기예요.(○) / 연필이에요.(○)

　학생이예요.(×) / 동물이예요.(×)

※ '길동이예요'는 앞말이 '길동'이 아니고 '길동이'랍니다. 그래서 '길동이'에 '-예요'가 붙어
　'길동이예요'가 되는 거지요.
　　⑩ 정민이<u>예요</u>. / 호랑이<u>예요</u>.

정답 64쪽

🙂 다음 중 바른 것은?

(1) 제가 사는 (집이에요 / 집이예요).

(2) 이것은 (지우개에요 / 지우개예요).

(3) 동물원에서 본 것은 (호랑이에요 / 호랑이예요).

잃다　　잇다

① 길에서 반지를 **잃어버렸다**.

② 길에서 반지를 **잊어버렸다**.

잃어버린 제 반지를 찾아 주셔서 고마워요.

잃어버린 게 아니라 **잊어버리셨더군요**.

잃다	잊다

바른 표현: ① 길에서 반지를 잃어버렸다.

'잃다'는 가졌던 물건이나 사람 등이 없어지거나 사라졌을 때 사용하고, '잊다'는 알았던 것을 기억하지 못하거나 생각해 내지 못할 때 사용하는 말이에요.

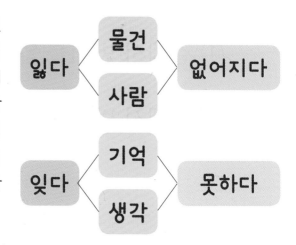

㉠ 친구와 한 약속을 <u>잊어버렸다</u>.

㉠ 길에서 장갑 한 짝을 <u>잃어버렸다</u>.

정답 64쪽

다음 중 바른 것은?

(1) 깜박 (잃고 / 잊고) 필통을 가져오지 않았다.

(2) 공원에서 (잃어버린 / 잊어버린) 강아지를 겨우 찾았다.

(3) 학용품을 (잃어버리지 / 잊어버리지) 않게 잘 관리해야 한다.

장수   장사

① 아버지께서 **장수**를 하신다.

② 아버지께서 **장사**를 하신다.

아버지께서 생선 **장사**를 하면서 아들을 씨름 선수로 키우셨대.

우리 아버지도 생선 **장수**이시니까 나도 씨름 선수가 될 수 있어.

바른 표현: ② 아버지께서 장사를 하신다.

'장수'는 물건을 사서 파는 일을 하는 사람을 뜻하는 말이고, '장사'는 물건을 사서 파는 일을 뜻하는 말이에요.

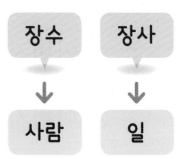

㉮ 아버지께서 사과 <u>장사</u>를 하신다.

㉮ 사과 <u>장수</u>가 사과를 다 팔고 갔다.

정답 64쪽

다음 중 바른 것은?

(1) 어머니께서 (장사 / 장수)를 시작하셨다.

(2) 떡볶이 (장사 / 장수)가 떡볶이를 팔고 있다.

(3) (장사 / 장수)가 무척 잘되어서 돈을 많이 벌었다.

절이다 저리다

① 다리가 **절이다**.

② 다리가 **저리다**.

절이다 저리다

바른 표현:　　② 다리가 저리다.

'절이다'는 '채소나 생선 등에 소금이나 설탕, 식초 등이 배어들게 하다.'라는 뜻이고, '저리다'는 '몸의 일부가 오래 눌려서 감각이 둔하다.'는 뜻이에요.

절이다 ─ 채소 / 생선

저리다 ─ 팔 / 다리

㉠ 오이를 식초에 <u>절였다</u>.

㉠ 일을 많이 했더니 다리가 <u>저렸다</u>.

정답 64쪽

😊 다음 중 바른 것은?

(1) 오이를 (절여 / 저려) 김치를 담갔다.

(2) 다리가 (절여서 / 저려서) 병원에 갔다.

(3) 할머니께서 무릎이 (절이다고 / 저리다고) 하셨다.

조리다   졸이다

① 시합을 보며 가슴을 <u>조리다</u>.

② 시합을 보며 가슴을 <u>졸이다</u>.

정말
가슴을 조리는
시합이에요.

가슴은 생선이
아니니까 졸인다고
해야지.

조리다 졸이다

바른 표현: ② 시합을 보며 가슴을 졸이다.

국물을 적게 바짝 끓일 때는 '조리다'를 쓰고, 마음이나 속을 태울 때는 '졸이다'를 씁니다.

생선을 → 조리다

가슴을 → 졸이다

㉐ 마음을 졸이며 경기를 보았다.

㉐ 멸치와 고추를 간장에 조렸다.

정답 64쪽

😊 다음 중 바른 것은?

(1) 간장을 넣어 감자를 (조렸다 / 졸였다).

(2) 어머니께 꾸중을 들을까 봐 가슴을 (졸였다 / 조렸다).

(3) 너무 가슴을 (조려서인지 / 졸여서인지) 몸이 아팠다.

① **<u>초콜렛</u>** 케이크를 좋아한다.

② **<u>초콜릿</u>** 케이크를 좋아한다.

초콜렛　초콜릿

바른 표현: ② 초콜릿 케이크를 좋아한다.

영어에서 온 말로, 외래어 표기법의 원칙에 따라 '초콜릿'으로 적습니다.

초콜렛 ✕

초코렡 ✕

초콜릿 ◯

㉞ 초콜릿 과자를 먹는다.

㉞ 초콜릿을 넣은 음식은 맛있다.

㉞ 초콜릿 음료를 좋아합니다.

정답 64쪽

😀 다음 중 바른 것은?

⑴ (초콜릿 / 초콜렛)을 넣어 과자를 만들었다.

⑵ 약을 먹고 (초콜렛 / 초콜릿)을 먹었다.

⑶ 우울한 날은 (초콜렛 / 초콜릿)이 더 먹고 싶어진다.

통채로 통째로

① 사과를 **통채로** 들고 먹었다.

② 사과를 **통째로** 들고 먹었다.

통채로　통째로

바른 표현: ② 사과를 통째로 들고 먹었다.

'전부'라는 뜻의 '통'과 '그대로'라는 뜻의 '째'가 합쳐져 '나누지 않은 덩어리 전부'라는 뜻의 '통째'가 되었습니다. '통채로'는 잘못된 낱말입니다.

통 ＋ -째 ＋ 로 → 통째로

㉠ 오징어를 <u>통째로</u> 구웠다.

㉠ 수달이 생선을 <u>통째로</u> 삼켰다.

정답 64쪽

😀 다음 중 바른 것은?

(1) 오리를 (통채로 / 통째로) 굽고 있습니다.

(2) 믹서에 사과를 (통채로 / 통째로) 넣으면 어떡해!

(3) 이 글을 (통째로 / 통채로) 외워 버릴 거야.

프라이팬　　후라이팬

① **프라이팬**에 멸치를 볶았다.

② **후라이팬**에 멸치를 볶았다.

바른 표현: ① 프라이팬에 멸치를 볶았다.

우리가 '달걀 프라이'나 '프라이드치킨'이라고 말하는 것처럼 '후라이팬'이라고 말하지 않고 '프라이팬'이라고 말합니다.

프라이팬 ○

후라이팬 ×

㉐ 긴 손잡이가 있는 <u>프라이팬</u>을 샀다.

㉐ <u>프라이팬</u>도 종류가 참 다양하구나.

정답 64쪽

👤 **다음 중 바른 것은?**

(1) 뜨거운 (프라이팬 / 후라이팬)에 손을 데었다.

(2) 김치전을 부치려고 (후라이팬 / 프라이팬)을 꺼냈다.

(3) 기름은 (프라이팬 / 후라이팬)이 달구어지면 넣는단다.

하마터면 하마트면

① **하마터면** 지각할 뻔했다.

② **하마트면** 지각할 뻔했다.

바른 표현: ① 하마터면 지각할 뻔했다.

'하마터면 큰일 날 뻔했어.'와 같이 '조금만 잘못하였더라면'이라는 뜻의 낱말은 '하마터면'입니다.

하마터면 ○

하마트면 ✕

㉎ 버스를 놓쳐서 <u>하마터면</u> 지각할 뻔했다.

㉎ 돌부리에 걸려 <u>하마터면</u> 넘어질 뻔했다.

정답 64쪽

🙂 **다음 중 바른 것은?**

(1) 발을 헛디뎌서 (하마터면 / 하마트면) 넘어질 뻔했다.

(2) 사거리에서 (하마터면 / 하마트면) 교통사고가 날 뻔했다.

(3) 뜨거운 주전자에 (하마트면 / 하마터면) 델 뻔했다.

햇님 해님

① 아침에 **햇님**이 방긋 웃는다.

② 아침에 **해님**이 방긋 웃는다.

햇님, 저를 봐 주세요.

제대로 부르지도 못하는 널 해님이 봐 주시겠니?

바른 표현: ② 아침에 해님이 방긋 웃는다.

해를 다정하게 부르는 말은 '해'에 사람을 높여 부르는 말인 '님'을 덧붙여 만든 '해님'이 알맞습니다.

해

+

-님

↓

해님

⑩ 해님이 떠오르기 시작한다.

⑩ 해님이 나를 반겨 주는 것 같다.

정답 64쪽

😊 다음 중 바른 것은?

⑴ (햇님 / 해님)이 나그네에게 따뜻한 햇볕을 보냈다.

⑵ 아주 먼 옛날 (해님 / 햇님)과 달님이 살았다.

⑶ 밝은 (햇님 / 해님)이 비추는 동안 열심히 일하자!

4쪽	(1) 가려고 (2) 가려고 (3) 가려고

6쪽	(1) 가리켰다 (2) 가르치는 (3) 가리키며

(1) 시곗바늘이 어떤 방향을 가리키고 있다는 뜻입니다.

(2) 바른 역사를 깨닫게 하거나 익히게 한다는 뜻이므로 '가르치다'가 알맞습니다.

(3) 손가락으로 남극을 가리켰다는 뜻입니다.

8쪽	(1) 곰곰이 (2) 곰곰이 (3) 곰곰이

10쪽	(1) 굳이 (2) 굳이 (3) 굳이

12쪽	(1) 깡충깡충 (2) 깡충깡충 (3) 깡충깡충

14쪽	(1) 날아가는 (2) 날아가다 (3) 날아가서

16쪽	(1) 낳다 (2) 낫다 (3) 낳았다

18쪽	(1) 덥다 (2) 덮다 (3) 덮다

(1) 한낮의 온도가 높다는 뜻이므로 '덥다'가 알맞습니다.

(2) 먼지가 들어가지 않게 종이를 컵에 얹는다는 뜻이므로 '덮다'가 알맞습니다.

20쪽	(1) 돌부리 (2) 돌부리 (3) 돌부리

22쪽	(1) 하든지 말든지 (2) 마시든지, 마시든지 (3) 아프던지

(1) 숙제를 할지 말지 선택하라는 의미이므로 '-든지'가 알맞습니다.

(2) 물과 우유 중에서 선택하라는 의미이므로 '-든지'가 알맞습니다.

(3) 아팠던 일을 생각하는 의미이므로 '-던지'가 알맞습니다.

24쪽	(1) 매야 (2) 매 (3) 메고

(1) 안전띠를 묶어야 한다는 의미이므로 '매야'가 알맞습니다.

(2) 리본을 풀어지지 않게 묶는다는 뜻이므로 '매'가 알맞습니다.

(3) 배낭을 어깨에 걸친다는 의미이므로 '메고'가 알맞습니다.

26쪽	(1) 묶어 (2) 묶어서 (3) 묵고

28쪽	(1) 바람 (2) 바람 (3) 바람

30쪽	(1) 받치다 (2) 바칠 (3) 받치고

(1) 종이 아래에 책받침을 '받칩니다'.

(2) 신에게 선물을 드린다는 뜻이므로 '바칠'이 알맞습니다.

(3) 베개를 머리 아래 놓는다는 뜻이므로 '받치고'가 알맞습니다.

32쪽	(1) 설레서 (2) 설레서 (3) 설렌다

34쪽	(1) 쌍둥이 (2) 쌍둥이 (3) 쌍둥이

<table>
<tr><td>36쪽</td><td>(1) 쑥스럽다   (2) 쑥스러워서
(3) 쑥스러워서</td></tr>
</table>

<table>
<tr><td>38쪽</td><td>(1) 안 돼요   (2) 안 돼요
(3) 안 돼요</td></tr>
</table>

<table>
<tr><td>40쪽</td><td>(1) 알맞은   (2) 알맞은   (3) 알맞은</td></tr>
</table>

<table>
<tr><td>42쪽</td><td>(1) 어이없는   (2) 어이없는
(3) 어이없게</td></tr>
</table>

<table>
<tr><td>44쪽</td><td>(1) 집이에요   (2) 지우개예요
(3) 호랑이예요</td></tr>
</table>

(1) '집'이 받침이 있는 낱말이므로 '–이에요'를 붙여 '집이에요'라고 합니다.

(2) '지우개'가 받침이 없는 낱말이므로 '–예요'를 붙여 '지우개예요'라고 합니다.

(3) '호랑이'가 받침이 없는 낱말이므로 '–예요'를 붙여 '호랑이예요'라고 합니다.

<table>
<tr><td>46쪽</td><td>(1) 잊고   (2) 잃어버린
(3) 잃어버리지</td></tr>
</table>

(1) 필통을 생각하지 못한 것이기 때문에 '잊고'가 알맞습니다.

(2) 있었던 강아지가 없어진 것이기 때문에 '잃어버린'이 알맞습니다.

(3) 가지고 있는 학용품이 없어지지 않게 해야 하는 것이기 때문에 '잃어버리지'가 알맞습니다.

<table>
<tr><td>48쪽</td><td>(1) 장사   (2) 장수   (3) 장사</td></tr>
</table>

(1) 어머니께서 물건 파는 일을 하셨다는 것이므로 '장사'가 알맞습니다.

(2) 떡볶이를 파는 사람을 뜻하는 '장수'가 알맞습니다.

<table>
<tr><td>50쪽</td><td>(1) 절여   (2) 저려서   (3) 저리다고</td></tr>
</table>

(1) 오이에 소금이 배어들게 하는 것이므로 '절여'라고 해야 합니다.

(2) 다리가 아픈 것이므로 '저려서'라고 해야 합니다.

<table>
<tr><td>52쪽</td><td>(1) 조렸다   (2) 졸였다
(3) 졸여서인지</td></tr>
</table>

(2) 어머니께 꾸중을 들을까 봐 속을 태운 것이므로 '가슴을 졸였다.'라고 씁니다.

<table>
<tr><td>54쪽</td><td>(1) 초콜릿   (2) 초콜릿   (3) 초콜릿</td></tr>
</table>

<table>
<tr><td>56쪽</td><td>(1) 통째로   (2) 통째로   (3) 통째로</td></tr>
</table>

(3) 글을 모두 외워 버리겠다는 뜻이므로 '통째로'를 씁니다.

<table>
<tr><td>58쪽</td><td>(1) 프라이팬   (2) 프라이팬
(3) 프라이팬</td></tr>
</table>

(1) '달걀 프라이'라고 말하는 것처럼 '프라이팬'이라고 말합니다.

<table>
<tr><td>60쪽</td><td>(1) 하마터면   (2) 하마터면
(3) 하마터면</td></tr>
</table>

(1) 넘어지는 일이 일어나지는 않았지만 그런 일이 생길 수도 있었기 때문에 '하마터면'을 사용합니다.

<table>
<tr><td>62쪽</td><td>(1) 해님   (2) 해님   (3) 해님</td></tr>
</table>

(2) '해님'은 해를 높여서 부르는 말로 '햇님'으로 쓰지 않도록 합니다.

문해력 부록

헷갈리는
어휘 수첩

스마트폰으로 QR코드를 스캔해 주세요

우등생 온라인 학습 활용법

01 학년, 학기 선택

02 과목 선택

home.chunjae.co.kr

우등생 홈스쿨링 · 초등3 · 2학기 ·

국어 스케줄

수학 스케줄

사회 스케줄

과학 스케줄

나의 시간표
SCROLL DOWN

마이페이지

국어

스케줄표

온라인 학습북
개념 강의
단원 평가
서술형 논술형 강의

학습 자료실
듣기 자료
개념 웹툰
정답과 풀이
국어 기초 다지기

· 학년별, 과목별로 제공되는 서비스 내용에는 차이가 있습니다.

5:11 ·ll LTE

home.chunjae.co.kr

스케줄표

꼼꼼 ·

꼼꼼

우등생 국어를 한 학기 동안 차근차근 공부하기 위한 스케줄표

1회~10회 ·

1회

국어 · 개념웹툰 ·
1. 재미가 톡톡톡

교과서진도북 9~16쪽

2회

국어
1. 재미가 톡톡톡

교과서진도북 17~26쪽

마이페이지에서 첫 화면에 보일
스케줄표의 종류를 선택할 수 있어요.

(통합 스케줄표)
우등생 국어, 수학, 사회, 과학 과목이 함께 있는 12주 스케줄표

(꼼꼼 스케줄표)
과목별 진도를 회차에 따라 나눈 스케줄표

(스피드 스케줄표)
온라인 학습북 전용 스케줄표

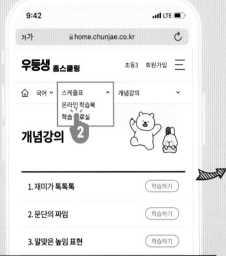

| 과목 클릭 | 온라인 학습북 클릭 | 개념강의 / 서술형 논술형 강의 / 단원평가 |

❶ 개념 강의

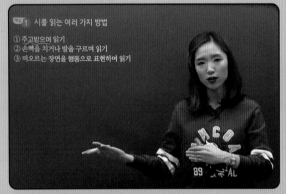

*온라인 학습북 단원별 주요 개념 강의

❷ 단원평가

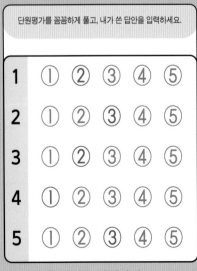

① 내가 푼 답안을 입력하면

② 채점과 분석이 한번에

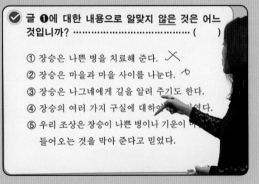

③ 틀린 문제는 동영상으로 꼼꼼히 확인하기!

우등생 국어 2·2

홈스쿨링 24회
꼼꼼 스케줄표

꼼꼼 스케줄표는 교과서 진도북과 온라인 학습북을
24회로 나누어 꼼꼼하게 공부하는 학습 진도표입니다.

● 교과서 진도북　● 온라인 학습북

1. 장면을 상상하며

1회	교과서 진도북 7~17쪽	2회	교과서 진도북 18~26쪽	3회	온라인 학습북 3~7쪽
월 　 일		월 　 일		월 　 일	

2. 서로 존중해요

4회	교과서 진도북 27~35쪽	5회	교과서 진도북 36~44쪽	6회	온라인 학습북 8~11쪽
월 　 일		월 　 일		월 　 일	

3. 내용을 살펴요

7회	교과서 진도북 45~52쪽	8회	교과서 진도북 53~60쪽	9회	온라인 학습북 12~16쪽
월 　 일		월 　 일		월 　 일	

4. 마음을 전해요

10회	교과서 진도북 61~68쪽	11회	교과서 진도북 69~78쪽	12회	온라인 학습북 17~21쪽
월 　 일		월 　 일		월 　 일	

● 교과서 진도북   ● 온라인 학습북

5. 바른 말로 이야기 나누어요

13회	교과서 진도북 79~88쪽	**14**회	교과서 진도북 89~94쪽	**15**회	온라인 학습북 22~25쪽
	월 일		월 일		월 일

6. 매체를 경험해요

16회	교과서 진도북 95~103쪽	**17**회	교과서 진도북 104~110쪽	**18**회	온라인 학습북 26~30쪽
	월 일		월 일		월 일

7. 내 생각은 이래요

19회	교과서 진도북 111~117쪽	**20**회	교과서 진도북 118~126쪽	**21**회	온라인 학습북 31~35쪽
	월 일		월 일		월 일

8. 나도 작가

22회	교과서 진도북 127~136쪽	**23**회	교과서 진도북 137~144쪽	**24**회	온라인 학습북 36~40쪽
	월 일		월 일		월 일

절취선

우등생 국어
사용법

새 국어 교과서 반영

QR로 학습 스케줄 체크!
공부하고 나서 QR 코드를 스캔하면
온라인 스케줄표에 학습 완료 스탬프가

땅!

1
단원

진도 완료
체크

우등생 온라인 학습 100% 활용하기
홈스쿨링 우등생(home.chunjae.co.kr)

☑ **동영상 개념 강의**
동영상 강의를 들으며 기초 개념을 탄탄하게

☑ **온라인 채점과 성적 피드백**
정답을 올리기만 하면 채점과 성적 분석이 자동으로

☑ **온라인 학습 스케줄 관리**
밀린 공부는 없나 내 스케줄표로 꼼꼼히 체크하기!

교과서에 실린 작품소개

단원	영역	제재 이름	지은이	나온 곳	우등생
1 단원	국어 ②	「헬리콥터」	이병승	『난다 난다 신난다』 -(주)푸른책들, 2009.	9쪽
		「짜장 요일」	방주현	『이따 만나』 -(주)사계절출판사, 2018.	10쪽
		「할머니와 하얀 집」	이윤우	『할머니와 하얀 집』 -(주)비룡소, 2018.	11쪽
		「엉뚱한 수리점」	차재혁	『엉뚱한 수리점』 -플라이쿠키, 2024.	14쪽
		「서로」	조영수	『마술』 -청색종이, 2018.	18쪽
2 단원	국어 ②	「크니프의 친구 사귀기」	윤선아	『크니프의 친구 사귀기』 -(주)아람북스, 2008.	33쪽
3 단원	국어 ②	「진심으로 사과하는 법을 알아 둬」	박현숙	『언어 예절, 이것만은 알아 둬!』 -팜파스, 2016.	47쪽
		「빗자루」	윤혜신	『겨레 전통 도감 살림살이』 -(주)도서출판 보리, 2016.	48쪽
		글자	토박이 사전 편찬실 엮음	『보리 국어사전』 -(주)도서출판 보리, 2020.	53쪽

『난다 난다 신난다』

자연과 일상을 바라보는 새로운 생각을 표현한 시, 흉내 내는 말이 많아서 읽으면 재미가 느껴지는 시, 가족과 이웃의 모습을 따뜻하게 그려 낸 시 등이 실려 있습니다.

『크니프의 친구 사귀기』

힘도 세고 덩치도 큰 악어 크니프는 친구가 없어서 속상합니다. 그런 크니프에게 방울새는 친구 사귀는 방법을 알려 줍니다. 반갑게 인사하기, 친구에게 부드럽게 웃어 주기 같은 것이지요. 크니프는 과연 친구를 사귈 수 있을까요?

『언어 예절, 이것만은 알아 둬!』

가족 호칭 부르는 법, 자기 소개하는 법, 인사법, 사과하는 법 등 언어 예절을 쉽게 알려 줍니다. 또 칭찬하고 감사하는 말, 욕하거나 거짓말하지 않는 법도 자연스럽게 일깨워 줍니다.

단원	영역	제재 이름	지은이	나온 곳	우등생
5 단원	국어 ❺	「아빠와 함께 추억 만들기」	이규희	『아빠의 앞치마』 −(주)교학사, 2004.	84쪽
		「희망을 만든 우편집배원」	김현태	『행복한 사과나무 동화』 −아이앤북, 2005.	86쪽
6 단원	국어 ❺	공익 광고 (「엄마, 저 풀은 이름이 뭐예요?」)		−한국방송광고진흥공사, 2006.	96쪽
		「오염물이 터졌다」	송수혜	『오염물이 터졌다!』 −(주)미세기, 2020.	98쪽
7 단원	국어 ❺	「반려견을 사랑한다면」 (「반려견 사랑한다면 '에티켓' 지키자」)	전서효	「반려견 사랑한다면 '에티켓' 지키자」 −어린이동아, 2016.	113쪽
		「왜 책임이 필요하죠?」	채화영	『왜 책임이 필요하죠?』 −파란정원, 2016.	116쪽
8 단원	국어 ❺	「눈 내린 등굣길」	곽해룡	『특별한 맞춤집』 −섬아이, 2012.	128쪽
		「눈 온 아침」	김종상	「이수인 창작 동요 어린이 나라」 −화이씨엔에스, 2004.	129쪽
		「함께 걸어 좋은 길」	이경애	「내가 꿈꾸는 것 VOL03」 −써니뮤직, 2019.	130쪽
		「빈집에 온 손님」	황선미	『빈집에 온 손님』 −(주)비룡소, 2016.	131쪽
		「오, 미지의 택배」	차영아	『쿵푸 아니고 똥푸』 −(주)문학동네, 2017.	134쪽

『아빠의 앞치마』

아이들을 위해 회사를 그만두고 집안일을 하는 아빠의 모습이 펼쳐집니다. 아빠와 함께 크고 작은 일들을 겪는 아이들의 모습과 마음을 통해 가족이 무엇인지에 대해 생각해 보게 합니다.

『오염물이 터졌다!』

물이 오염되는 까닭, 오염된 물이 깨끗한 물로 바뀌는 과정, 물이 오염되는 것을 막는 방법을 알려 줍니다. 물을 아껴 쓰고 물이 오염되는 것을 막기 위한 방법을 실천하는 철이네 가족들을 따라 하면 지구를 지키는 방법을 자연스럽게 알게 됩니다.

『왜 책임이 필요하죠?』

책임감이 조금도 없는 규빈이에게 선생님은 자기 일에 책임지는 사람들을 알아오라는 숙제를 내 주십니다. 숙제를 하면서 규빈이는 책임이 무엇인지, 왜 책임이 필요한지, 책임을 어떻게 져야 하는지 등을 알게 된답니다.

『빈집에 온 손님』

엄마 아빠가 할머니 댁에 가시며 여우 남매의 맏이인 금방울에게 동생들을 잘 돌보라고 하셨습니다. 그런데 낯선 사람이 와서 문을 두드립니다. 금방울이 동생들을 잘 돌보는지, 낯선 사람을 어떻게 대하는지가 재미있게 펼쳐집니다.

구성과 특징

교과서 진도북

1 쉽고 재미있게 개념 익히기

우등생 문해력 부록 **헷갈리는 어휘 수첩**

2 교과서를 꼼꼼 반영한 진도 학습 + 문해력 쑥쑥

국어 교과서

국어 활동 교과서

＋

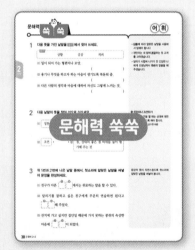

문해력 쑥쑥

3 학교 시험 유형을 반영한 두 번의 평가

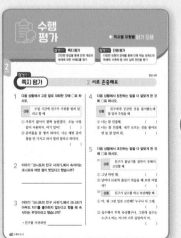

쪽지 평가

2. 서로 존중해요

＋

✔ 쪽지 평가
단원 개념과 제재 이해도 평가

✔ 단원 평가
단원 학습 성취도와 독해력, 어휘력 등
국어 실력 전반을 평가

온라인 학습북

❶ 개념 학습

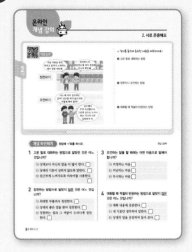

✔️ 선생님의 강의를 듣고 확인 문제를 풀어요!

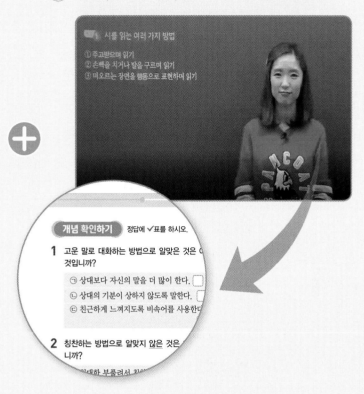

❷ 단원 평가 풀고 성적 피드백 받기

✔️ 채점과 성적 분석이 한번에!

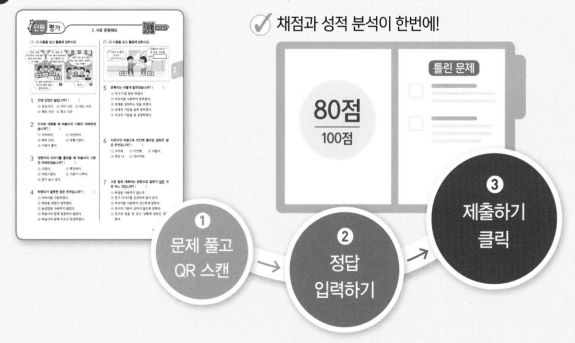

차례

장면을
상상하며

1

시나 이야기에 대한 생각이나 느낌을 친구들과 이야기하기

1   시에 대한 생각이나 느낌 나누기

2   이야기에 대한 생각이나 느낌 나누기

단원 핵심 어휘

상상

뜻 실제로 겪지 않은 것에 대하여 마음속으로 그려 봄.
예 이야기를 읽으면서 인물의 마음을 상상해 보았습니다.

개념❶ 시를 읽고 장면을 상상하는 방법

① 시의 내용을 생각하며 장면을 상상합니다.
② 인상 깊은 표현을 생각하며 장면을 상상합니다.
③ 자신의 경험과 비교하며 장면을 상상합니다.

● 「헬리콥터」를 읽고 장면 상상하기 〈예〉

> 날 듯이 기뻐하는 아이들의 모습이 상상돼.

개념❷ 시를 읽고 생각이나 느낌 나누기

① 시의 내용과 관련된 모습을 떠올려 이야기합니다.
② 인상 깊은 표현에 대하여 이야기합니다.
③ 시의 내용과 관련된 자신의 경험을 떠올려 이야기합니다.

● 「짜장 요일」을 읽고 생각이나 느낌 나누기 〈예〉

> 짜장면을 먹으면서 신이 난 아이들의 모습이 생생하게 떠올라.

> 친구의 웃는 소리가 짜장짜장 들린다는 표현이 재미있어.

개념❸ 이야기를 읽고 인물의 마음을 상상하고 생각이나 느낌 말하기

① 이야기의 흐름에 따라 장면을 떠올려 봅니다.
② 이야기에서 어떤 상황이 펼쳐지는지 살펴봅니다.
③ 인물의 말이나 행동을 바탕으로 인물의 마음을 상상해 봅니다.
④ 이야기에서 일어난 일, 인물의 마음, 비슷한 경험 등을 바탕으로 생각이나 느낌을 말합니다.

● 「엉뚱한 수리점」을 읽고 생각이나 느낌 나누기 〈예〉

엉뚱한 수리점

> 어른들이 물건을 고치지 않았으면 좋겠다고 생각했어. 그럼 훨씬 재미있을 것 같아.

헬리콥터

- 글쓴이: 이병승
- 시의 내용: 학교가 끝나서 신난 아이들의 마음이 느껴집니다.

학교 끝났다, 오버 → 전화 같은 것을 할 때, 한쪽 대화의 끝을
알릴 때 하는 말.

신발주머니 가방
머리 위로
빙글빙글 돌리며
달린다

두두두두두 두두두두

발이 땅에서 떠오르는 아이들
모두 다 헬리콥터 되어.

난다, 난다
신난다
아이들의 마음

---

1 아이들이 신난 까닭은 무엇일까요? (   )

① 학교가 끝났기 때문에
② 헬리콥터를 탔기 때문에
③ 체험 학습을 갔기 때문에
④ 맛있는 음식을 먹기 때문에
⑤ 재미있는 놀이를 하기 때문에

🎓 교과서 문제
2 헬리콥터가 된 아이들의 모습을 흉내 내는 말
은 무엇인가요? (   )

① 오버
② 돌리며
③ 빙글빙글
④ 떠오르는
⑤ 두두두두두 두두두두

3 이 시를 낭송하는 방법으로 알맞지 <u>않은</u> 것의
번호를 쓰세요.

> ① 시에 나오는 표현의 느낌을 살려 낭송한다.
> ② 시의 장면을 떠올리거나 상상하며 낭송한다.
> ③ 큰 목소리로 기어가는 몸짓을 하며 낭송한다.
> ④ 시에서 말하는 사람의 마음이나 기분에 어
> 울리는 목소리로 낭송한다.

(   )

4 인상 깊은 표현을 생각하며 장면을 상상하여
알맞게 말한 친구의 이름을 쓰세요.

> 이준: "빙글빙글 돌리며 / 달린다"에서 화가
> 났지만 참으려는 아이들의 마음이 상상돼.
> 소율: "발이 땅에서 떠오르는 아이들"에서 날
> 듯이 기뻐하는 아이들의 모습이 그려져.

(   )

짜장 요일

· 글쓴이: 방주현
· 시의 내용: 점심시간에 짜장면을 먹는 아이들의 모습이 펼쳐집니다.

오늘 급식은 짜장면이다!

호로록, 한 입 먹으면
콧잔등에
맛있는 짜장 점 일곱 개

호로록호로록, 두 입 먹으면
입가에
맛있는 짜장 수염 두 가닥

마주 앉은 친구가
웃는 소리도
짜장짜장 들리는 날
→ 짜장면을 먹으면서 신이 난 아이들

♀ 여러 가지 방법으로 시를 낭송하기

서로 번갈아 가며 낭송하기	친구와 읽을 부분을 정해서 낭송함.
흉내 내는 말을 함께 낭송하기	'호로록'이라는 말의 느낌을 살려 실감 나게 낭송함.

호로록 적은 양의 국수를 가볍고 빠르게 들이마시는 소리나 모양.

가닥 한군데서 갈려 나온 낱낱의 줄. 또는 그것을 세는 단위.

---

5 짜장면을 한 입 먹고 나면 어떤 일이 생긴다고 했나요? (　　　)

① 웃음이 난다.
② 물을 마시고 싶어진다.
③ 젓가락질을 빨리 하게 된다.
④ "맛있다." 소리가 저절로 나온다.
⑤ 콧잔등에 짜장 점이 일곱 개 생긴다.

교과서 문제

6 입가에 짜장 수염 두 가닥이 생긴 까닭은 무엇일지 쓰세요.

· 입가에 (　　　　　) 양념이 수염처럼 묻기 때문이다.

7 제목을 '짜장 요일'이라고 한 까닭은 무엇일까요? (　　　)

① 기분이 좋은 날이기 때문이다.
② 오늘 급식에 짜장면이 나오기 때문이다.
③ 매주 수요일은 짜장면을 먹는 날이기 때문이다.
④ 친구 생일잔치에 가서 짜장면을 먹기 때문이다.
⑤ 주말에 가족과 함께 짜장라면을 끓여 먹기 때문이다.

8 이 시를 읽고 떠오른 생각이나 느낌을 알맞게 말한 것에 ○표 하세요.

(1) "짜장면을 만드는 재료가 무엇일지 궁금해." (　　　)

(2) "친구의 웃는 소리가 짜장짜장 들린다는 표현이 재미있어." (　　　)

할머니와 하얀 집

· 글쓴이: 이윤우   · 글의 종류: 이야기
· 글의 내용: 할머니가 살던 하얀 집에 새끼 고양이들이 태어났습니다.

❶ 깊은 숲속에 눈처럼 하얗고 예쁜 집이 있었어.

그 집에는 하얗고 예쁜 집을 자랑스러워하는 할머니가 살았어. 하얗고 예쁜 고양이랑 함께 말이야.

할머니는 하얀 집을 늘 하얗게 만들려고 날마다 노력했어. 그러다 보니 걱정도 점점 늘어 갔어.

→ 청소를 좋아하고 깔끔하며 부지런한 성격이라는 것을 짐작할 수 있음.

'밤에 새들이 들어와 똥이라도 싸 놓으면 어떡하지?'

'다람쥐나 너구리 같은 녀석들이 쳐들어오면?'

어떤 날은 너무 걱정이 되어 잠도 못 잤어.

할머니는 하얀 집에 뭐라도 묻을까 봐 아무도 초대하지 않았어. 할머니는 외롭지 않았을까?

아니야. 할머니 옆에는 늘 하얀 고양이가 있었거든. / 여느 때처럼 할머니는 하얀 집을 구석구석 여기저기 청소했어.

그런데 문득 이상한 기분이 들었어.

─ 하얀 고양이가 사라진 거야!

저녁이 되었는데도 하얀 고양이는 보이지 않았어.

㉠ '대체 어디 간 걸까? 찾으러 나가야 하나? 집을 비우면 못된 녀석들이 우리 집을 망가뜨릴지도 몰라.'

─ 할머니는 이러지도 저러지도 못했지.

그렇게 며칠이 지나자 하얀 고양이가 돌아왔어. 고양이를 보자마자 ㉡할머니는 "후유." 하고 가슴을 쓸어내렸어.

할머니는 다시 하얗고 예쁜 집을 여기저기 살피고 다녔어.

그리고 그 옆에는 하얀 고양이가 있었지.

✏️ **중심 내용 ❶** 할머니는 하얗고 예쁜 집을 자랑스러워하며 고양이와 함께 살았습니다.

---

9 할머니에 대한 설명으로 알맞지 <u>않은</u> 것은 무엇인가요? (   )

① 하얗고 예쁜 집에 산다.
② 하얗고 예쁜 고양이와 함께 산다.
③ 집에 새들이 찾아오는 것을 좋아한다.
④ 너구리가 집에 쳐들어올까 봐 걱정한다.
⑤ 하얀 집을 늘 하얗게 만들려고 날마다 노력한다.

10 할머니께서 집에 아무도 초대하지 않은 까닭에 ○표 하세요.

(1) 음식이 없었기 때문이다.   (   )
(2) 하얀 집에 뭐라도 묻을까 봐 걱정되었기 때문이다.   (   )

🎓교과서 문제

11 ㉠에서 할머니의 마음은 어떠하였을까요?

(   )

① 부럽다.   ② 심심하다.   ③ 행복하다.
④ 뿌듯하다.   ⑤ 걱정된다.

12 ㉡에서 할머니의 마음은 어떠하였을지 알맞은 것의 번호를 쓰세요.

┌─────────────────────────────┐
│ ① 무서웠다.   ② 안심하였다. │
└─────────────────────────────┘

(   )

2 그러던 어느 날, 할머니는 깜짝 놀랐어.

할머니 눈에 뭔가 작고 꼬물꼬물 움직이는 게 보이는 거야. / 세상에! 새끼 고양이들이었어.

할머니는 어쩔 줄 몰랐어.

🖊 중심 내용 **2** 고양이가 새끼를 낳았습니다.

3 그날부터 할머니의 집은 예전과 달라졌어.

하얀 고양이랑은 생김새부터 성격까지 모두 다른 녀석들 때문에 말이야.

하얀 집은 점점 난장판이 되었어.
떠들어 대거나 뒤엉켜 뒤죽박죽이 된 곳.

빨강이는 할머니 스웨터를 다 풀어 놓았어.

노랑이는 하얀 벽에 온통 발자국을 찍어 놓았고, 분홍이는 할머니가 마시던 커피를 쏟아 버렸지. / 녀석들은 쏟고, 흘리고, 묻히고, 깨뜨렸어.

㉠할머니는 계속 정리하고, 치우고, 닦았어.

날마다 한바탕 소동을 정리하고 나면 할머니
놀라서 시끄럽게 떠들어 대는 일.
는 지쳐서 곯아떨어졌어.

🖊 중심 내용 **3** 할머니는 새끼 고양이들이 난장판으로 만든 집 안을 정리하느라 지쳐서 곯아떨어졌습니다.

4 그런데 시간이 가면 갈수록 할머니 눈에 신기한 게 보이기 시작했어.

빨강이, 노랑이, 분홍이는 다 달랐어.

빨강이는 호기심이 많아서 모든 걸 궁금해했고, 노랑이는 모험을 좋아해서 높은 곳에 자주
위험을 무릅쓰고 어떠한 일을 함.
올라갔어. 분홍이는 겁이 많아서 어디든 잘 숨었어.

새끼 고양이들은 무럭무럭 자랐어. 그리고 여
아무 탈 없이 힘차게 잘 자라는 모양.
전히 여기저기 흔적을 남기고 다녔지.

할머니는 언젠가부터 걱정하거나 화내지 않았어. 오히려 그런 고양이들을 보고 또 보는 게 즐거웠어.

할머니 집은 이제 눈처럼 하얗지 않아.

그래도 할머니는 괜찮대.

요즘 할머니에겐 즐거운 일이 아주 많이 생겼거든.

🖊 중심 내용 **4** 집이 더는 하얗지 않지만 할머니는 즐거웠습니다.

---

13 할머니의 하얀 집이 난장판이 된 까닭은 무엇인가요? (　　　)

① 새들이 들어와 똥을 쌌기 때문이다.
② 할머니가 손님을 초대했기 때문이다.
③ 다람쥐와 너구리가 들어왔기 때문이다.
④ 길고양이들이 살기 시작했기 때문이다.
⑤ 새끼 고양이들이 쏟고, 흘리고, 묻히고, 깨뜨렸기 때문이다.

14 ㉠에서 할머니의 마음은 어떠하였을지 알맞게 말한 것에 ○표 하세요.

(1) "새끼 고양이들이 하는 행동이 귀여웠을 거야." (　　　)

(2) "집을 계속 깨끗하게 치우느라 힘들었을 거야." (　　　)

🎓 교과서 문제

15 글 **4**에서 할머니의 마음은 어떠하였을까요? (　　　)

① 즐겁다.　　　② 겁난다.
③ 궁금하다.　　④ 화가 난다.
⑤ 걱정스럽다.

16 할머니께서 집이 눈처럼 하얗지 않아도 괜찮다고 생각한 까닭은 무엇인지 쓰세요.

• 할머니에게 (　　　　　　) 일이 아주 많이 생겼기 때문이다.

😊 「**할머니와 하얀 집**」을 읽고 물음에 답해 봅시다.

(1) 할머니께서 집에 아무도 초대하지 않은 까닭은 무엇인가요?

> 예 하얀 집에 뭐라도 묻을까 봐 걱정되었기 때문입니다.

(2) 할머니의 하얀 집은 왜 난장판이 되었나요?

> 예 새끼 고양이들이 쏟고, 흘리고, 묻히고, 깨뜨렸기 때문입니다.

(3) 할머니께서 집이 눈처럼 하얗지 않아도 괜찮다고 생각한 까닭은 무엇인가요?

> 예 할머니에게 즐거운 일이 아주 많이 생겼기 때문입니다.

😊 「**할머니와 하얀 집**」에서 일이 일어난 차례대로 빈칸에 번호를 써 봅시다.

2	고양이가 새끼를 낳았다.
1	할머니는 하얗고 예쁜 집을 자랑스러워하며 고양이와 함께 살았다.
4	집이 더는 하얗지 않았지만 할머니는 즐거웠다.
3	할머니는 새끼 고양이들이 난장판으로 만든 집 안을 정리하느라 지쳐서 곯아떨어졌다.

😊 「**할머니와 하얀 집**」을 읽고 인물의 마음을 상상해 봅시다.

이야기 상황	인물의 말이나 행동	인물의 마음
하얀 고양이가 보이지 않음.	할머니는 하얀 고양이를 찾느라 집을 비우면 못된 녀석들이 집을 망가뜨릴까 봐 이러지도 저러지도 못했다.	예 불안한 마음, 걱정되는 마음
할머니가 집에서 새끼 고양이들을 발견함.	할머니는 작고, 꼬물꼬물 움직이는 새끼 고양이들을 보고 어쩔 줄 몰랐다.	예 놀란 마음, 당황한 마음

엉뚱한 수리점

• 글쓴이: 차재혁
• 글의 종류: 이야기
• 글의 내용: 엉뚱한 수리점에 어른 들이 고칠 물건을 들고 모여들었 습니다.

1 살랑살랑 시원한 **산들바람**이 나무 사이로 불어오자, 심심했던 아이들이 광장 분수대로 나와 숨바꼭질을 하기 시작했어요.

소이와 친구들은 날이 어두워지는 것도 모르고 깔깔거리면서 놀았죠.

중심 내용 1 소이는 친구들과 날이 어두워지는 것도 모르고 깔깔거리면서 놀고 있었습니다.

2 그렇게 시간이 지나 깜깜한 밤이 되자, 엉뚱한 수리점 창문에 불이 켜졌어요. 수리할 물건을 들고 있던 어른들이 하나둘씩 줄을 서기 시작했죠. → 엉뚱한 수리점에서 고장 난 물건을 고치려고 어른들이 줄을 섰다.

하지만 그 광경을 **곰곰이** 지켜보던 소이 눈에는 그 물건들이 고장 난 것처럼 보이지 않았어요. 의자에 앉아 있던 아저씨에게 다가가 소이가 물었죠.

"아저씨는 왜 **멀쩡한** 의자를 가지고 나왔어요?"

"쉿! 조용히 해 주겠니? 삐거덕거리는 곳을 찾아야 고칠 수가 있단다."

"그래요? 제 방 의자도 삐거덕삐거덕하지만, 정말 재미있는데. 제 의자도 고쳐야 할까요?"

산들바람 시원하고 가볍게 부는 바람.
수리점 고장 난 물건을 고쳐 주는 가게.
곰곰이 이리저리 깊이 생각하며.
멀쩡한 흠이 없이 온전한.

---

17 글 **1**에서 소이가 한 일은 무엇인가요?
( )

① 광장을 청소했다.
② 분수대에서 물장난을 하였다.
③ 엉뚱한 수리점 앞에 줄을 섰다.
④ 나무 아래에 앉아 책을 읽었다.
⑤ 날이 어두워지는 것도 모르고 친구들과 놀았다.

🎓 **교과서 문제**

18 엉뚱한 수리점은 무엇을 하는 곳인가요?
( )

① 고장 난 물건을 버리는 곳
② 고장 난 물건을 사 주는 곳
③ 고장 난 물건을 고쳐 주는 곳
④ 고장 난 물건을 새 물건과 바꾸어 주는 곳
⑤ 고장 난 물건을 고치는 방법을 알려 주는 곳

19 글 **2**에 나오는 의자에 대한 아저씨와 소이의 생각을 알맞게 이으세요.

(1) 아저씨 • • ① 삐거덕거려서 고쳐야 한다.

(2) 소이 • • ② 삐거덕거리기는 하지만 재미있다.

📖 **낱말 알기**

20 다음 ( ) 안에 알맞은 낱말을 **보기**에서 찾아 써넣으세요.

보기
곰곰이   멀쩡한

(1) ( ) 학용품을 버리는 친구가 많아서 속상하다.
(2) 친구는 종이를 접어 개구리를 만드는 방법을 ( ) 생각하였다.

"옷장이 정말 멋있어요. 그런데 이 옷장은 어디가 고장 난 거죠?"

"안에 넣은 물건을 도무지 찾을 수가 없어서 왔단다. 한번 넣으면 절대로 못 찾아."

"그래요? 숨바꼭질할 때 숨으면 딱 좋겠는데요!"

"너도 고칠 게 있니? 난 화분에서 쓸모없는 강아지풀이 자꾸만 자라서 고치려고 왔는데."
아주머니

"그걸 왜 고쳐요? 강아지풀로 간지럼을 태우면 엄청 재미있는데!"
소이는 화분을 고칠 필요가 없다고 생각함.

그때 머리 위로 '휙' 하고 유령이 지나가는 게 보였어요.
갑자기 재빨리 움직이거나 스치는 모양.

"어! 침대 밑에 있던 유령이다!"

"아저씨는 이 유령 때문에 잠을 한숨도 못 잤어. 다시는 침대 밑으로 들어가지 못하게 할 거야!"

"그러지 마세요. 제 친구라고요!"

♀ 엉뚱한 수리점에 온 물건에 대한 어른과 소이의 생각

어른		소이
안에 물건을 넣으면 찾을 수 없어서 고쳐야 한다.	옷장	숨바꼭질할 때 옷장 안에 숨으면 좋겠다.
쓸모없는 강아지풀이 자꾸만 자라서 고쳐야 한다.	화분	강아지풀로 간지럼을 태우면 재미있다.

도무지 아무리 해도.

태우면 간지럼 같은 몸의 느낌을 쉽게 느끼게 하면.

유령 죽은 사람의 혼이 나타난 모습.

🧢 교과서 문제

21 소이는 옷장 안에 넣은 물건을 찾을 수 없다는 말을 듣고 무엇이라고 답했는지 번호를 쓰세요.

> ① 숨바꼭질할 때 숨으면 좋겠다.
> ② 옷장 안에 무엇이 들어 있는지 쓴 종이를 옷장 문에 붙이면 된다.

( )

22 아주머니가 화분을 고치고 싶어 하는 까닭은 무엇인가요? ( )

① 화분이 깨져서
② 화분이 너무 무거워서
③ 화분에서 식물이 잘 시들어서
④ 화분에 있는 식물에 벌레가 있어서
⑤ 화분에서 쓸모없는 강아지풀이 자꾸만 자라서

23 '유령'에 대한 소이의 생각은 무엇인가요?
( )

① 유령은 나의 친구이다.
② 유령 때문에 잠을 한숨도 못 잤다.
③ 세상을 소란스럽게 하므로 잡아야 한다.
④ 유령은 나에게 필요한 물건을 가져다준다.
⑤ 유령이 다시는 침대 밑으로 들어가지 못하게 할 것이다.

📖 낱말 알기

24 '도무지'를 넣어 문장을 만든 것으로 알맞은 것에 ○표 하세요.

(1) 책을 보고 도무지 책꽂이에 꽂아 두었다.
( )

(2) 친구가 왜 그런 거짓말을 했는지 도무지 모르겠다.
( )

"꼬마야! 내 이름을 어떻게 고치면 좋을까? 박명성? 박유명? 박신사? 박부자?"

소이는 골똘히 생각했어요.

'박공룡이란 이름이 이상한가? 멋진 이름인데.'

중심 내용 2 깜깜한 밤이 되자 엉뚱한 수리점에 불이 켜지고 수리할 물건을 들고 있던 어른들이 줄을 서기 시작했습니다.

3 "너도 고치고 싶은 게 있니? 아저씨는 무엇이든 고칠 수가 있단다. 말해 보렴."

"정말요? 그럼 이 빗자루를 진짜 새처럼 날 수 있게 고쳐 주세요! 빗자루를 타고 구름 위를 훨훨 날아 보고 싶거든요."

"뭐라고? 진짜 새처럼 날 수 있게 고쳐 달라고? 그렇게 만들 수는 없어. 하지만 청소할 때 쓰는 빗자루로 튼튼하게 고칠 수는 있지. 그렇게 고쳐 줄까?"

중심 내용 3 소이가 빗자루를 새처럼 날게 고쳐 달라고 했지만 아저씨는 청소할 때 쓰는 빗자루로 튼튼하게 고쳐 준다고 했습니다.

4 ㉠깜짝 놀란 소이는 도망치듯 집으로 돌아와 창문 밖 수리점을 보면서 생각했어요. / '왜 재미있는 걸 재미없게 만들려고 하는 걸까? 난 절대 고치지 않을 거야.'
엉뚱한 수리점에 온 어른들에 대한 소이의 생각

중심 내용 4 소이는 창문 밖 수리점을 보면서 재미있는 걸 재미없게 고치지 않을 거라고 생각했습니다.

🔎 글을 읽고 알 수 있는 내용

어른 ── '박공룡'이라는 이름을 다른 이름으로 고치고 싶다.

소이 ── '박공룡'이라는 이름이 멋지다.

소이처럼 자신이 고치고 싶은 물건과 고칠 내용을 생각해 보세요.

골똘히 한 가지 일에 온 정신을 쏟아 딴생각이 없이.

절대 어떠한 경우에도 반드시.

---

25 소이는 '박공룡'이라는 이름을 어떻게 생각하나요? (   )

① 멋진 이름이다.
② 소리 내어 부르기 힘든 이름이다.
③ 이상해서 다른 이름으로 고쳐야 한다.
④ 세상에 하나밖에 없는 소중한 이름이다.
⑤ 몸집이 크다고 오해할 수 있는 이름이다.

🎩 교과서 문제

26 소이는 엉뚱한 수리점 아저씨께 무엇을 고쳐 달라고 하였는지 쓰세요.

• (   )를 새처럼 날 수 있게 고쳐 달라고 하였다.

27 ㉠의 까닭을 알맞게 말한 사람의 이름을 쓰세요.

서율: 어른들이 소이에게 자꾸만 불평을 늘어놓아서 듣기 싫었기 때문이야.
지우: 수리점 아저씨가 소이의 빗자루를 튼튼하게 고쳐 준다고 말했기 때문이야.

(   )

✊ 서술형·논술형 문제

28 「엉뚱한 수리점」을 읽고 떠오르는 생각이나 느낌을 알맞게 쓰세요.

_____

_____

- 교과서에 나온 질문과 예시 답안을 모았어요!
- 수업 시간 선생님의 질문에 자신 있게 발표해 보아요!

국어 교과서 **가** 31~33쪽

1 단원

진도 완료 체크

😄 **빈칸에 들어갈 알맞은 낱말을 보기 에서 골라 써 봅시다.**

> **보기**
> • 도무지: 아무리 해도.
> • 곰곰이: 이리저리 깊이 생각하며.
> • 멀쩡한: 흠이 없이 온전한.

예 그 광경을 <u>곰곰이</u> 지켜보던 소이 눈에는 그 물건들이 고장 난 것처럼 보이지 않았어요.

예 "아저씨는 왜 <u>멀쩡한</u> 의자를 가지고 나왔어요?"

예 "안에 넣은 물건을 <u>도무지</u> 찾을 수가 없어서 왔단다. 한번 넣으면 절대로 못 찾아."

😄 **「엉뚱한 수리점」에서 일이 일어난 차례대로 빈칸에 번호를 써 봅시다.**

4	소이는 창문 밖 수리점을 보면서 재미있는 걸 재미없게 고치지 않을 거라고 생각했다.
1	소이는 친구들과 날이 어두워지는 것도 모르고 깔깔거리면서 놀고 있었다.
3	소이가 빗자루를 새처럼 날게 고쳐 달라고 했지만 아저씨는 청소할 때 쓰는 빗자루로 튼튼하게 고쳐 준다고 했다.
2	깜깜한 밤이 되자 엉뚱한 수리점에 불이 켜지고 수리할 물건을 들고 있던 어른들이 줄을 서기 시작했다.

😄 **자신이 고치고 싶은 물건을 골라 보기 처럼 엉뚱한 수리점 아저씨께 수리를 부탁해 봅시다.**

보기

고치고 싶은 물건	고치고 싶은 내용
빗자루	빗자루를 진짜 새처럼 날 수 있게 고쳐 주세요.

고치고 싶은 물건	고치고 싶은 내용
예 연필	예 시험을 볼 때 연필이 스스로 답을 찾아 쓸 수 있게 고쳐 주세요.

정리하기

서로

채송화야
난 네가
_{해바라기}
장대비에 쓸려 갈까 봐
밤새 눈 뜨고 지켜봤단다

해바라기야
난 네가
_{채송화}
장대비에 쓰러질까 봐
밤새 눈 감고 맘 졸였단다

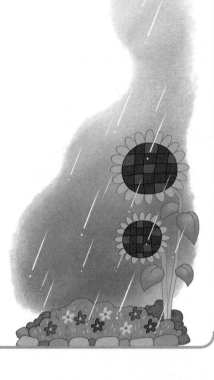

- 글쓴이: 조영수
- 시의 내용: 장대비가 내리는 밤에 서로를 걱정한 해바라기와 채송화의 마음이 나타납니다.

📍 시에 나타난 해바라기와 채송화의 마음

해바라기의 마음	채송화가 장대비에 쓸려 갈까 봐 걱정함.
채송화의 마음	해바라기가 장대비에 쓰러질까 봐 걱정함.

장대비 빗줄기가 굵고 거세게 좍좍 내리는 비.
쓸려 바람이나 비 때문에 널리 피해를 입어.
밤새 밤이 지나는 동안. '밤사이'.
맘 졸였단다 마음이 조마조마하였단다.

---

29 시에서 밤새 일어난 일은 무엇인가요? ( )

① 불이 났다.
② 장대비가 내렸다.
③ 바람이 세게 불었다.
④ 사람들이 꽃을 꺾었다.
⑤ 동물들이 꽃밭에 들어왔다.

30 해바라기가 밤새 눈을 뜨고 있었던 까닭은 무엇인가요? ( )

① 동물들과 이야기를 나누려고
② 해가 언제 나오는지 살펴보려고
③ 채송화 꽃이 언제 시드는지 보려고
④ 채송화가 장대비에 쓸려 가는지 보려고
⑤ 사람들이 꽃을 꺾어 가는 것을 지켜보려고

31 채송화가 밤새 눈을 감고 마음을 졸였던 까닭은 무엇인가요? ( )

① 해바라기가 떠나는 것이 무서워서
② 해바라기가 좋아하는 해가 뜨지 않아서
③ 해바라기에게 나쁜 말을 한 것이 미안해서
④ 해바라기씨가 잘 익지 않는 것이 속상해서
⑤ 해바라기가 장대비에 쓰러질까 봐 걱정되어서

🎓 교과서 문제

32 이 시를 읽고 떠오른 생각이나 느낌을 알맞게 말한 것은 무엇인가요? ( )

① 꽃을 함부로 꺾는 사람들이 나빠.
② 채송화와 해바라기는 봄에 볼 수 있어.
③ 꽃밭이 망가지지 않도록 힘을 모아야 해.
④ 채송화와 해바라기가 화해했으면 좋겠어.
⑤ 서로를 걱정하는 해바라기와 채송화의 마음이 정답게 느껴져.

1 다음 뜻을 가진 낱말을 보기 에서 찾아 쓰세요.

> 보기
>
> 난장판   산들바람   가닥

(1) 시원하고 가볍게 부는 바람.

(   )

(2) 한군데서 갈려 나온 낱낱의 줄. 또는 그것을 세는 단위.

(   )

- 회의를 하다가 싸워서 **난장판**이 되었다.
- 산에 올라갔는데 **산들바람**이 불어서 기분이 좋았다.
- 실 한 **가닥**이 옷에서 삐죽 나왔다.

2 다음 뜻에 알맞은 낱말을 찾아 선으로 이으세요.

(1) 이리저리 깊이 생각하며.   • ㉠ 도무지

(2) 흠이 없이 온전한.   • ㉡ 곰곰이

(3) 아무리 해도.   • ㉢ 멀쩡한

- '**도무지**'는 보통 '못 하다'나 '안 하다'라는 말과 함께 쓰입니다.

3 첫소리에 알맞은 낱말을 써넣어 문장을 완성하세요.

(1) 고양이 수염 한 [㉠][㉡] 이 바닥에 톡 떨어져 있다.

(2) 빵을 만들려다가 밀가루를 쏟아서 [㉡][㉣][㉤] 이 되었다.

1번과 **2**번에 나온 낱말 중에서 어떤 낱말이 들어가야 할지 생각해 보세요.

4 다음 (   ) 안에 알맞은 흉내 내는 말을 보기 에서 찾아 써넣으세요.

> 보기
>
> 호로록   휙   삐거덕삐거덕

(1) 차가운 물을 (   ) 마셨다.

(2) 뒤에서 누가 나를 부르는 것 같아서 (   ) 고개를 돌렸다.

흉내 내는 말은 사람이나 사물의 소리나 모습을 나타내는 말이에요. 흉내 내는 말을 사용하면 같은 내용도 재미있고 실감 나게 표현할 수 있습니다.

1 단원

5 다음 빈칸에 들어갈 말을 글자 칸의 글자를 모아 만드세요.

(1)

○○○가 쏟아지는 날씨에도 사람들은 축제를 즐겼다.

뜻 빗줄기가 굵고 거세게 좍좍 내리는 비.

| 장 | 가 | 대 | 랑 | 비 | 여 | 이 | 단 |

☐ ☐ ☐

(2)

기차에 사람들이 한꺼번에 타서 한바탕 ○○이 벌어졌다.

뜻 사람들이 놀라서 시끄럽게 떠들어 대는 일.

| 금 | 개 | 충 | 동 | 식 | 리 | 문 | 소 |

☐ ☐

6 빈칸에 들어갈 낱말을 보기 에서 찾아 쓰세요.

보기

유령 　　모험 　　절대

(1) ☐☐ 이 말을 퍼뜨리면 안 돼!

(2) ☐☐ 을 잡는 사람들에 대한 영화를 보았다.

(3) 이야기를 읽으며 주인공이 되어서 ☐☐ 을 떠나는

상상을 해 보았다.

비가 내리는 모습을 보고 비의 이름을 붙였어요.

「할머니와 하얀 집」에서 새끼 고양이들이 태어나자 날마다 시끄러운 일이 생겼어요.

빈칸에 어떤 낱말을 넣어야 문장의 뜻이 통할지 생각해 보세요.

7 보기와 같이 이야기를 읽고 인물의 마음을 알맞게 상상하여 V표를 하세요.

> 이야기에서 일어난 일, 인물의 말이나 행동을 바탕으로 인물의 마음을 상상해 보세요.

보기

> 깜깜한 고래 배 속에서 피노키오와 제페토 할아버지가 만났습니다.
> "제페토 할아버지, 제가 왔어요."
> "아이고, 정말 피노키오가 맞는 거냐? 이렇게 만나다니……."

▶ 제페토 할아버지의 마음

㉠ 반갑다. ☑   ㉡ 부끄럽다. ☐   ㉢ 걱정스럽다. ☐

(1)

> 나무꾼의 도끼가 연못에 풍덩 빠졌습니다. 나무꾼은 털썩 주저앉아 엉엉 울었습니다.

▶ 나무꾼의 마음

㉠ 부럽다. ☐   ㉡ 속상하다. ☐   ㉢ 궁금하다. ☐

나무를 팔아서 먹고 살아야 하는 나무꾼이 도끼를 연못에 빠뜨렸을 때 어떤 마음이 들지 상상해 보세요.

(2)

> 게으름뱅이는 일하기 싫어하는 사람이 쓰면 좋은 일이 생긴다는 노인의 말을 듣고 쇠머리 탈을 썼어요. 게으름뱅이가 쇠머리 탈을 쓰자 그만 소가 되고 말았어요.

▶ 게으름뱅이의 마음

㉠ 심심하다. ☐   ㉡ 뿌듯하다. ☐   ㉢ 당황스럽다. ☐

이어지는 내용에서 소가 된 게으름뱅이는 팔려 가서 하루 종일 일만 하게 되었어요.

(3)

> 시골집 곳간에 쥐 가족이 살고 있었어요. 어느 날 고양이 한 마리가 쥐 가족 가운데 한 마리를 잡아갔어요. 다음 날도 그다음 날도 고양이는 곳간 입구에서 쥐가 나오기를 기다렸어요.

▶ 쥐들의 마음

㉠ 무섭다. ☐   ㉡ 섭섭하다. ☐   ㉢ 자랑스럽다. ☐

'섭섭하다'는 친한 친구가 갑자기 전학 갔을 때, 다른 사람들이 내 마음을 몰라주고 오해했을 때에 생길 수 있는 마음이에요.

수행 평가

❖ 학교별 유형별 평가 모음

☑ 평가1	**쪽지 평가**
	간단한 문답을 통해 단원 개념과 제재에 대한 이해도를 평가

☑ 평가2	**단원 평가**
	다양한 유형의 문제를 통해 단원 학습 성취도와 독해력, 어휘력 등 국어 실력 전반을 평가

☑ 평가1

정답 3쪽

쪽지 평가　　　　　1 장면을 상상하며

1 다음은 시 「헬리콥터」를 읽고 무엇을 생각하며 장면을 상상한 것인지 ○표 하시오.

> 학교가 끝나자 신발주머니를 돌리며 집으로 가는 아이들의 모습이 떠올랐어.

시의 (내용 / 길이)

2 시 「짜장 요일」을 읽고 자신의 경험과 비교하며 장면을 상상한 사람의 이름을 쓰시오.

> 윤우: 친구와 떡볶이를 먹었을 때 친구 턱에 묻은 고추장이 빨간 점 같았어.
> 다현: 친척들이 자꾸 내 키와 사촌 키를 비교해서 속상했던 때가 있어.

(　　　　　)

3 흉내 내는 말 '무럭무럭'을 넣어 문장을 알맞게 쓴 것에 ○표 하시오.

(1) 나무가 무럭무럭 자라더니 어느새 내 키보다 커졌다.　　　　　　　(　　)

(2) 동생에게 심부름을 시키자 하기 싫은지 무럭무럭 하였다.　　　　　(　　)

4 이야기 「할머니와 하얀 집」에서 하얀 집이 난장판이 된 까닭은 무엇인지 번호를 쓰시오.

① 새끼 고양이들이 어질러서.
② 새, 다람쥐, 너구리가 집에 쳐들어와서.

(　　　　　)

5 이야기 「할머니와 하얀 집」의 다음과 같은 상황에서 할머니의 마음을 상상하여 번호를 쓰시오.

> 새끼 고양이들이 집 안을 어지르자, 할머니는 계속 집 안을 정리하고 치우고 닦았다.

① 힘들다.　　　　　② 궁금하다.

(　　　　　)

6 이야기 「엉뚱한 수리점」의 다음과 같은 상황에서 소이의 마음을 알맞게 상상한 것의 번호를 쓰시오.

> 소이와 친구들은 날이 어두워지는 것도 모르고 깔깔거리면서 놀았죠.

① 궁금하다.　　　　　② 재미있다.

(　　　　　)

1~5 헬리콥터

㉠학교 끝났다, 오버

신발주머니 가방
머리 위로
빙글빙글 돌리며
달린다

두두두두두 두두두두

발이 땅에서 떠오르는 아이들
모두 다 헬리콥터 되어.

㉡ ⎾ 난다, 난다
   ⎿ 신난다

1 ㉠에 대해서 알맞게 말한 것에 ○표 하시오.

(1) '오버'는 추울 때 겉옷 위에 입는 옷인데, 시의 계절이 겨울이라는 것을 표현하기 위해 사용하였다. ( )

(2) '오버'는 무전기 같은 것으로 대화할 때 쓰는 말인데, 학교가 끝난 것을 재미있게 표현하려고 사용하였다. ( )

2 발이 땅에서 떠오른 아이들은 어떻게 되었습니까? ( )

① 헬리콥터가 되었다.
② 더 빨리 달리게 되었다.
③ 친구들과 부딪혀 싸웠다.
④ 떠오르다가 땅으로 떨어졌다.
⑤ 떠오르는 느낌이 무서워서 엉엉 울었다.

3 ㉡에 대해서 말한 것으로 알맞지 <u>않은</u> 것을 두 가지 고르시오. (,)

① '난다'라는 말이 되풀이되었다.
② 아이들의 신난 마음이 느껴진다.
③ 아이들이 헬리콥터가 되어 나는 장면이 떠오른다.
④ 아이들이 서로 놀리고 달아나는 장면이 떠오른다.
⑤ 아이들이 하늘 높이 떠올라 사라지는 장면이 떠오른다.

4 이 시를 읽고 장면을 알맞게 상상한 것의 번호를 쓰시오.

① 친구와 떡볶이를 먹으며 즐거워하는 아이들의 모습이 떠오른다.
② 학교가 끝나니 신나서 헬리콥터처럼 날아오를 것 같이 즐거워하는 아이들의 모습이 떠오른다.

( )

5 이 시를 읽고 생각이나 느낌을 알맞게 말한 사람의 이름을 쓰시오.

지아: 방학 동안에 학교 친구들을 만나고 싶어 했던 경험이 생각났어.
도윤: "두두두두두 두두두두"라는 헬리콥터의 소리를 흉내 내는 말을 사용하니까 헬리콥터가 된 아이들의 모습이 더 실감 나게 느껴졌어.

( )

6~7 짜장 요일

오늘 급식은 짜장면이다!

호로록, 한 입 먹으면
콧잔등에 / 맛있는 짜장 점 일곱 개

㉠호로록호로록, 두 입 먹으면
입가에 / 맛있는 짜장 수염 두 가닥

마주 앉은 친구가 / 웃는 소리도
짜장짜장 들리는 날

6 이 시를 읽고 떠오르는 장면으로 알맞은 것을 두 가지 고르시오. (,   )

① 짜장 양념이 코와 입가에 묻은 모습
② 짜장면을 받으려고 길게 줄을 선 모습
③ 옷에 짜장 양념이 묻어서 속상해하는 모습
④ 짜장면이 좋은지 탕수육이 좋은지 이야기하는 모습
⑤ 점심시간에 짜장면을 먹으면서 신이 난 아이들의 모습

7 ㉠'호로록호로록'을 낭송하는 방법으로 알맞은 것은 무엇입니까? (   )

① 친구와 서로 다투는 듯이 크게 읽는다.
② 친구가 우는 모습을 떠올리며 슬프게 읽는다.
③ 짜장면을 먹기 싫은 느낌이 나도록 느리게 읽는다.
④ 짜장 양념을 닦는 모습을 떠올리며 조용하게 읽는다.
⑤ 짜장면을 먹는 모습이 실감 나게 가볍고 빠르게 읽는다.

8~10 할머니와 하얀 집

가 어떤 날은 너무 걱정이 되어 잠도 못 잤어.
할머니는 하얀 집에 뭐라도 묻을까 봐 아무도 초대하지 않았어. 할머니는 외롭지 않았을까?
아니야. 할머니 옆에는 늘 하얀 고양이가 있었거든.

나 그러던 어느 날, 할머니는 깜짝 놀랐어.
할머니 눈에 뭔가 작고 꼬물꼬물 움직이는 게 보이는 거야.
세상에! 새끼 고양이들이었어.
㉠할머니는 어쩔 줄 몰랐어.
그날부터 할머니의 집은 예전과 달라졌어.

8 할머니가 걱정하는 것은 무엇인지 ○표 하시오.

⑴ 집이 더러워지는 것   (   )
⑵ 하얀 고양이가 다람쥐나 너구리와 친구가 되는 것   (   )

9 글 **나**에서 일어난 일은 무엇인지 쓰시오.

• 하얀 (   )가 새끼를 낳았다.

10 ㉠에서 상상할 수 있는 할머니의 마음은 어떠합니까? (   )

① 외롭다.   ② 즐겁다.
③ 서운하다.   ④ 당황스럽다.
⑤ 자랑스럽다.

11~12 할머니와 하얀 집

가 빨강이는 할머니 스웨터를 다 풀어 놓았어.

노랑이는 하얀 벽에 온통 발자국을 찍어 놓았고, 분홍이는 할머니가 마시던 커피를 쏟아 버렸지.

녀석들은 쏟고, 흘리고, 묻히고, 깨뜨렸어.

할머니는 계속 정리하고, 치우고, 닦았어.

날마다 한바탕 소동을 정리하고 나면 할머니는 지쳐서 곯아떨어졌어.

나 새끼 고양이들은 무럭무럭 자랐어. 그리고 여전히 여기저기 흔적을 남기고 다녔지.

할머니는 언젠가부터 걱정하거나 화내지 않았어. 오히려 그런 고양이들을 보고 또 보는 게 즐거웠어.

할머니 집은 이제 눈처럼 하얗지 않아.

그래도 할머니는 괜찮대.

요즘 할머니에겐 즐거운 일이 아주 많이 생겼거든.

11 글 **가**에서 새끼 고양이들이 집 안을 어질렀을 때 할머니는 어떻게 하였습니까? (　　　)

① 새끼 고양이들에게 소리를 질렀다.

② 새끼 고양이들을 밖으로 내쫓았다.

③ 계속 집 안을 정리하고 치우고 닦았다.

④ 새끼 고양이들을 다른 사람에게 보냈다.

⑤ 새끼 고양이들이 방 밖으로 나오지 못하게 하였다.

서술형·논술형 문제

12 글 **나**에서 할머니의 마음을 상상하여 쓰시오.

_____

_____

13~15 엉뚱한 수리점

그렇게 시간이 지나 깜깜한 밤이 되자, 엉뚱한 수리점 창문에 불이 켜졌어요. 수리할 물건을 들고 있던 어른들이 하나둘씩 줄을 서기 시작했죠.

하지만 그 광경을 곰곰이 지켜보던 소이 눈에는 그 물건들이 고장 난 것처럼 보이지 않았어요. 의자에 앉아 있던 아저씨에게 다가가 소이가 물었죠.

"아저씨는 왜 멀쩡한 의자를 가지고 나왔어요?"

"쉿! 조용히 해 주겠니? 삐거덕거리는 곳을 찾아야 고칠 수가 있단다."

"그래요? 제 방 의자도 삐거덕삐거덕하지만, 정말 재미있는데. 제 의자도 고쳐야 할까요?"

13 엉뚱한 수리점에 어른들이 줄은 선 까닭은 무엇이겠습니까? (　　　)

① 물건을 고치려고

② 친구를 사귀려고

③ 숨바꼭질을 하려고

④ 고민을 털어놓으려고

⑤ 아이들에게 공부를 가르치려고

14 '곰곰이'를 넣어 문장을 알맞게 쓴 것에 ○표 하시오.

⑴ 친구는 눈이 곰곰이 크다. (　　　)

⑵ 그림을 곰곰이 살펴보았다. (　　　)

15 소이는 자신의 방 의자에 대해 어떻게 생각하는지 알맞은 낱말을 글에서 찾아 쓰시오.

• 의자가 (　　　　　　　　)하지만 재미있어서 고칠 필요가 없다.

단원 평가

진도 완료 체크

16~17 엉뚱한 수리점

가 "옷장이 정말 멋있어요. 그런데 이 옷장은 어디가 고장 난 거죠?"

"안에 넣은 물건을 도무지 찾을 수가 없어서 왔단다. 한번 넣으면 절대로 못 찾아."

"그래요? 숨바꼭질할 때 숨으면 딱 좋겠는데요!"

나 그때 머리 위로 '휙' 하고 유령이 지나가는 게 보였어요.

"어! 침대 밑에 있던 유령이다!"

"아저씨는 이 유령 때문에 잠을 한숨도 못 잤어. 다시는 침대 밑으로 들어가지 못하게 할 거야!"

"그러지 마세요. 제 친구라고요!"

16 옷장에 대한 어른과 소이의 생각을 알맞게 이으시오.

(1) 어른 • • ① 옷장 안에 물건을 넣으면 찾을 수 없어서 옷장을 고쳐야 한다.

(2) 소이 • • ② 숨바꼭질할 때 옷장 안에 숨으면 절대로 못 찾기 때문에 딱 좋다.

17 아저씨가 침대를 고치려고 하는 까닭은 무엇이겠습니까? (   )

① 침대가 푹신하지 않아서

② 침대에서 나쁜 냄새가 나서

③ 침대에 누우면 삐거덕거려서

④ 침대에서 자면 나쁜 꿈을 꾸어서

⑤ 침대 밑에 유령이 들어가서 잠을 못 자게 되어서

18~20 엉뚱한 수리점

가 "꼬마야! 내 이름을 어떻게 고치면 좋을까? 박명성? 박유명? 박신사? 박부자?"

소이는 골똘히 생각했어요.

'박공룡이란 이름이 이상한가? 멋진 이름인데.'

나 "뭐라고? 진짜 새처럼 날 수 있게 고쳐 달라고? 그렇게 만들 수는 없어. 하지만 청소할 때 쓰는 빗자루로 튼튼하게 고칠 수는 있지. 그렇게 고쳐 줄까?"

깜짝 놀란 소이는 도망치듯 집으로 돌아와 창문 밖 수리점을 보면서 생각했어요.

'왜 재미있는 걸 재미없게 만들려고 하는 걸까? 난 절대 고치지 않을 거야.'

18 글 **가** 를 읽고 알 수 있는 것입니다. (   ) 안에 이름을 찾아 쓰시오.

• 어른은 (   )이라는 이름을 다른 이름으로 고치고 싶어 한다.

19 엉뚱한 수리점 아저씨는 소이의 빗자루를 어떻게 고쳐 준다고 하였는지 쓰시오.

• (   )할 때 쓰는 빗자루로 튼튼하게 고쳐 주겠다.

20 이 글을 읽고 생각이나 느낌을 알맞게 말한 사람의 이름을 쓰시오.

> 이준: 소이처럼 다른 사람의 비밀을 잘 지켜 주는 사람이 되고 싶어.
> 정우: 소이가 보기에는 고치지 않아도 되는 물건을 자꾸 고치니까 엉뚱한 수리점이라고 한 것 같아.

(   )

서로 존중해요

2

공감하며 대화하기

단원 핵심 어휘

존중

뜻 의견이나 사람을 높이어 귀중하게 여김.

예 내 의견과 다르더라도 다른 사람의 의견을 존중해야 합니다.

개념① 고운 말로 대화하는 방법

① 상대의 기분이 상하지 않도록 말합니다.
② 욕설이나 비속어를 사용하면 안 됩니다.
③ 친구의 말을 잘 듣고 상황에 알맞은 말을 합니다.
④ 친구의 말을 공감하며 들어 줍니다.
→ 다른 사람의 생각과 마음에 대하여 자신도 그렇게 느끼는 것.

● 고운 말로 대화하기

상대의 기분을 살펴 ◄ 말합니다.

► 자신의 기분을 살펴 준 것에 고마움을 나타냅니다.

개념② 칭찬하는 방법

① 상대가 잘하는 점이나 노력하는 점, 상대의 좋은 점을 찾아 칭찬합니다.
② 좋은 점을 너무 부풀리지 않고 진심으로 칭찬합니다.
③ 칭찬하는 점과 그 까닭이 드러나게 칭찬합니다.

● 칭찬하기

➡ 열심히 노력하는 점을 찾아 칭찬합니다.

개념③ 조언하는 방법

① 걱정하는 마음을 담아 듣는 사람이 고쳤으면 하는 습관을 알려 줍니다.
② 문제를 해결할 수 있는 방법을 말해 줍니다.
③ 듣는 사람의 마음에 공감하며 격려해 줍니다.

● 조언하기

➡ 듣는 사람의 마음에 공감하며 격려해 줍니다.

개념④ 대화할 때 적절히 반응하는 방법

① 말하는 사람을 쳐다보며 대화 내용에 집중합니다.
② 대화를 끝까지 듣고 말하는 사람에게 공감해 줍니다.
③ 상황에 알맞은 표정을 지으며 부드러운 말투로 말합니다.

● 적절히 반응하기

➡ 말하는 사람에게 공감하며 부드러운 말투로 말합니다.

① 상대와 기분 좋게 대화하기

가 하늘이와 친구들의 대화

1 가에서 민서와 하영이의 말을 들은 하늘이의 기분은 어떠할지 알맞게 이으세요.

(1) 민서와 대화할 때 · · ① 기분이 좋다.

(2) 하영이와 대화할 때 · · ② 기분이 나쁘다.

2 가의 장면 ❸에서 정현이는 하늘이와 어떻게 대화하면 좋을지 알맞은 것에 ○표 하세요.

(1) 대답을 하지 않는다. ( )

(2) 무조건 하늘이의 말이 좋다고 말한다. ( )

(3) 보드게임을 하고 싶은 자신의 상황을 고운 말로 잘 설명한다. ( )

3 그림 나의 준혁이는 지은이에게 어떻게 말했나요? ( )

① 상대의 기분을 살펴 말하였다.

② 상대를 칭찬하는 말을 하였다.

③ 상대의 말이 옳다고 말하였다.

④ 자신의 상황을 이해할 수 있게 설명하였다.

⑤ 자신이 잘못한 것에 대해 미안함을 나타내었다.

🧢 교과서 문제

4 그림 다의 해찬이는 어떻게 고운 말로 대화하였나요? ( )

① 공감하며 들어 주었다.

② 자신이 할 말만 하였다.

③ 궁금한 점을 물어보았다.

④ 고마운 마음을 표현하였다.

⑤ 흉내 내는 말을 사용하였다.

- 교과서에 나온 질문과 예시 답안을 모았어요!
- 수업 시간 선생님의 질문에 자신 있게 발표해 보아요!

국어 교과서 **가** **46~47쪽**

2 단원

💬 고운 말로 대화하는 알맞은 방법을 보기 에서 골라 써 봅시다.

보기
> 공감하며 들어 준다.　　　　　상대의 기분을 살펴 말한다.

> 기분이 안 좋아 보인다. 어디 아프니?

> 어제부터 머리가 좀 아파. 걱정해 줘서 고마워.

상대의 기분을 살펴 말한다.

자신의 기분을 살펴 준 것에 고마움을 나타낸다.

> 가위를 깜빡 잊고 가져오지 못했어. 네 가위 좀 빌려줄래?

> 가위가 없어서 깜짝 놀랐겠다. 오늘 나랑 같이 사용하자. 여기 있어!

자신의 상황을 이해할 수 있게 설명한다.

공감하며 들어 준다.

😊 고운 말로 대화하는 방법을 생각하며 친구들과 대화해 봅시다.

> 앗, 깜짝이야!

> 예 다치지 않았니? 내가 급하게 가느라 못 봤어. 미안해.

> 난 그림 그리기를 좋아해.

> 예 네가 그림 그리기를 좋아해서 그런지 너의 그림을 보면 기분이 좋아져.

😊 고운 말을 사용하여 대화하는 방법을 친구들과 이야기해 봅시다.

> 욕설이나 비속어를 사용하면 안 돼.

> 상대의 기분이 상하지 않게 말해야 해.

> 친구의 말을 잘 듣고 상황에 알맞은 말을 해야 해.

> 예 내 상황을 고운 말을 사용해서 말해야 해. / 친구 이야기를 공감하며 들어 줘야 해.

5 **가**의 ㉠에 들어갈 고운 말로 알맞은 것에 ○표 하세요.

(1) 이 욕심쟁이야. 너만 할 거야?　　(　)

(2) 좋아. 이번에는 네가 하고 다음에는 내가 할게.　　(　)

6 **가**의 ㉡에서 은수가 고운 말로 답하려면 어떤 마음을 표현해야 하나요? (　)

① 고마운 마음
② 미안한 마음
③ 응원하는 마음
④ 축하하는 마음
⑤ 위로하는 마음

7 **나**의 ㉢에 들어갈 고운 말로 알맞은 것은 어느 것인가요? (　)

① 글쎄…….
② 너 혼자 해.
③ 누가 너랑 놀아 준대?
④ 좋아! 오늘도 재미있게 놀자.
⑤ 너는 내가 축구 싫어하는 것도 모르니?

8 **나**의 ㉣에 들어갈 고운 말을 알맞게 말한 사람의 이름을 쓰세요.

서율: 와, 정말 신난다! 잘 가.
민오: 진심이야? 나는 별로 고마운 게 없었어.
지아: 너와 헤어져서 아쉬워. 앞으로 자주 연락하자.

(　 　)

9 고운 말로 대화하는 방법으로 알맞은 것의 기호를 세 가지 쓰세요.

> ㉠ 말하는 사람의 상황만 생각한다.
> ㉡ 상대의 말을 공감하며 들어 준다.
> ㉢ 상대의 기분이 상하지 않도록 말한다.
> ㉣ 내 기분이 좋으면 무조건 크게 말한다.
> ㉤ 친한 친구나 동생에게 비속어를 사용한다.
> ㉥ 친구의 말을 잘 듣고 상황에 알맞은 말을 한다.

(,   ,   )

교과서 문제

10 다음 그림에서 고운 말로 대화한 사람에 ○표 하세요.

(1)

① (   )   ② (   )

(2)

① (   )   ② (   )

11 고운 말로 대화할 수 있도록 빈칸에 알맞은 말을 선으로 이으세요.

(1)

(2)

(3)

- ① 우산 씌워 줘서 정말 고마워!
- ② 미안해. 나 지금 숙제해야 해. 다음에 같이 놀자.
- ③ 내가 도와줄게. 같이 만들자.

12 고운 말로 대화할 때 빈칸에 들어갈 말로 알맞은 것은 어느 것인가요? (   )

① 미안하면 다야?
② 네가 그렇지, 뭐.
③ 다시는 너랑 약속 안 할 거야.
④ 미안하면 늦게 오지 말았어야지.
⑤ 다음부터는 시간에 맞게 오면 좋겠어.

크니프의 친구 사귀기

- 글의 종류: 이야기
- 글쓴이: 윤선아
- 글의 내용: 악어 크니프가 방울새 속삭이와 대화하며 고민을 해결합니다.

오늘도 크니프는 혼자 있었어요.

"아, 심심해. 아무도 나랑 놀아 주지 않아. 난 정말 외톨이야."

그때 어디선가 아주 작고도 작은 노랫소리가 들려왔어요.

"누구지? 노래를 참 잘 부른다."

크니프의 큰 목소리에 방울새 속삭이는 깜짝 놀랐어요.

"정말 내 노랫소리가 들려? 아무도 못 듣던데. 난 속삭이야. 목소리는 작지만 아는 건 많지!"

둘은 잠시 마주 보았어요.
서로 똑바로 대하여
"나는 크니프야. 너는 목소리가 참 예쁘구나. 정말 좋겠다."
크니프가 말한 속삭이의 좋은 점

"왜? 너는 목소리가 커서 멋있는걸."

"아냐, 아냐! 아무도 날 좋아하지 않아. 아무도 나랑 이야기도 하지 않고, 놀려고 하지도 않아."

크니프는 뾰족한 발가락을 꼼지락거리며 말했어요.

㉠"친구 사귀는 방법은 생각보다 간단해. 친구를 만나면 먼저 반갑게 인사해 봐!"

속삭이는 싱긋 웃었어요.

외톨이 주위에 친구나 가족이 없이 혼자인 사람.

간단해 단순하고 손쉬워.

싱긋 눈과 입을 슬며시 움직이며 소리 없이 가볍게 웃는 모양.

---

13 크니프의 고민은 무엇인가요? (　　　)

① 목소리가 작은 것

② 발가락이 뾰족한 것

③ 아는 것이 많지 않은 것

④ 노래를 잘 부르지 못하는 것

⑤ 아무도 자기와 놀아 주지 않는 것

🎓 교과서 문제

14 속삭이는 크니프의 어떤 점이 멋있다고 했나요? (　　　)

① 목소리가 큰 점　② 친구가 많은 점

③ 목소리가 예쁜 점　④ 발가락이 예쁜 점

⑤ 노래를 잘 부르는 점

15 속삭이가 말한 친구를 사귀는 방법은 무엇인가요? (　　　)

① 노래를 불러 주기

② 과자를 나누어 주기

③ 먼저 반갑게 인사하기

④ 외모를 아름답게 가꾸기

⑤ 재미있는 이야기를 들려주기

📋 서술형·논술형 문제

16 크니프는 ㉠과 같은 속삭이의 말을 듣고 어떤 기분이 들었을지 쓰세요.

_____

_____

칭찬하는 방법

🔖 **칭찬:** 상대가 잘하는 점이나 노력하는 점. 상대의 좋은 점 따위를 높이 평가해 주는 것

(㉠) 점을 찾아 칭찬해요.

칭찬받은 경험을 떠올려 보고 그때 기분이 어떠했는지 생각해 보아요.

17 ❶에서 ㉠에 들어갈 알맞은 말에 ○표 하세요.

(재미있는 / 열심히 노력하는)

18 ❶에서 시아가 다음과 같이 칭찬하였다면 선우의 기분이 어떠할까요? (   )

 : 작품이 이상하기는 하지만 끝까지 열심히 완성하기는 했네.

① 칭찬하는 말을 들어서 뿌듯하다.
② 해결 방법을 알게 되어서 기쁘다.
③ 잘못한 점을 말해 주어서 고맙다.
④ 노력한 점을 알고 칭찬해 주어서 고맙다.
⑤ 잘못한 점과 함께 말해서 칭찬으로 생각되지 않는다.

19 ❷에서 빈칸에 들어갈 칭찬하는 말을 알맞게 말한 사람의 이름을 쓰세요.

> 재호: 처음 보는 옷이네. 세상에서 네가 가장 멋져.
> 지유: 처음 보는 옷이네. 너한테 어울리는 색으로 잘 골랐다.

(   )

20 ❸의 ㉡에 들어갈 칭찬하는 방법으로 알맞은 것은 어느 것인가요? (   )

① 큰 목소리로 이야기한다.
② 꾸며 주는 말을 넣어 이야기한다.
③ 어려운 낱말을 사용해서 이야기한다.
④ 칭찬하는 점과 고칠 점을 함께 이야기한다.
⑤ 칭찬하는 점과 그 까닭이 드러나게 이야기한다.

조언하는 방법

> 📍 조언: 다른 사람에게 어려움이 있을 때 도움이 되도록 말로 알려 주는 것

정리할 게 너무 많아. 귀찮으니까 정리하지 말고 사물함에 다 넣어야겠어.

그러면 사물함을 열었을 때 물건이 쏟아져 다칠 수도 있어. 정리해서 넣어 두는 게 어때?

(㉠)을 담아 듣는 사람이 고쳤으면 하는 습관을 알려 줘요.

1

문제를 해결할 수 있는 방법을 말해 줘요.

나도 너처럼 줄넘기를 잘하고 싶은데…….

조언을 듣는 사람은 상대가 자신을 도와주려는 마음으로 말한 조언을 긍정적으로 받아들이고 자신에게 필요한 내용을 찾아봐요.

2

서윤

나는 왜 자꾸 실수하는 걸까? 실수하지 않으려면 어떻게 해야 할까?

실수해서 무척 속상했구나. 그런데 실수는 누구나 하는 거니까 너무 실망하지 마.

(㉡) 격려해 줘요.

3

---

21 **①**에서 ㉠에 들어갈 마음으로 알맞은 것은 어느 것인가요? ( )

① 탓하는 마음
② 무시하는 마음
③ 걱정하는 마음
④ 부러워하는 마음
⑤ 비난하는 마음

22 **②**에서 서윤이가 조언할 말로 알맞은 것에 ○표 하세요.

(1) 그냥 하면 돼. ( )

(2) 너는 노력해도 안 될걸? ( )

(3) 날마다 10분씩 줄넘기 연습을 해 보면 어떨까? ( )

🎓 교과서 문제

23 **③**에서 ㉡에 들어갈 조언하는 방법은 무엇인가요? ( )

① 구체적인 해결 방법을 말하며
② 듣는 사람의 마음에 공감하며
③ 듣는 사람에게 행동을 지시하며
④ 듣는 사람이 잘못한 점을 지적하며
⑤ 듣는 사람의 칭찬할 점을 함께 말하며

24 조언을 듣는 사람의 태도를 알맞게 말한 사람은 누구인가요?

> 리아: 상대에게 존중받지 못했으니 상대가 잘못한 점을 찾아서 조언해 주어야 해.
> 해진: 상대가 자신을 도와주려는 마음으로 말한 조언을 긍정적으로 받아들여야 해.

( )

25~27 대화할 때 적절히 반응하는 방법

25 그림의 상황으로 알맞은 것에 ○표 하세요.

(1) 선우가 진아에게 화를 내고 있다. (　　)

(2) 진아와 선우가 숙제를 하고 있다. (　　)

(3) 진아가 선우와 함께 놀고 싶어 한다.(　　)

교과서 문제

26 진아가 말할 때 선우는 어떻게 반응하며 답했나요? (　　)

① 자기가 할 말만 하였다.

② 박수를 치며 대답하였다.

③ 고개를 끄덕이며 대답하였다.

④ 진아를 바라보며 대답하였다.

⑤ 휴대 전화만 쳐다보면서 건성으로 대답하였다.

27 선우의 반응을 보고 진아는 어떤 기분이었을까요? (　　)

① 신났을 것이다.　　② 서운했을 것이다.

③ 고마웠을 것이다.　④ 미안했을 것이다.

⑤ 기대되었을 것이다.

28 다음 그림에서 수빈이가 적절히 반응하지 못한 점을 쓰세요.

29 다음 그림에서 도현이가 적절히 반응하는 방법으로 알맞지 <u>않은</u> 것에 ×표 하세요.

(1) 부드러운 말투로 말한다.　　　　(　　)

(2) 말하는 사람보다 더 길게 말한다. (　　)

(3) 상황에 알맞은 표정으로 말한다. (　　)

30 다음 그림의 현서에게 조언할 말을 알맞게 말한 사람은 누구인가요?

민재: 표정과 몸짓을 더 과장되게 표현하는 것이 좋아.

하린: 대화를 끝까지 듣고 말하는 사람에게 공감해 주는 것이 좋아.

(　　　　　　　)

31 고운 말로 대화하는 방법으로 알맞지 <u>않은</u> 것은 어느 것인가요? (   )

① 알맞은 표정으로 말한다.

② 욕설을 사용하지 않는다.

③ 비속어를 사용하지 않는다.

④ 듣는 사람을 바라보면서 말한다.

⑤ 하고 싶은 말이 떠오르면 바로 말한다.

32 다음 상황에서 친구들이 할 수 있는 고운 말로 알맞지 <u>않은</u> 것에 ×표 하세요.

(1) 만나서 반가워!   (   )

(2) 수업 시작하게 빨리 자리에 앉아. (   )

(3) 우리 학교에 정말 잘 왔어. 잘 지내자.

(   )

33 다음 그림에서 연우는 어떤 방법으로 조언을 하였나요? (   )

① 고쳐야 할 점을 부풀려서 말하였다.

② 상대를 비난하면서 명령하듯이 말하였다.

③ 잘못한 점을 지적하며 고치라고 말하였다.

④ 문제를 해결할 수 있는 방법을 이야기하였다.

⑤ 상대방이 고쳤으면 하는 습관을 알려 주었다.

34 다음 그림의 지원이에게 할 말로 알맞은 것에 ○표 하세요.

(1) 상대방의 기분을 생각해서 높임말로 말하는 것이 좋아.   (   )

(2) 부드러운 표정과 말투로 같이 청소하자고 말하는 것이 좋아.   (   )

(3) 고운 말을 이용해서 상대방의 기분이 상하지 않게 잘 말했구나.   (   )

기초 다지기

35 그림을 보고 (   ) 안에 들어갈 알맞은 낱말에 ○표 하세요.

(1)

• 어머니께서 동생을 (안고 / 앉고) 있다.

(2)

• 입을 크게 벌리고 (짓는 / 짖는) 개를 보고 놀랐어요.

1 다음 뜻을 가진 낱말을 보기 에서 찾아 쓰세요.

> 보기
>
> 상황   공감   격려

(1) 일이 되어 가는 형편이나 모양.

(   )

(2) 용기나 무엇을 하고자 하는 마음이 생기도록 북돋워 줌.

(   )

(3) 다른 사람의 생각과 마음에 대하여 자신도 그렇게 느끼는 것.

(   )

- **상황**에 따라 알맞은 낱말을 사용해서 말해야 합니다.
- 정민이는 내 말에 **공감**하는 듯 고개를 끄덕였습니다.
- 달리기 시합에 나가기 전 긴장한 나에게 선생님께서 **격려**의 말씀을 해 주셨습니다.

2 다음 낱말의 뜻을 찾아 선으로 이으세요.

(1) 칭찬 •

(2) 조언 •

• ① 다른 사람에게 어려움이 있을 때 도움이 되도록 말로 알려 주는 것

• ② 상대가 잘하는 점이나 노력하는 점, 상대의 좋은 점 따위를 높이 평가해 주는 것

📍 **칭찬이나 조언하기**

칭찬이나 조언을 할 때는 상대에 대한 진심이 전해지도록 해야 합니다.
↳ 거짓이 없는 순수한 마음.

3 위 **1**번과 **2**번에 나온 낱말 중에서, 첫소리에 알맞은 낱말을 써넣어 문장을 완성하세요.

(1) 친구가 아픈 〔ㅅ〕〔ㅎ〕 에서는 위로하는 말을 할 수 있다.

(2) 달리기를 잘하고 싶은 친구에게 꾸준히 연습하면 된다고 〔ㅈ〕〔ㅇ〕 해 주었다.

(3) 잔치에 가고 싶지만 집안일 때문에 가지 못하는 콩쥐의 속상한

마음에 〔ㄱ〕〔ㄱ〕 이 되었다.

문장의 뜻이 자연스럽도록 첫소리에 알맞은 낱말을 써넣어 봅니다.

4 보기와 같이 글자를 골라 문장에 알맞은 낱말을 쓰세요.

보기

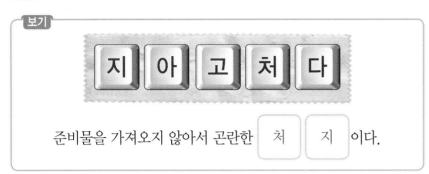

| 지 | 아 | 고 | 처 | 다 |

준비물을 가져오지 않아서 곤란한 [처][지] 이다.

보기 낱말의 뜻: 처하여 있는 상황이나 상태.

(1)

| 리 | 습 | 가 | 자 | 관 |

• 친구가 고쳤으면 하는 [ ][ ]을 알려 주었다.

(1) 낱말의 뜻: 여러 번 오랫동안 되풀이하면서 몸에 밴 행동.

(2)

| 이 | 을 | 집 | 거 | 중 |

• 대화 내용에 [ ][ ]해서 들어야 한다.

(2) 낱말의 뜻: 한 가지 일에 모든 힘을 쏟아부음.

(3)

| 응 | 무 | 반 | 리 | 신 |

• 표정, 목소리, 행동 등이 상황에 어울리도록 [ ][ ] 하는 것이 중요하다.

(3) 낱말의 뜻: 어떤 자극에 대하여 일정한 동작이나 태도를 보이는 것.

(4)

| 투 | 의 | 프 | 말 | 소 |

• 선생님의 질문에 지호는 공손한 [ ][ ]로 대답하였다.

(4) 낱말의 뜻: 말을 하는 버릇이나 형식.

✔평가1 **쪽지 평가**
간단한 문답을 통해 단원 개념과 제재에 대한 이해도를 평가

✔평가2 **단원 평가**
다양한 유형의 문제를 통해 단원 학습 성취도와 독해력, 어휘력 등 국어 실력 전반을 평가

✔평가1

쪽지 평가

2 서로 존중해요

정답 6쪽

1 다음 상황에서 고운 말로 대화한 것에 ○표 하시오.

상황	수업 시간에 친구가 가위를 빌려 달라고 할 때

① 가위가 없어서 깜짝 놀랐겠다. 오늘 나랑 같이 사용하자. 여기 있어!　　（　　）
② 준비물을 잘 챙겨 와야지. 너는 매번 준비물을 안 가지고 와서 빌려 달라고 하더라.
　　（　　）

2 이야기 「크니프의 친구 사귀기」에서 속삭이는 크니프의 어떤 점이 멋있다고 했습니까?

_____

3 이야기 「크니프의 친구 사귀기」에서 크니프가 아무도 자기를 좋아하지 않는다고 했을 때 속삭이는 무엇이라고 했습니까?

• 친구를 사귀려면 _____

4 다음 상황에서 칭찬하는 말을 더 알맞게 한 것에 ○표 하시오.

상황	친구에게 궁금한 것을 물어봤는데 잘 알려 주었을 때

① 너는 참 친절해.　　（　　）
② 너는 참 친절해. 내가 모르는 것을 물어보면 늘 잘 알려 줘.　　（　　）

5 다음 상황에서 조언하는 말을 더 알맞게 한 것에 ○표 하시오.

(1)
상황	친구가 줄넘기를 잘하지 못해서 고민할 때

① 그냥 하면 돼.　　（　　）
② 날마다 10분씩 줄넘기 연습을 해 보면 어떨까?　　（　　）

(2)
상황	친구가 실수를 하고 속상해할 때

① 야, 뭐 그런 일로 고민해? 누구나 다 그래.
　　（　　）
② 실수해서 무척 속상했구나. 그런데 실수는 누구나 하는 거니까 너무 실망하지 마.
　　（　　）

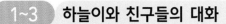

1~3 하늘이와 친구들의 대화

1 **언제 있었던 일입니까?**

( )

2 **정현이의 말을 들은 하늘이의 기분은 어떠하겠습니까? (   )**

① 정현이가 짜증을 내어서 당황스럽다.
② 정현이가 고운 말로 말해서 기분이 좋다.
③ 정현이가 의견을 말하지 않아서 답답하다.
④ 정현이가 자기에게 공감해 주어서 고맙다.
⑤ 정현이가 자신의 말을 집중해 듣지 않아서 화가 난다.

3 **하영이에게 알맞게 말한 것에 ○표 하시오.**

(1) 하늘이의 말을 귀담아들어야 해. (   )
(2) 하늘이의 의견에 무조건 찬성해야 해.

( )

4 **다음 그림에서 준혁이와 지은이는 어떻게 고운 말로 대화하였는지 알맞게 이으시오.**

(1) 준혁 •

• ① 상대의 기분을 살펴 말하였다.

(2) 지은 •

• ② 자신의 기분을 살펴 준 것에 고마움을 나타내었다.

🗄 서술형·논술형 문제

5 **다음 그림의 상황에서 빈칸에 들어갈 고운 말을 쓰시오.**

_____

_____

2단원

국어 시간에 내가 발표할게.

생일 축하한다.

① ②

잘 있어. 그동안 고마웠어.

너와 헤어져서 아쉬워. 앞으로 자주 연락하자.

도윤   지아

6 그림 **1**은 어떤 상황입니까? (   )

① 놀이터에서 만날 약속을 정하는 상황

② 국어 시간에 발표할 주제를 정하는 상황

③ 국어 시간에 발표를 잘했다고 칭찬하는 상황

④ 어제 읽은 책의 내용에 대하여 이야기하는 상황

⑤ 국어 시간에 누가 발표를 할지 이야기하는 상황

8 지아의 말을 들은 도윤이의 기분은 어떠하겠습니까? (   )

① 고맙다.   ② 미안하다.

③ 궁금하다.   ④ 재미있다.

⑤ 답답하다.

9 그림을 보고 알 수 있는 고운 말을 사용하면 좋은 점은 무엇입니까? (   )

① 문장을 길게 쓸 수 있다.

② 유행하는 말을 잘 알 수 있다.

③ 서로 기분 좋게 대화할 수 있다.

④ 어려운 낱말의 뜻을 잘 알 수 있다.

⑤ 비속어를 사용해도 기분이 상하지 않는다.

7 그림 **1**과 **2**의 빈칸에 들어갈 고운 말을 알맞게 이으시오.

(1) 그림 **1** •

(2) 그림 **2** •

• ① 이 욕심쟁이야. 너만 할 거야?

• ② 좋아. 이번에는 네가 하고 다음에는 내가 할게.

• ③ 선물은 뭐예요?

• ④ 제 생일을 축하해 주셔서 고맙습니다.

10 다음 상황에서 할 고운 말로 알맞은 것에 ○표 하시오.

상황	친구가 그리기 대회에서 상을 받은 상황

(1) 내가 더 잘 그린 것 같은데 이번에는 네가 운이 좋았나 봐.   (   )

(2) 상 받은 것 축하해. 나도 그림 그리는 것을 좋아하는데 너랑 함께 그려 보고 싶어.

(   )

11~12 크니프의 친구 사귀기

"누구지? 노래를 참 잘 부른다."

크니프의 큰 목소리에 방울새 속삭이는 깜짝 놀랐어요.

"정말 내 노랫소리가 들려? 아무도 못 듣던데. 난 속삭이야. 목소리는 작지만 아는 건 많지!"

둘은 잠시 마주 보았어요.

"나는 크니프야. 너는 목소리가 참 예쁘구나. 정말 좋겠다."

"왜? 너는 목소리가 커서 멋있는걸."

"아냐, 아냐! 아무도 날 좋아하지 않아. 아무도 나랑 이야기도 하지 않고, 놀려고 하지도 않아."

크니프는 뾰족한 발가락을 꼼지락거리며 말했어요.

"친구 사귀는 방법은 생각보다 간단해. 친구를 만나면 먼저 반갑게 인사해 봐!"

속삭이는 싱긋 웃었어요.

11 크니프가 속삭이에게 목소리가 예쁘다고 했을 때 속삭이의 기분은 어떠하겠습니까? (   )

① 기쁘다.   ② 미안하다.

③ 신기하다.   ④ 우울하다.

⑤ 원망스럽다.

12 속삭이는 크니프에게 어떤 조언을 해 주었습니까? (   )

① 큰 목소리로 말해 보아라.

② 작은 목소리로 말해 보아라.

③ 노래 부르는 연습을 하여라.

④ 친구에게 칭찬하는 말을 해 보아라.

⑤ 친구를 만나면 먼저 반갑게 인사해 보아라.

13~15 칭찬하는 방법

13 ❶에서 수현이는 어떻게 칭찬하는 말을 하였을지 알맞은 것에 ○표 하시오.

⑴ 처음 보는 옷이네. 세상에서 네가 가장 멋져.
(   )

⑵ 처음 보는 옷이네. 너한테 어울리는 색으로 잘 골랐다. (   )

14 ❷에서 윤아는 진우의 어떤 점을 칭찬하였습니까?

• (   ) 점

15 ❷의 윤아에게 할 말로 가장 알맞은 것은 어느 것입니까? (   )

① 최대한 길게 말하는 것이 좋아.

② 작은 목소리로 말하는 것이 좋아.

③ 꾸며 주는 말을 사용하는 것이 좋아.

④ 높임말로 칭찬하는 말을 하는 것이 좋아.

⑤ 칭찬하는 까닭이 드러나게 말하는 것이 좋아.

단원 평가

16~17 조언하는 방법

16 **1**에서 ㉠에 들어갈 조언할 말로 알맞은 것에 ○표 하시오.

(1) 넌 왜 그렇게 게으르니? 제대로 정리 좀 해!
( )

(2) 그러면 사물함을 열었을 때 물건이 쏟아져 다칠 수도 있어. 정리해서 넣어 두는 게 어때?
( )

17 **2**와 **3**을 보고 알 수 있는 조언하는 방법을 알맞게 이으시오.

(1) **2** · · ① 듣는 사람의 마음에 공감하며 격려해 준다.

(2) **3** · · ② 문제를 해결할 수 있는 방법을 말해 준다.

18 다음 그림의 수빈이에게 할 말로 알맞은 것을 두 가지 고르시오. (,)

① 땅을 보며 대화해야 해.
② 큰 목소리로 말해야 해.
③ 대화할 때 웃으면 안 돼.
④ 대화 내용에 집중해야 해.
⑤ 말하는 사람을 쳐다봐야 해.

19~20 적절히 반응하기

19 도현이가 잘못한 점은 무엇입니까? ( )

① 줄임말을 사용하였다.
② 높임말을 사용하지 않았다.
③ 질문과 관련이 없는 대답을 하였다.
④ 지은이의 말에 화내듯이 대답하였다.
⑤ 지은이의 말이 끝나기 전에 말하였다.

🖊 서술형·논술형 문제

20 도현이의 말을 적절히 반응하는 말로 고쳐 쓰시오.

_____

_____

내용을
살펴요

3

주변의 사물을 설명하는 글 쓰기

단원 핵심 어휘

설명

뜻 어떤 일이나 내용에 대해서 잘 알 수 있도록 밝혀 말함.
예 윷놀이를 하는 방법을 설명해 줄래?

개념❶ 글을 읽고 중심 내용을 찾는 방법

① 제목을 보고 무엇에 대한 내용인지 짐작합니다.

② 글쓴이가 하고 싶은 말이 무엇인지 찾아봅니다.

③ 글쓴이가 그렇게 말한 까닭을 찾습니다.

④ 글을 읽고 중요한 문장을 찾아서 내용을 간추려 봅니다.

● 글의 제목을 보고 무엇에 대한 내용인지 짐작하기

▲ 빗자루

「빗자루」라는 제목을 보니까 빗자루에 대해서 설명하는 글 같아.

개념❷ 사물을 설명하는 방법

① 설명하려는 대상을 정합니다. → 글에서 설명하는 물건이나 사람.

② 설명하려는 대상의 특징을 생각합니다.

③ 설명을 듣거나 읽는 사람이 궁금해할 내용을 생각합니다.

● 「여러 가지 옷차림」을 읽고 중심 내용 찾기

어떤 장소인지에 따라서 볼 수 있는 옷이 달라집니다.

하는 일에 따라서도 옷차림이 달라집니다.

개념❸ 사물을 설명하는 글을 쓸 때 주의할 점

① 사물의 특징이 잘 드러나게 씁니다.

② 중심 내용이 잘 나타나도록 씁니다.

③ 읽는 사람이 알기 쉽도록 여러 가지 특징을 씁니다.

● 좋아하는 과일을 설명하는 글 쓰기 예

색

모양

맛

설명하고 싶은 내용을 자세하게 써요.

진심으로 사과하는 법을 알아 둬

· 글쓴이: 박현숙
· 글의 내용: 사과해야 하는 까닭과 사과하는 방법, 사과할 때 주의할 점에 대하여 알려 줍니다.

누구나 잘못을 했을 때 상대에게 사과를 꼭 해야 해. 마음속으로만 잘못했다고 생각하면 상대는 알 수가 없잖아. 내 마음을 읽을 수 없으니까 말이야. 또 중요한 한 가지! 사과할 때는 왜 미안한지도 말해야 해. 무엇을 잘못해서 뉘우치고 있다는 것을 알려 주어야 상대도 사과하는 사람의 진심을 느끼고 받아들여 주거든. 그리고 다시는 그런 일을 하지 않을 거라는 약속도 해야 한단다. → 사과해야 하는 까닭과 사과하는 방법

또 무작정 사과만 해 놓고 상대가 받아 주든지 말든지 신경 쓰지 않는 사람도 있어. 사과를 받아 주는 것은 나 때문에 상처를 받은 상대가 결정해야 하기 때문에, "내 사과를 받아 줄래?"라고 정중하게 물어봐야 해.

진심으로 사과하면 받아 주지 않는 사람은 없을 거야. 그런데 실컷 사과를 하고도 엉뚱하게 더 화가 나게 만드는 사람들이 꼭 있어.

「"나도 잘못했지만 너도 잘못했어." 이렇게 끝에 토를 달기 때문이야. 사과를 하면서 이렇게
어떤 말 끝에 그 말에 대하여 덧붙여 말하기.
따진다면 차라리 사과를 하지 않는 편이 더 나아. 다시 다투게 될지도 모르거든.

"미안해. 하지만……." 이런 식으로 이유를 대거나 변명을 하는 것도 좋지 않아. 변명을 하다
어떤 잘못이나 실수에 대하여 핑계를 대며 그 까닭을 말함.
보면 상대를 탓하게 되거든. 사과를 하려고 마음먹었으면 정말 딱 사과만 하는 거야. 깨끗하게 자신의 잘못을 인정하고 진심으로 사과하고 화해한다면 더 좋은 친구가 될 수 있어.」
「 」: 사과할 때 주의할 점

1 이 글에서 잘못을 했을 때 왜 사과를 해야 한다고 하였는지 쓰세요.

· 마음속으로만 (   )했다고 생각하면 상대가 알 수 없기 때문이다.

2 이 글에서 사과를 받아 주는 상대에게 뭐라고 물어봐야 한다고 하였나요? (   )

① 나만 잘못했니?
② 사과했으니까 됐지?
③ 내 사과를 받아 줄래?
④ 사과를 언제까지 해야 하니?
⑤ 너는 잘못한 것이 없다고 생각하니?

3 사과할 때 변명하는 것이 좋지 않은 까닭은 무엇인지 ○표 하세요.

(1) 상대를 탓하게 되기 때문에.   (   )
(2) 사과하는 시간이 길어지기 때문에. (   )

🧢 교과서 문제

4 이 글을 읽고 중심 내용을 정리한 것입니다. 알맞지 <u>않은</u> 것의 기호를 쓰세요.

> ㉠ 마음속으로만 잘못했다고 생각하면 상대는 알 수 없기 때문에 잘못을 했을 때에는 사과를 해야 한다. ㉡ 사과를 할 때에는 '내 사과를 받아 줄래?'라고 정중하게 물어야 한다. ㉢ 그리고 사과를 하면서 끝에 토를 달지 않아야 한다. ㉣ 사과를 할 때 더 화가 나게 만드는 사람들이 있다.

(   )

빗자루

• 글쓴이: 윤혜신
• 글의 내용: 빗자루의 쓰임새, 만드는 방법, 만든 재료나 생김새에 따른 빗자루 이름, 빗자루로 하는 놀이 등에 대하여 알 수 있습니다.

❶ 빗자루는 먼지나 쓰레기를 쓸어 모으는 청소 도구야. 수수, 갈대, 댑싸리, 대나무 같은 것을 묶어 만들지. 옛날에는 집집마다 마당 한쪽에 쉽싸리나 댑싸리를 길러서 직접 만들었어.

✏️중심 내용 ❶ 빗자루의 쓰임새

❷ 빗자루를 어떻게 만드는지 아니? 먼저 갈대나 수수 줄기를 소금물에 삶는데, 이렇게 하면 줄기가 질겨져. 그런 다음에 그늘에 <u>소금물에 삶으면</u> 말려서 납작한 칼로 줄기에 묻은 나락이나 꽃가루 들을 깨끗이 긁어내. 그러고는 줄기

▲ 수수

를 가지런히 정리해서 어른 엄지손가락 굵기만큼씩 묶어. 그 묶음을 쓰임새에 따라 한두 개나 수십 개를 뭉쳐 끈으로 동여매지. 이제 묶은 자루 끝을 가지런히 잘라 주면 빗자루가 되는 거야.

✏️중심 내용 ❷ 빗자루를 만드는 방법

댑싸리 풀의 한 종류로, 줄기는 빗자루를 만드는 데 쓰임.

묶어 한데 붙어 있도록 끈 같은 것으로 붙들어 매어.

질겨져 쉽게 끊어지지 않고 견디는 힘이 세어져.

가지런히 여럿이 들쭉날쭉하지 않고 고르게.

🎓 교과서 문제

5 빗자루는 무엇을 할 때 쓰는 물건인가요?

( )

① 비를 막을 때
② 긴 물건을 잡을 때
③ 사람을 실어 나를 때
④ 안에 물건을 담을 때
⑤ 먼지나 쓰레기를 쓸어 모을 때

6 빗자루를 만드는 재료로 알맞지 <u>않은</u> 것은 무엇인가요? ( )

① 수수   ② 갈대
③ 대나무   ④ 쉽싸리
⑤ 부드러운 옷감

7 빗자루를 만드는 순서대로 기호를 쓰세요.

> ㉠ 묶은 자루 끝을 가지런히 잘라 준다.
> ㉡ 갈대나 수수 줄기를 소금물에 삶는다.
> ㉢ 줄기를 정리해서 묶은 후 끈으로 동여맨다.
> ㉣ 말린 갈대나 수수 줄기에 묻은 나락이나 꽃가루 들을 긁어낸다.

(→ → →)

📖 낱말 알기

8 다음 낱말과 뜻이 반대인 낱말을 골라 ○표 하세요.

(1) 묶어	물어	모아	풀어
(2) 질겨져	억세져	즐거워져	연해져

3 ㉠빗자루는 만든 재료나 생김새에 따라 이름도 가지가지야. ㉡싸리 줄기로 만들어 흔히 마당비로 쓰는 빗자루를 '싸리비'라고 하지. ㉢수수로 만든 빗자루는 '장목비'라고 하고 갈대 이삭을 묶어 만든 빗자루는 '갈목비'라고 해. 대나무를 끼워 손잡이를 길게 한 빗자루는 '대장비', 솔가지나 솔잎으로 만들어 사랑방이나 작은 방이나 화로 둘레를 치우는 데 쓰던 빗자루는 '솔비', 방비 자루에 고운 수를 놓은 빗자루는 '꽃비'야.

꺾어서 말린 소나무의 가지.

색실을 바느질하여 나타낸 그림이나 글자.

📝**중심 내용 3** 여러 가지 빗자루 이름

4 심심한 오후에는 이 빗자루로 인형 놀이도 했어. 얼굴도 팔도 없는 빗자루 인형이었지만 말이야. 서양에는 마법사가 빗자루를 타고 하늘을 날아다닌다는 이야기가 있잖아. 어렸을 때 이 이야기를 듣고 서양에는 빗자루를 타고 날아다니는 마법사가 정말로 있는 줄 알았다니까.

📝**중심 내용 4** 빗자루로 하는 놀이

📍 재료나 생김새에 따른 빗자루의 이름

재료에 따라	싸리비	싸리 줄기
	장목비	수수
	갈목비	갈대 이삭
	대장비	대나무
	솔비	솔가지, 솔잎
생김새에 따라	방비 자루에 고운 수를 놓음.	꽃비

이삭 벼나 보리 따위 곡식에서, 꽃이 피고 꽃대의 끝에 열매가 많이 열리는 부분.

사랑방 한옥에서 남자 주인이 지내면서 손님을 맞이하는 방.

화로 숯불을 담아 놓는 그릇.

방비 방을 쓸기 위한 빗자루.

---

9 ㉠~㉢ 중에서 중요한 내용이라고 생각하는 문장을 찾아 기호를 쓰세요.

( )

10 글 **4**를 읽고 알 수 있는 내용으로 알맞은 것의 번호를 쓰세요.

> ① 빗자루로 불꽃놀이를 하기도 한다.
> ② 빗자루로 인형 놀이를 하며 놀기도 했다.
> ③ 우리나라에는 도깨비가 빗자루로 변한다는 이야기가 전해진다.

( )

🍙 교과서 문제

11 글 「빗자루」의 중심 내용을 정리한 것입니다. ( ) 안에 알맞은 내용을 쓰세요.

쓰임새	먼지나 쓰레기를 쓸어 모으는 (1) ( )이다.
여러 가지 빗자루 이름	만든 재료나 생김새에 따라 (2) ( )이 달라진다.

📒 서술형·논술형 문제

12 이 글을 읽고 더 찾아 읽고 싶은 글을 알맞게 쓰세요.

_____

_____

여러 가지 옷차림

· **글의 내용:** 장소나 하는 일에 따라 달라지는 옷차림에 대하여 설명하는 글입니다.

❶ 우리는 날마다 여러 가지 옷을 볼 수 있습니다. 친구들이 입는 옷에는 치마도 있고 바지도 있습니다. 또 친구들이 입는 옷의 색이나 무늬도 다양합니다. 거리에서 사람들을 만날 때면 저마다 다른 모습의 옷을 함께 볼 수 있습니다.

✏️중심 내용 ❶ 우리는 날마다 여러 가지 옷을 볼 수 있습니다.

❷ 어떤 장소인지에 따라서 볼 수 있는 옷이 달라집니다. 수영장에서는 수영복을, 체육관이나 운동장에서는 활동하기 편한 운동복을 많이 볼 수 있습니다. 결혼식장에서 볼 수 있는 특별한 옷은 웨딩드레스입니다.

운동복 ▶

✏️중심 내용 ❷ 장소에 따라 볼 수 있는 옷이 달라집니다.

❸ 하는 일에 따라서도 옷차림이 달라집니다. 소방관은 뜨거운 불로부터 몸을 보호하려고 헬멧

▲ 소방관

과 장갑, 열을 막을 수 있는 특별한 옷을 입습니다. 요리하는 사람은 음식을 청결하게 만들려고
맑고 깨끗하게.
요리용 모자를 쓰거나 앞치마를 두릅니다.

✏️중심 내용 ❸ 하는 일에 따라서도 옷차림이 달라집니다.

❹ 우리는 날마다 여러 가지 옷차림을 볼 수 있습니다. 오늘 여러분은 어떤 옷을 입고 있나요? 그 옷을 고른 까닭은 무엇인가요? 우리 주변에서 볼 수 있는 여러 가지 옷차림을 자세히 살펴보세요.

✏️중심 내용 ❹ 우리는 날마다 여러 가지 옷차림을 볼 수 있습니다.

---

13 이 글에서 글쓴이는 무엇에 따라 옷차림이 달라진다고 하였는지 두 가지 고르세요.

(,)

① 장소
② 날씨
③ 나라
④ 명절
⑤ 하는 일

14 다음 중 알맞게 짝 지어지지 <u>않은</u> 것은 무엇인가요? ( )

① 수영장 – 수영복
② 운동장 – 운동복
③ 결혼식장 – 등산복
④ 요리사 – 앞치마, 요리용 모자
⑤ 소방관 – 열을 막을 수 있는 헬멧과 장갑

🎓교과서 문제

15 다음 글의 ( ) 안에 알맞은 낱말을 보기 에서 찾아 써넣으세요.

보기
얇고 긴 짧은 두께 비옷 날씨

(1) ( )에 따라서 입는 옷이 달라지기도 합니다.
날씨가 더울 때에는 두께가
(2) ( ), 소매가
(3) ( ) 옷을 입습니다.
날씨가 추울 때에는
(4) ( )가 두껍고, 소매가 (5) ( ) 옷을 입습니다. 비가 오는 날에는 (6) ( )을 입고 장화를 신기도 합니다.

😊「여러 가지 옷차림」을 읽고 물음에 답해 봅시다.

(1) 이 글은 무엇을 설명하고 있나요?

　　예 옷차림을 설명하고 있습니다.

(2) 장소에 따라 볼 수 있는 옷으로는 어떤 것들이 있나요?

　　예 수영장에서는 수영복을 볼 수 있습니다.

　　예 체육관에서는 운동복을 볼 수 있습니다.

　　예 결혼식장에서는 웨딩드레스를 볼 수 있습니다.

😊「여러 가지 옷차림」에서 중심 내용을 찾아봅시다.

(1) 글에서 중요한 내용이라고 생각하는 문장에 밑줄을 그어 보세요.

　　예 우리는 날마다 여러 가지 옷을 볼 수 있습니다.

　　예 어떤 장소인지에 따라서 볼 수 있는 옷이 달라집니다.

　　예 하는 일에 따라서도 옷차림이 달라집니다.

(2) 글쓴이는 무엇에 따라 옷차림이 달라진다고 했는지 찾아 써 보세요.

　　예 장소와 하는 일에 따라 옷차림이 달라진다고 했습니다.

자신이 좋아하는 사물을 설명하는 글 쓰기

① 자신이 좋아하는 것을 떠올리기 예

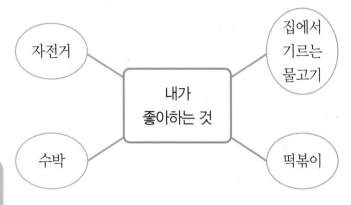

② 자신이 좋아하는 것의 특징을 떠올려 쓰기 예

색	전체적으로 빨간색인데, 바퀴, 손잡이, 안장은 검은색이다.
모양	바퀴가 두 개이고 앞에 물건을 담을 수 있는 바구니가 달려 있다.
크기	두 사람이 타기에 알맞다.
주의할 점	자전거를 탈 때에는 헬멧을 쓰고 보호대를 해야 한다. 자전거 전용 도로나 공원에서 타는 것이 좋고 길에서 탈 때에는 교통 규칙을 잘 지켜야 한다.

③ 자신이 좋아하는 것을 설명하는 글 쓰기 예

> ### 내가 좋아하는 것
>
> 내가 좋아하는 것은 자전거이다. 부모님께서 처음 사 주신 두발자전거이기 때문이다.
> 색은 전체적으로 빨간색인데, 바퀴, 손잡이, 안장은 검은색이다. 자전거 앞에는 물건을 담을 수 있는 바구니가 달려 있어서 편리하다. 내 키에 알맞은 크기이고 두 사람이 타기에도 좋다.
> 자전거를 탈 때에는 헬멧을 쓰고 보호대를 해야 한다. 자전거 전용 도로나 공원에서 타는 것이 좋고 길에서 탈 때에는 교통 규칙을 잘 지켜야 한다.

16 왼쪽 ①에서 '집에서 기르는 물고기'의 특징을 떠올릴 때 가장 알맞지 <u>않은</u> 것은 무엇인가요? (   )

① 색   ② 모양   ③ 크기
④ 먹이   ⑤ 사용 방법

🏮 교과서 문제

17 다음은 무엇에 대해 설명하는 것인지 왼쪽 ①에서 찾아 쓰세요.

> • 주로 여름에 먹을 수 있다.
> • 겉껍질은 주로 초록색 바탕에 검은색 줄무늬가 있다.
> • 속은 빨갛고 검은색 씨가 있다.(씨가 없는 것도 있다.)
> • 즙이 많고 달콤하다.

(   )

18 왼쪽 ②와 ③에서 알 수 있는 자전거의 특징으로 알맞은 것은 무엇인가요? (   )

① 바퀴가 세 개이다.
② 전체적으로 초록색이다.
③ 차가 많은 도로에서 타는 것이 좋다.
④ 탈 때에는 헬멧을 쓰고 보호대를 한다.
⑤ 뒤에 물건을 담을 수 있는 바구니가 달려 있다.

19 다음을 보고 놀이 이름을 알맞게 써넣으세요.

놀이 이름	
필요한 사람 수	2명이거나 2명보다 많아야 함.
준비물	윷가락, 윷판
놀이 방법	네 개의 윷가락을 던져서 나오는 모양대로 윷판의 말을 움직여서 먼저 도착점을 통과하면 이긴다.

정리하기

20 오른쪽 사물에 대해 설명하는 글을 쓰려고 합니다. 사물의 특징으로 알맞은 것을 모두 찾아 ○표 하세요.

> • 이름　　• 색깔　　• 맛　　• 요리 방법
> • 연주 방법　　• 놀이 방법　　• 생김새

21~22 　글자

　말은 귀로 듣고 글은 눈으로 보아요. 가까이 있는 사람들이 서로 뜻을 주고받는 데에는 말이 편해요. 그렇지만 멀리 있는 사람이나 여러 사람한테 무언가를 알리는 데에는 글이 더 편하지요. 그래서 아주 옛날부터 사람들은 글자를 썼어요.

21 이 글에서 다음과 같이 설명한 것은 무엇인지 찾아 쓰세요.

> • 귀로 듣는 것이다.
> • 가까이 있는 사람들이 서로 뜻을 주고받을 때에 편하다.

(　　　　　　　　)

🎓 교과서 문제

22 이 글에서 '글자'에 대하여 설명한 것은 무엇인가요? (　　)

① 나라마다 다르다.
② 말을 적기 위해 정해 놓은 기호이다.
③ 우리나라에서 쓰는 글자는 한글이다.
④ 옛날에는 그림으로 된 글자도 있었다.
⑤ 멀리 있는 사람이나 여러 사람에게 무언가를 알리기 편하다.

23 자신이 좋아하는 사물을 설명하는 글을 쓸 때 주의할 점으로 알맞은 것을 세 가지 고르세요.

(　 , 　 , 　)

① 중심 내용이 잘 나타나게 쓴다.
② 사물의 특징이 잘 드러나게 쓴다.
③ 사물의 특징은 한 가지만 자세하게 쓴다.
④ 사물을 설명하는 글에서는 생김새만 쓴다.
⑤ 읽는 사람이 알기 쉽게 여러 가지 특징을 쓴다.

기초 다지기

24 다음 □ 안에 알맞은 낱말은 무엇인가요?

(　　)

> 달걀을 □□□.

① 삼다　　② 삶다　　③ 삼따
④ 삾다　　⑤ 샳다

25 밑줄 그은 낱말을 알맞게 쓴 문장에 ○표 하세요.

(1) 강아지가 내 볼을 <u>할타서</u> 깜짝 놀랐어.

(　　)

(2) 강아지가 내 볼을 <u>핥아서</u> 깜짝 놀랐어.

(　　)

26 다음 □ 안에 알맞은 낱말은 무엇인가요?

(　　)

> 아끼던 우산을 □□□□□□.

① 이러버렸어요　　② 잃어버렸어요
③ 이저버렸어요　　④ 일허버렸어요
⑤ 일러버렸어요

3 단원

1 다음 보기 처럼 글자는 같지만 뜻이 다른 낱말을 첫소리를 보고 알맞게 쓰세요.

> 글자는 같지만 뜻 사이에 전혀 관련이 없는 낱말이 있어요.

보기

뜻 1: 동물의 몸에서 보는 곳.
뜻 2: 겨울에 내리는 것.

⇨ 눈

(1)
뜻 1: 사과나무의 열매
뜻 2: 자기가 잘못했다고 생각하고 용서를 비는 일.

⇨

(2)
뜻 1: 사람이나 동물의 몸에서 가슴 아래에 있는 곳.
뜻 2: 사람이나 짐을 싣고 물 위로 떠다니도록 만든 것.

⇨

2 다음 뜻을 가진 낱말을 보기 에서 찾아 쓰세요.

보기

가지런히	화로	변명

(1) 여럿이 들쭉날쭉하지 않고 고르게.

( )

(2) 어떤 잘못이나 실수에 대하여 핑계를 대며 그 까닭을 말함.

( )

- 현관에 신발이 **가지런히** 놓여 있다.
- 추워서 **화로** 주위에 둘러앉았다.
- 약속 시간에 늦은 친구가 **변명**을 늘어놓았다.

3 다음 낱말과 뜻이 반대인 낱말을 골라 ○표를 하세요.

(1) 바닷물에 잠겨서 땅이 줄었어요.

줄다	물다	늘다	쓸다

(2) 두꺼운 책은 읽는 시간이 많이 걸린다.

두껍다	크다	쉽다	얇다

뜻이 반대인 낱말을 찾아보세요. 낱말을 활용하여 짧은 문장을 만들어 보면 뜻을 더 잘 이해할 수 있어요.

4 보기와 같이 글의 제목을 찾아서 V표를 하세요.

글에서 무엇에
대해 이야기하는지
살펴보면 제목을
찾을 수 있어요.

보기

　칭찬하는 말을 할 때에는 열심히 하고 노력하는 점을 찾아 칭
찬합니다. 그리고 상대가 잘하는 점과 잘한 일에 대한 자신의
느낌을 말합니다. 상대에게 고마운 점이 있다면 왜 고마웠는지
까닭을 들어서 칭찬합니다.

㉠ 칭찬하는 말을 하는 방법 ☑
㉡ 칭찬하는 말을 할 때의 표정이나 목소리 ☐

(1)

왜 날씨에 맞게 옷을 입고 손을 깨끗
하게 씻어야 하는지 생각해 보세요.

　감기에 걸리지 않고 건강하게 지내려면 좋은 생활 습관을 가져야
합니다. 먼저 날씨에 맞게 옷을 입어야 합니다. 그리고 밖에 나갔
다 들어오면 손을 깨끗하게 씻고 음식을 먹은 후에는 양치질을 합
니다.

㉠ 감기에 걸렸을 때 먹으면 좋은 음식 ☐
㉡ 감기에 걸리지 않는 좋은 생활 습관 ☐

(2)

글에서 알려 주는 중요한 내용을 찾아
보세요.

　숲속의 식물은 스스로 맑은 공기를 만들어 냅니다. 숲은 큰비가
내려도 흙이 잘 쓸려 나가지 않아서 산사태를 막아 줍니다. 숲은
우리에게 필요한 나무와 같은 식물이 자라게 합니다.

㉠ 숲이 주는 도움 ☐
㉡ 숲을 보호하는 방법 ☐

(3)

글에서 중요한 내용을 찾으면서 읽으
면 글의 내용을 쉽게 정리할 수 있어요.

　봄에는 날씨가 따뜻하고 식물들이 싹을 틔웁니다. 여름에는 덥고
비가 많이 내립니다. 가을에는 시원한 바람이 불고 여러 과일이나
곡식이 무르익습니다. 겨울에는 춥고 눈이 내립니다.

㉠ 계절의 특징 ☐
㉡ 나라마다 다른 날씨 ☐

☑평가1 쪽지 평가
간단한 문답을 통해 단원 개념과
제재에 대한 이해도를 평가

☑평가2 단원 평가
다양한 유형의 문제를 통해 단원 학습 성취도와
독해력, 어휘력 등 국어 실력 전반을 평가

☑평가1

정답 8쪽

쪽지 평가

3
단원

3 내용을 살펴요

1 글 「진심으로 사과하는 법을 알아 둬」에서 사과할 때 주의할 점으로 말한 것의 번호를 쓰시오.

① 이유를 대거나 변명을 하지 않는다.
② 사과하는 말을 하면서 작은 선물을 준다.

(   )

2 다음 글의 ☐ 안에 들어갈 문장으로 알맞은 것의 번호를 쓰시오.

> ☐
>
> 싸리 줄기로 만들어 흔히 마당비로 쓰는 빗자루를 '싸리비'라고 하지. 방비 자루에 고운 수를 놓은 빗자루는 '꽃비'야.

① 빗자루는 만든 재료나 생김새에 따라 이름도 가지가지야.
② 마법사가 빗자루를 타고 하늘을 날아다닌다는 이야기가 있어.

(   )

3 글 「여러 가지 옷차림」에서 무엇에 따라 옷차림이 달라진다고 하였는지 번호를 쓰시오.

① 남자와 여자   ② 장소와 하는 일

(   )

4 사물을 설명하는 방법을 생각하며 ( ) 안에 알맞은 말을 보기 에서 찾아 쓰시오.

> 보기
>
> 대상   궁금해할 내용   특징

(1) 설명하려는 (   )을 정한다.
(2) 설명하려는 대상의 (   )을 생각한다.
(3) 설명을 듣거나 읽는 사람이
(   )을 생각한다.

5 다음에서 설명하는 것은 무엇일지 쓰시오.

> '나'는 머리에 쓰는 물건이야. 사람들이 멋을 내거나 머리를 보호하려고 쓰지. 여름에는 햇빛을 가리려고 쓰기도 하고 겨울에는 털실로 짠 것을 써서 머리를 따뜻하게 해.

(   )

6 다음 ( ) 안에 들어갈 낱말로 알맞은 것에 ○표 하시오.

> 누룽지를 박박 (긁다 / 긇다).

1~2 물건을 설명하는 말

이 물건은 동그란 모양이야.

1 여자아이의 말을 듣고 남자아이가 떠올릴 물건으로 알맞지 <u>않은</u> 것은 무엇입니까? (   )

① 공   ② 동전   ③ 막대자
④ 훌라후프   ⑤ 자전거 바퀴

2 여자아이가 위의 설명에 덧붙여 다음과 같이 말하였을 때, 설명하는 물건은 무엇이겠는지 쓰시오.

> 동그란 모양 안에 1부터 12까지의 숫자가 있어. 긴 바늘 한 개와 작은 바늘 한 개가 움직이면서 시간을 알려 줘.

(   )

3 설명하는 글을 쓰는 방법으로 알맞지 <u>않은</u> 것은 무엇입니까? (   )

① 낱말을 바르게 쓴다.
② 대상의 특징을 여러 가지 쓴다.
③ 설명하고 싶은 내용을 자세하게 쓴다.
④ 읽는 사람이 잘 알고 있는 내용을 쓴다.
⑤ 설명하려는 대상의 특징이 잘 드러나게 쓴다.

4~5

진심으로 사과하는 법을 알아 둬

가 누구나 잘못을 했을 때 상대에게 사과를 꼭 해야 해. 마음속으로만 잘못했다고 생각하면 상대는 알 수가 | ㉠ |잖아. 내 마음을 읽을 수 | ㉠ |으니까 말이야. 또 중요한 한 가지! 사과할 때는 왜 미안한지도 말해야 해.
나 무작정 사과만 해 놓고 상대가 받아 주든지 말든지 신경 쓰지 않는 사람도 있어. 사과를 받아 주는 것은 나 때문에 상처를 받은 상대가 결정해야 하기 때문에, "내 사과를 받아 줄래?"라고 정중하게 물어봐야 해.

4 이 글에 대한 설명으로 알맞은 것은 무엇입니까? (   )

① 사과를 하기에 알맞은 곳을 알려 준다.
② 글을 읽으면 잘못을 하지 않는 방법을 알 수 있다.
③ 상대의 사과를 받아 줄 때 해야 할 말을 알려 준다.
④ 친구 사이에는 굳이 사과를 하지 않아도 된다고 말하고 있다.
⑤ 제목을 보면 사과하는 방법에 대해 설명하는 글이라는 것을 알 수 있다.

5 | ㉠ |에 공통으로 들어갈 글자로 알맞은 것은 무엇입니까? (   )

① 업   ② 엏   ③ 얾
④ 었   ⑤ 없

6~7 **진심으로 사과하는 법을 알아 둬**

가 사과를 받아 주는 것은 나 때문에 상처를 받은 상대가 결정해야 하기 때문에, "내 사과를 받아 줄래?"라고 정중하게 물어봐야 해.

나 실컷 사과를 하고도 엉뚱하게 더 화가 나게 만드는 사람들이 꼭 있어.

"나도 잘못했지만 너도 잘못했어." 이렇게 끝에 토를 달기 때문이야. 사과를 하면서 이렇게 따진다면 차라리 사과를 하지 않는 편이 더 나아. 다시 다투게 될지도 모르거든. "미안해. 하지만……." 이런 식으로 이유를 대거나 변명을 하는 것도 좋지 않아. 변명을 하다 보면 상대를 탓하게 되거든. 사과를 하려고 마음먹었으면 정말 딱 사과만 하는 거야.

6 이 글에서 사과할 때 주의할 점으로 말한 것을 두 가지 고르시오. (,)

① 토를 달면서 따지지 않는다.

② 편지를 써서 사과하지 않는다.

③ 잘못하고 바로 사과하지 않는다.

④ 이유를 대거나 변명을 하지 않는다.

⑤ 지켜보는 사람이 있는 곳에서 사과하지 않는다.

7 이 글에서 설명하는 방법대로 알맞게 사과한 것의 번호를 쓰시오.

> ① "공으로 맞혀서 미안해. 앞으로는 조심할게. 내 사과를 받아 줄래?"
>
> ② "내가 너의 그림을 망친 것은 미안해. 그런데 너도 나한테 심한 말을 했잖아."
>
> ③ "약속 시간에 늦은 것을 사과할게. 동생이 자꾸 놀아 달라고 해서 늦은 거야."

( )

8~10 **빗자루**

가 ㉠빗자루는 먼지나 쓰레기를 쓸어 모으는 청소 도구야. 수수, 갈대, 댑싸리, 대나무 같은 것을 묶어 만들지.

나 빗자루를 어떻게 만드는지 아니? 먼저 갈대나 수수 줄기를 소금물에 삶는데, 이렇게 하면 줄기가 질겨져. 그런 다음에 그늘에 말려서 납작한 칼로 줄기에 묻은 나락이나 꽃가루 들을 깨끗이 긁어내. 그러고는 줄기를 ㉡가지런히 정리해서 어른 엄지손가락 굵기만큼씩 묶어. 그 묶음을 쓰임새에 따라 한두 개나 수십 개를 뭉쳐 끈으로 동여매지. 이제 묶은 자루 끝을 가지런히 잘라 주면 빗자루가 되는 거야.

8 ㉠을 읽고 빗자루에 대하여 알 수 있는 것은 무엇입니까? ( )

① 재료　　　　　② 쓰임새

③ 만드는 방법　　④ 여러 가지 이름

⑤ 다른 나라의 빗자루와 다른 점

9 다음은 빗자루를 만드는 방법입니다. ( ) 안에 알맞은 말을 찾아 써넣으시오.

> 갈대나 수수 줄기를 (1)( )에 삶은 뒤 그늘에 말린다. 줄기를 가지런히 정리해서 묶고 (2)( ) 끝을 가지런히 잘라 준다.

10 ㉡'가지런히'와 뜻이 반대인 낱말을 골라 ○표 하시오.

> 들쭉날쭉　　　조용히　　　나란히

11~12 빗자루

가 빗자루는 만든 재료나 생김새에 따라 이름도 가지가지야. 싸리 줄기로 만들어 흔히 마당비로 쓰는 빗자루를 '싸리비'라고 하지. 수수로 만든 빗자루는 '장목비'라고 하고 갈대 이삭을 묶어 만든 빗자루는 '갈목비'라고 해. 대나무를 끼워 손잡이를 길게 한 빗자루는 '대장비', 솔가지나 솔잎으로 만들어 사랑방이나 작은 방이나 화로 둘레를 치우는 데 쓰던 빗자루는 '솔비', 방비 자루에 고운 수를 놓은 빗자루는 '꽃비'야.

나 심심한 오후에는 이 빗자루로 인형 놀이도 했어. 얼굴도 팔도 없는 빗자루 인형이었지만 말이야. 서양에는 마법사가 빗자루를 타고 하늘을 날아다닌다는 이야기가 있잖아. 어렸을 때 이 이야기를 듣고 서양에는 빗자루를 타고 날아다니는 마법사가 정말로 있는 줄 알았다니까.

11 빗자루의 이름은 무엇에 따라 정해지는지 두 가지 고르시오. (,   )

① 재료 　　② 생김새
③ 만든 지역 　④ 만든 사람
⑤ 놀이 방법

12 다음은 글 **가**와 **나** 중에서 어디에 들어가면 좋을지 글의 기호를 쓰시오.

> 우리나라도 옛이야기에서 빗자루가 도깨비로 변하는 내용이 나오기도 해. 도깨비를 만나서 밤새도록 씨름을 했는데 아침이 되어서 보니 빗자루를 끌어안고 있었다는 이야기가 전해지기도 하지.

(   )

13~15

가 ㉠우리는 날마다 여러 가지 옷을 볼 수 있습니다. 친구들이 입는 옷에는 치마도 있고 바지도 있습니다. 또 친구들이 입는 옷의 색이나 무늬도 다양합니다. 거리에서 사람들을 만날 때면 저마다 다른 모습의 옷을 함께 볼 수 있습니다.

나 ㉡어떤 장소인지에 따라서 볼 수 있는 옷이 달라집니다. ㉢수영장에서는 수영복을, 체육관이나 운동장에서는 활동하기 편한 운동복을 많이 볼 수 있습니다.

13 이 글의 제목으로 가장 알맞은 것은 무엇입니까? (   )

① 여러 가지 옷차림
② 옷감을 만드는 재료
③ 옷의 가격을 정하는 방법
④ 우리나라 옷과 다른 나라 옷
⑤ 옛날에는 어떤 옷을 입었을까?

14 ㉠~㉢을 중요한 문장과 덜 중요한 문장으로 나누어서 기호를 쓰시오.

중요한 문장(2개)	덜 중요한 문장(1개)
(1) ,	(2)

15 글 **나**에 들어갈 문장으로 알맞은 것에 ○표를 하시오.

⑴ 결혼식장에서 볼 수 있는 특별한 옷은 웨딩드레스입니다. (   )
⑵ 의사는 보통 흰색 가운을 입는데, 흰색 옷은 더러워졌을 때 쉽게 알아차릴 수 있기 때문입니다. (   )

16~17 여러 가지 옷차림

　　 ⊙ 　　 에 따라서도 옷차림이 달라집니다. 소방관은 뜨거운 불로부터 몸을 보호하려고 헬멧과 장갑, 열을 막을 수 있는 특별한 옷을 입습니다. 요리하는 사람은 음식을 청결하게 만들려고 요리용 모자를 쓰거나 앞치마를 두릅니다.

　우리는 날마다 여러 가지 옷차림을 볼 수 있습니다. 오늘 여러분은 어떤 옷을 입고 있나요? 그 옷을 고른 까닭은 무엇인가요? 우리 주변에서 볼 수 있는 여러 가지 옷차림을 자세히 살펴보세요.

16 ⊙ 에 들어갈 말로 알맞은 것은 무엇입니까? (　　　)

① 나이　　　　② 장소

③ 시간　　　　④ 하는 일

⑤ 남자와 여자

📋 서술형·논술형 문제

17 다음은 이 글과 관련지어서 쓴 글입니다. 빈칸에 들어갈 내용을 한 문장으로 쓰시오.

> 날씨에 따라서 입는 옷이 달라지기도 합니다. 날씨가 더울 때에는 두께가 얇고 소매가
>
> 짧은 옷을 입습니다. _____
>
> _____

18 다음 대상을 설명하는 글을 쓰려고 합니다. 특징으로 알맞지 <u>않은</u> 것은 무엇입니까? (　　　)

① 이름　　　　② 먹이

③ 털의 색깔　　④ 연주 방법

⑤ 꼬리의 모양

19 글의 제목을 생각하며 다음 글에서 중요한 문장의 기호를 쓰시오.

> **글자**
>
> ⊙ 말은 귀로 듣고 글은 눈으로 보아요. ⓒ 가까이 있는 사람들이 서로 뜻을 주고받는 데에는 말이 편해요. ⓒ 그렇지만 멀리 있는 사람이나 여러 사람한테 무언가를 알리는 데에는 글이 더 편하지요.

（　　　　　　　）

20 다음 (　) 안에 들어갈 낱말을 알맞게 이으시오.

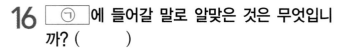

(1) 아이스크림을 (　) 먹었다.　　• ⊙ 핥아서

　　　　　　　　　　　　　　• ⓒ 핥아서

(2) 지갑을 (　) 속상하다.　　• ⊙ 이러버려서

　　　　　　　　　　　　　　• ⓒ 잃어버려서

마음을
전해요

4

글을 읽고 인물의 마음 파악하기

단원 핵심 어휘

짐작

뜻 일이 되어 가는 상황 등을 헤아려 생각함.

예 표지를 보고 책의 내용을 짐작해 봐.

4
단원

개념① 여러 가지 문장의 종류

문장의 종류	사용하는 때	문장 부호
설명하는 문장	무엇을 설명하거나 생각을 나타낼 때	.(마침표)
묻는 문장	무엇인가를 물어볼 때	?(물음표)
감탄하는 문장	기쁨, 슬픔, 놀람처럼 강한 느낌을 나타낼 때	!(느낌표)

● **문장의 종류**

묻는 문장 → 우체국이 어디 있나요?

설명하는 문장 → 저기 모퉁이를 돌면 우체국이 바로 보이실 거예요.

개념② 글쓴이의 마음 파악하기

① 글에 나타난 문장의 종류와 문장을 쓴 까닭을 생각해 봅니다.
② 문장에서 느껴지는 마음을 짐작해 봅니다.
③ 문장의 앞뒤 내용을 살펴보고 글쓴이의 마음을 파악해 봅니다.

● **민우가 쓴 편지에서 민우의 마음 파악하기**

> 지후야, 어제 네가 내 가방을 들어 주어서 큰 도움이 되었어.

설명하는 문장	고마운 까닭을 설명하려고

➡ 지후에게 고마움을 전하고 싶은 마음

개념③ 인물의 마음을 생각하며 실감 나게 읽기

① 인물이 처한 상황을 살펴봅니다.
② 인물의 말과 행동을 살펴봅니다.
③ 인물의 마음을 짐작해 봅니다.
④ 인물의 마음에 어울리는 목소리로 실감 나게 읽어 봅니다.

● **「냄새 맡은 값」에서 구두쇠 영감의 말을 실감 나게 읽기**

이야기 상황	인물의 말이나 행동
최 서방이 냄새 맡은 값을 엽전 소리로 냄.	"아니, 뭐라고?" 구두쇠 영감은 더는 아무 말도 못 하고 얼굴이 빨개졌어요.

➡ 창피한 마음이 드러나게 읽는 것이 어울립니다.

개념④ 이야기를 듣고 인물에게 내 생각 전하기

① 이야기를 듣고 인물의 마음을 짐작해 봅니다.
② 인물의 마음을 생각하며 자신의 경험을 떠올려 봅니다.
③ 인물에게 들려주고 싶은 말을 떠올려 써 봅니다.

● **「송아지와 바꾼 무」에 나오는 인물에게 내 생각 전하기** 예

> 욕심꾸러기 농부 아저씨, 다음에는 좋은 마음으로 선물하는 것이 좋겠어요.

○○초등학교 2학년 어린이들에게

여러분, 안녕하세요? 저는 ○○미술관 관장입니다. 지난 화요일에 우리 미술관을 **방문**해 주어서 고마웠어요. ㉠즐거운 시간 보냈나요? 저도 여러분을 만나 매우 반가웠어요!

우리 미술관에서 본 작품들 가운데 어떤 작품이 가장 기억에 남았나요? 박수근 화가의 「공기놀이하는 아이들」을 기억하고 있는지 궁금하네요. 이 그림은 여자아이 세 명이 공기놀이하는 모습을 그린 것이에요. 육십 년 전, 가난으로 힘든 시기에도 행복한 **한때**를 보내는 아이들의 모습이 인상 깊은 작품입니다. 이렇게 의미 있는 작품을 오랫동안 기억해 주었으면 좋겠습니다.

㉡우리 미술관에서는 11월에 어린이들이 그린 그림을 전시할 예정이에요. 어린이들이 20년 뒤에 자신의 모습을 상상하며 그린 그림들이죠. ㉢정말 멋진 작품들이에요! 여러분을 특별 전시회에 초대하고 싶어요. 꼭 와 주길 바라요.

그럼 우리 11월에 미술관에서 만나요.

20○○년 ○○월 ○○일
○○미술관 관장 씀

「공기놀이하는 아이들」의 내용

• **편지**: 안부를 묻거나 소식을 전하려고 또는 마음을 전하려고 상대에게 보내는 글

문장 부호는 문장의 뜻을 잘 나타내려고 쓰는 여러 가지 부호를 말해요.

방문 사람을 만나거나 무엇을 보기 위해 어떤 장소를 찾아감.
한때 어느 한 시기.

---

1 누가 누구에게 보낸 편지인가요?

(1) 누가: (   )

(2) 누구에게: (   )

2 이 편지를 보낸 까닭은 무엇인가요? (   )

① 특별 전시회에 초대하려고

② 자신의 꿈에 대하여 소개하려고

③ 미술관 공사에 대하여 안내하려고

④ 미술 대회에 참여하라는 말을 하려고

⑤ 미술관을 방문했을 때 불편했던 점에 대하여 사과하려고

3 ㉠에 쓴 것과 같은 문장 부호가 쓰인 문장에 ○표 하세요.

(1) 어떤 작품이 가장 기억에 남았나요? (   )

(2) 저도 여러분을 만나 매우 반가웠어요!
(   )

(3) 여러분을 특별 전시회에 초대하고 싶어요.
(   )

4 ㉠~㉢이 어떻게 쓰였는지 알맞게 이으세요.

(1) ㉠ •   • ① 무엇을 설명하거나 생각을 나타낸다.

(2) ㉡ •   • ② 기쁨, 슬픔, 놀람처럼 강한 느낌을 나타낸다.

(3) ㉢ •   • ③ 무엇인가를 물어본다.

① 글쓴이의 마음 파악하기

가 공연은 몇 시에 시작하나요?

나 2시 30분에 시작합니다.

다 여기 상추 씨앗이 있어.

라 씨앗이 참 작구나!

마 주인공이 병에 걸려서 너무 슬펐어!

바 그 뒤에 주인공은 어떻게 되었을까?

사 색종이 가장자리를 모두 안으로 접으면 강아지 모양이 된단다.

아 우아, 신기해요!

자 나랑 공놀이할래?

차 그래, 좋아.

5 그림 **①**~**③**에서 파란색 문장은 각각 어떻게 쓰였는지 **보기**에서 찾아 번호를 쓰세요.

> **보기**
> ① 무엇인가를 물어볼 때
> ② 무엇을 설명하거나 생각을 나타낼 때
> ③ 기쁨, 슬픔, 놀람처럼 강한 느낌을 나타낼 때

(1) 그림 **①**: (   )

(2) 그림 **②**: (   )

(3) 그림 **③**: (   )

6 그림 **③**의 파란색 문장과 종류가 같은 문장에 ○표 하세요.

(1) 우리 집 강아지는 정말 귀여워!　(   )

(2) 다음 쉬는 시간에 공기놀이할래?　(   )

(3) 바다에 플라스틱 섬이 생겼습니다.　(   )

7 **나**~**차** 중 **가**와 종류가 같은 문장을 두 개 찾아 기호를 쓰세요.

(,   )

🎓 **교과서 문제**

8 **가**~**차** 중 다음과 같은 까닭으로 쓴 문장은 무엇인지 기호를 쓰세요.

(1) 종이 접는 방법을 설명하려고.

(   )

(2) 공연이 시작하는 시간을 물으려고.

(   )

(3) 영화를 본 느낌을 표현하려고.

(   )

지후에게 ———————————————————— 받는 사람

지후야, 안녕? 나 민우야. ———————————— ㉮

㉠지후야, 어제 네가 내 가방을 들어 주어서 큰 도움이 되었어. 내가 손을 다쳐서 가방을 어떻게 들까 걱정했었거든. ㉡그때 네가 도와준다고 해서 정말 기뻤어! 그런데 고맙다는 말을 제대로 하지 못해서 이렇게 편지를 써.

지난 체육 시간에 달리기 경주를 했던 거 기억해? 네가 이겼잖아. 달리기만큼은 자신 있었는데 내가 지니까 많이 속상했어. 그래서 그동안 너한테 말도 제대로 하지 않았어. 그런데 너는 오히려 나를 걱정해 주고 가방도 들어 주어서 미안했어. ———————————— ㉯

<small>민우가 지후에게 말도 제대로 하지 않은 까닭</small>

지후야, 나를 도와주어서 고마워! 너는 운동도 잘하고, 마음도 참 따뜻한 멋진 친구야. 앞으로도 친하게 지내자. ———————————— ㉰

그럼 안녕. ———————————————————

20○○년 ○○월 ○○일 ———————————— 쓴 날짜

너의 친구 민우 보냄 ———————————— 쓴 사람

---

9 민우가 지후에게 편지를 쓴 까닭은 무엇인가요? ( )

① 전학을 가게 되어서

② 가방을 들어 달라고 부탁하려고

③ 지후가 보낸 편지에 답장하려고

④ 지후에게 고맙다는 말을 제대로 하지 못해서

⑤ 달리기 경주에서 져서 속상한 마음을 전하려고

10 ㉮~㉰에 들어갈 내용을 알맞게 이으세요.

(1) ㉮ •   • ① 첫인사

(2) ㉯ •   • ② 끝인사

(3) ㉰ •   • ③ 전하고 싶은 말

🎞 서술형·논술형 문제

11 ㉠의 문장의 종류와 문장에 담긴 마음을 짐작하여 쓰세요.

(1) 문장의 종류: ( )

(2) 문장에 담긴 마음: _____

_____

12 ㉡ 문장을 쓴 까닭으로 알맞은 것에 ○표 하세요.

(1) 지후가 도와준 까닭을 물으려고. ( )

(2) 지후가 도와주었다고 설명하려고. ( )

(3) 지후가 도와준다고 하여 기쁜 느낌을 표현하려고. ( )

냄새 맡은 값

- 글의 종류: 옛이야기
- 글의 내용: 구두쇠 영감이 지나친 욕심을 부리다가 창피를 당하였습니다.

❶ 옛날에 마음씨 고약한 구두쇠 영감이 장터에 국밥집을 차렸어요. 국밥집은 장사가 아주 잘되었어요.

"히히, 이제 금방 부자가 되겠네."

어느 날, 옆 마을에 사는 최 서방이 국밥집 앞을 지나게 되었어요.

구두쇠 영감의 국밥집

"킁킁, 킁킁! 아, 국밥 냄새 참 훌륭하네! 얼른 집에 가서 밥 먹어야겠다."

최 서방은 코를 벌름거리며 감탄했어요. 그리고 주린 배를 잡으며 얼른 집으로 가려고 돌아섰어요. 그때 누군가 최 서방을 붙잡았어요.

"예끼, 나쁜 사람 같으니! 왜 그냥 가려는 거야?"

구두쇠 영감이 눈을 부릅뜨고 말했어요.

화난 마음을 짐작할 수 있는 행동

"아, 국밥 냄새를 맡았으면 값을 치르고 가야지."

최 서방은 기가 막혔지요.

"㉠냄새 맡은 값이라니요? 이 무슨 말도 안 되는 소리요?"

"그럼 국밥에서 나온 냄새가 공짜인 줄 알았나?"

중심 내용 ❶ 구두쇠 영감이 최 서방에게 냄새 맡은 값을 내놓으라고 했어요.

고약한 버릇이나 성격 등이 사납고 못된.
감탄했어요 마음속 깊이 크게 느꼈어요.

주린 먹을 것을 제대로 먹지 못하여 굶은.
기가 막혔지요 놀랍고 마음에 들지 않아 화가 났지요.

13 이 글의 내용으로 알맞지 <u>않은</u> 것은 어느 것인가요? (   )

① 최 서방이 국밥집에서 국밥을 사 먹었다.
② 구두쇠 영감의 국밥집은 장사가 잘되었다.
③ 최 서방은 국밥 냄새가 좋다고 감탄하였다.
④ 최 서방은 집에 가서 밥을 먹으려고 하였다.
⑤ 구두쇠 영감이 최 서방을 붙잡고 화를 내었다.

🏫 교과서 문제

14 구두쇠 영감은 최 서방에게 무엇을 내놓으라고 했는지 빈칸에 알맞은 말을 쓰세요.

• (   ) 값을 내놓으라고 했다.

15 ㉠과 같이 말할 때 최 서방의 마음은 어떠했을까요? (   )

① 기대된다.　　　② 미안하다.
③ 서운하다.　　　④ 부끄럽다.
⑤ 황당하다.

16 ㉠을 실감 나게 읽을 때 가장 어울리는 목소리는 무엇인가요? (   )

① 깜짝 놀란 목소리
② 밝고 힘찬 목소리
③ 기운이 없는 목소리
④ 작고 떨리는 목소리
⑤ 작게 웅얼거리는 목소리

2 최 서방은 정말 어처구니가 없었어요. 그러다 갑자기 좋은 생각이 떠올라 손뼉을 쳤어요. 그러고는 구두쇠 영감에게 손짓했지요.

"이리 가까이 오시오. 냄새 맡은 값을 줄 테니……."

최 서방은 돈주머니를 꺼내어 구두쇠 영감의 귀에 대고 흔들었어요.

"자, 이 소리가 들리지요?"

"이것은 **엽전** 소리가 아닌가?"
_{엽전 소리}

구두쇠 영감은 눈을 동그랗게 뜨고 최 서방을 쳐다보았어요.

"분명히 엽전 소리를 들었지요?"

"틀림없이 들었네." / "그럼 됐어요."

최 서방은 웃음이 가득한 얼굴로 고개를 끄덕였어요. 구두쇠 영감이 어리둥절한 표정을 지었어요.

엽전 옛날에 사용하던, 놋쇠로 만든 돈.

"뭐가 됐다는 거야? 어서 국밥 냄새 맡은 값이나 내놔."

최 서방은 구두쇠 영감에게 말했어요.

"무슨 소리요? 엽전 소리는 공짜인 줄 아시오? 엽전 소리를 그리 오래 들었으니 냄새 맡은 값은 치르고도 남았소."

┌ "아니, 뭐라고?"
│ 구두쇠 영감은 더는 아무 말도 못 하고 얼
㉠ 굴이 **빨개졌어요**. 쥐구멍에라도 숨고 싶
└ 은지 주변을 두리번거렸지요.

국밥집에 있던 사람들이 모두 웃음을 터뜨렸답니다.

중심 내용 2 최 서방이 구두쇠 영감에게 엽전 소리로 냄새 맡은 값을 냈어요.

틀림없이 조금도 틀리거나 어긋나는 일 없이.

교과서 문제

17 최 서방이 구두쇠 영감에게 엽전 소리를 들려준 까닭은 무엇인가요? (   )

① 엽전의 주인을 찾아 주려고
② 엽전이 많은 것을 자랑하려고
③ 국밥 냄새 맡은 값을 치르려고
④ 구두쇠 영감이 엽전 소리를 궁금해해서
⑤ 엽전 소리를 들려주면 국밥을 준다고 해서

18 다음 상황에서 구두쇠 영감의 행동으로 알맞은 것에 ○표 하세요.

상황	최 서방이 엽전 소리를 구두쇠 영감에게 들려줌.

(1) 웃음을 터뜨렸다. (   )
(2) 어리둥절한 표정을 지었다. (   )

19 ㉠에서 구두쇠 영감의 마음은 어떠할까요?

(   )

① 부끄럽다.　　　② 재미있다.
③ 궁금하다.　　　④ 신기하다.
⑤ 흐뭇하다.

20 이야기를 실감 나게 읽는 방법을 알맞게 말하지 못한 사람의 이름을 쓰세요.

재은: 이야기 내용이 잘 전달되도록 읽어야 해.
근하: 글쓴이의 목소리를 흉내 내며 읽어야 해.
승우: 인물의 마음에 어울리는 목소리로 읽어야 해.

(   )

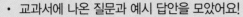
- 교과서에 나온 질문과 예시 답안을 모았어요!
- 수업 시간 선생님의 질문에 자신 있게 발표해 보아요!

국어 교과서 가 117~118쪽

😀 「냄새 맡은 값」을 읽고 물음에 답해 봅시다.

(1) 구두쇠 영감은 최 서방에게 무엇을 내놓으라고 했나요?

㉠ 냄새 맡은 값을 내놓으라고 했습니다.

(2) 최 서방이 구두쇠 영감에게 엽전 소리를 들려준 까닭은 무엇인가요?

㉠ 냄새 맡은 값은 엽전 소리로 갚으면 된다고 생각했기 때문입니다.

😀 일이 일어난 차례대로 「냄새 맡은 값」을 정리해 봅시다.

① 최 서방이 __국밥 냄새__ 을/를 맡았다.

↓

② 구두쇠 영감이 __최 서방__ 에게 __냄새 맡은 값__ 을/를 달라고 했다.

↓

③ 최 서방이 __구두쇠 영감__ 에게 __엽전 소리__ (으)로 냄새 맡은 값을 냈다.

↓

④ 구두쇠 영감은 __최 서방__ 에게 아무 말도 못 하고 자신의 행동을 __부끄러워했다__ .

😀 상황에 따른 인물의 말이나 행동을 보고 인물의 마음을 짐작해 봅시다.

이야기 상황	인물의 말이나 행동	인물의 마음
구두쇠 영감이 최 서방에게 냄새 맡은 값을 내라고 함.	구두쇠 영감 이 눈을 부릅뜨고 말했어요. "아, 국밥 냄새를 맡았으면 값을 치르고 가야지."	화나다. / 괘씸하다.
	최 서방 은 기가 막혔지요. "냄새 맡은 값이라니요?"	황당하다. / 어이없다.

송아지와 바꾼 무

• 글의 종류: 옛이야기
• 글의 내용: 농부가 밭에서 커다란 무를 뽑아 사또께 바치고 송아지를 받았습니다.

❶ 옛날, 어느 가을날에 농부가 밭에서 무를 뽑고 있었습니다. 희고 탐스러운 무가 쑥쑥 뽑혀 나왔습니다. 그러다 농부는 커다란 무를 뽑았습니다. 어찌나 커다란 무였던지, 온 힘을 다해 낑낑대다 간신히 뽑았습니다.

힘들게 겨우.

㉠"세상에나! 이렇게 커다랗다니!"

농부는 저도 모르게 소리쳤습니다. 농부는 신이 나서 어깨를 들썩거렸습니다.

"이렇게 귀한 무를 그냥 먹을 수 없지. 사또에게 바쳐야지."

"사또, 제가 평생 농사를 지었지만 이렇게 커다란 무는 처음 봅니다. 사또께 이 무를 바치고 싶습니다."

사또는 껄껄껄 웃었습니다. / ㉡"그래, 고맙구나. 이렇게 커다란 무는 나도 본 적이 없다."

농부는 사또의 말을 듣고 환하게 웃으며 가려고 했습니다.

"기다리게. 귀한 선물을 받았으니 나도 무엇인가 보답을 하고 싶네만."

남에게 받은 은혜나 고마움을 갚음.

농부는 깜짝 놀라 뒷걸음치며 세차게 손을 저었습니다. 사또가 다시 껄껄껄 웃으며 농부를 불렀습니다. 농부는 사또에게 말했습니다.

"아이고, 무슨 말씀입니까? 보답은 필요 없습니다."

사또가 인자하게 웃으며 고개를 저었습니다.

"내가 꼭 주고 싶으니 받아 주었으면 좋겠네."

그러고는 이방을 불렀습니다.

"이방, 요즈음 들어온 물건 가운데에서 농부에게 줄 것이 있느냐?"

이방은 송아지 한 마리를 끌고 나와 농부에게 주었습니다.

농부가 사또에게 받은 것

중심 내용 ❶ 농부가 밭에서 커다란 무를 뽑아 사또에게 바치고 송아지 한 마리를 받았습니다.

교과서 문제

21 농부는 밭에서 뽑은 커다란 무를 어떻게 했나요? (   )

① 사또에게 바쳤다.
② 땅에 다시 심었다.
③ 소에게 먹이로 먹였다.
④ 가족끼리 나누어 먹었다.
⑤ 다른 농부에게 선물로 주었다.

22 ㉠을 실감 나게 읽을 때 어울리는 목소리에 ○표 하세요.

(1) 깜짝 놀란 듯 큰 목소리   (   )
(2) 무서운 듯 작고 떨리는 목소리   (   )

23 ㉡과 같이 말할 때 사또의 마음은 어떠하였을까요? (   )

① 흐뭇하다.   ② 불쌍하다.
③ 서운하다.   ④ 후회된다.
⑤ 괘씸하다.

서술형·논술형 문제

24 이야기에 나온 농부에게 하고 싶은 말을 쓰세요.

_____

_____

❷ 이 이야기를 들은 욕심꾸러기 농부는 일하
농부가 사또에게 커다란 무를 바치고 송아지를 받은 이야기
러 가다가 쿵쾅거리며 되돌아왔습니다. 욕심꾸
러기 농부가 방바닥을 데굴데굴 구르며 소리쳤
습니다.

ⓙ"아이고, 배 아파! 무 하나에 송아지 한 마
리라니!"

그러다 문득 좋은 생각이 나서 벌떡 일어나
앉았습니다.

"사또께 송아지를 갖다 바치면 더 큰 선물을
받겠지?"

욕심꾸러기 농부는 송아지를 끌고 빠른 걸음
으로 사또에게 갔습니다.

"사또, 제가 소를 많이 키워 보았지만 이렇게
살진 송아지는 처음 봅니다. 이 송아지를 사
동물이나 사람의 살이 많은.
또께 드리고 싶습니다."

사또는 욕심꾸러기 농부를 잠시 바라보았습
니다. 그러고는 이방을 불렀습니다.

"이방, 보답해야겠는데, 요즈음 들어온 물건
가운데에서 귀한 것이 뭐가 있느냐?"

"며칠 전에 들어온 커다란 무가 있습니다."

사또는 손뼉을 쳤습니다.

ⓛ"옳지! 그 무를 내어다가 농부에게 주어
라."

"아이고, 아까운 내 송아지."

욕심꾸러기 농부는 울면서 집으로 돌아왔습
니다.

중심 내용 ❷ 욕심꾸러기 농부는 사또에게 송아지를 바치고 커다
란 무를 받았습니다.

문득 생각이나 느낌이 갑자기 떠오르는 모양.

벌떡 눕거나 앉아 있다가 갑자기 일어나는 모양.

🎓 **교과서 문제**

25 ⓙ과 같이 말할 때 욕심꾸러기 농부의 마음으
로 알맞은 것은 어느 것인가요? (   )

① 고맙다.   ② 후회된다.
③ 축하한다.   ④ 샘이 난다.
⑤ 자랑스럽다.

26 욕심꾸러기 농부는 사또에게 무엇을 바치고
무엇을 받았는지 쓰세요.

• (1) [   ] 을/를 바치고

  (2) [   ] 을/를 받았다.

27 ⓛ을 실감 나게 읽는 방법으로 알맞은 것은 어
느 것인가요? (   )

① 급한 것처럼 빠른 말투로 읽는다.
② 궁금한 것처럼 끝을 올려서 읽는다.
③ 슬픈 마음이 드러나도록 천천히 읽는다.
④ 좋은 생각이라는 듯이 큰 목소리로 읽는다.
⑤ 미안한 마음이 드러나도록 작은 목소리로
   읽는다.

28 집으로 돌아가는 욕심꾸러기 농부의 마음은 어
떠하였을지 두 가지 고르세요. (,   )

① 즐겁다.   ② 놀랍다.
③ 뿌듯하다.   ④ 후회된다.
⑤ 실망스럽다.

떡 먹기 내기

앞 이야기: 두꺼비와 토끼가 떡이 먹고 싶어서 떡을 만들었습니다. 이때 갑자기 호랑이가 다가와 떡을 같이 먹자고 말했습니다. 두꺼비와 토끼는 호랑이와 떡을 같이 먹기 싫었지만 호랑이의 날카로운 이빨이 너무 무서웠습니다.

"그, 그래. 너도 같이 먹자."

두꺼비와 토끼는 입을 삐죽이며 고개를 끄덕였어. 호랑이는 좋다고 와서 앉았어. 와서 보니 떡이 생각보다 양이 적은 거야.

'저거 먹어서 어디 배가 부르겠어? 어떻게 하지?'
혼자 떡을 다 먹고 싶은 마음
호랑이는 꾀를 내었어.

"얘들아, 우리 셋 가운데에서 나이가 가장 많은 어르신이 이 떡을 다 먹기로 하자!"

두꺼비와 토끼는 내키지 않았어. 하지만 호랑이의 억
하고 싶은 마음이 생기지
센 발톱이 너무 무서웠지. / "아, 알겠어. 그렇게 하자."

호랑이는 두꺼비와 토끼가 대답하자마자 나이 자랑을 했어.

"어흥, 나는 이 산이 처음 생길 때 태어났어. 어때? 내가 가장 어르신이지?"

그러자 토끼가 냉큼 나섰지.

㉠"흠, 그럼 내가 더 어르신이겠구나. 내가 이 산을 만들었거든. 흙을 나르느라 얼마나 힘들었다고."

그 말을 듣더니 두꺼비가 갑자기 울기 시작했어. 호랑이와 토끼는 두꺼비가 질 것 같아서 운다고 생각했어.

"두꺼비야, 왜 울어? 질 것 같아서 그래?"

두꺼비가 더 큰 소리로 엉엉 울며 말했어.

"엉엉, 죽은 내 아들이 생각나서 그래. 내 아들이 토끼랑 같이 이 산을 만들려고 흙을 나르다가 그만 발을 헛디뎌 벼랑에서 떨어져 죽었거든."

이를 어째. 이렇게 되면 두꺼비가 가장 나이가 많은 거잖아. 그럼 떡은 두꺼비 차지야.

29 이야기에 나타난 두꺼비의 마음은 어떠할지 쓰세요.

이야기 상황	호랑이가 떡을 같이 먹자고 했다.
인물의 말이나 행동	"그, 그래. 너도 같이 먹자." 두꺼비와 토끼는 입을 삐죽이며 고개를 끄덕였어.
인물의 마음	

30 호랑이는 어떤 내기를 하자고 하였는지 ( ) 안의 알맞은 말에 ○표 하세요.

• 가장 (힘이 센 / 나이가 많은) 동물이 떡을 다 먹자.

31 ㉠을 실감 나게 읽을 때 어울리는 목소리에 ○표 하세요.

⑴ 조금 무서운 목소리로 겁주듯이 읽는다. ( )

⑵ 자신만만하게 확신에 찬 목소리로 읽는다. ( )

32 내기의 결과 떡은 누구의 차지가 되었는지 쓰세요.

( )

"내기 다시 하자!" / 호랑이는 다급해져서 대뜸 외쳤어.

"좋아, 그러자. 다시 하자!"

토끼도 얼른 고개를 끄덕였어. 두꺼비는 둘이 얄미웠지만 어쩔 수 없이 그러자고 했어. 또 호랑이가 내기를 정했어.

"이번에는 저기 언덕에서 떡이 든 떡시루를 굴리는 거야. 달려가서 그 떡시루를 가장 먼저 잡는 동물이 떡을 다 먹는 거다!"
<u>내기의 내용</u>

달리기에 자신 있는 호랑이는 틀림없이 자기가 이길 거라고 생각했어. 떡을 혼자 먹을 생각에 저절로 웃음이 났어.

"좋아, 떡시루 잡으면 혼자서 다 먹는 거야!" / 재빠른 토끼도 신이 나서 외쳤어. 가장 느린 두꺼비만 억울했어.

호랑이와 토끼, 두꺼비는 떡시루를 산꼭대기에서 힘껏 굴렸어. 떡시루가 떼구루루 굴러갔어. 호랑이와 토끼는 온 힘을 다해 <u>쏜살같이</u> 달려 내려갔어. 두꺼비만 느릿느릿 뒤에서 따라갔어.
<u>매우 빠르게.</u>

그런데 이게 무슨 일이야? 두꺼비는 눈이 휘둥그레졌어. 산 중간에 있는 나무 밑동에 떡이 걸려 있는 게 아니겠어? 떼굴떼굴 굴러가다가 떡만 빠져나오고 빈 떡시루만 굴러 내려간 거지. / 두꺼비는 혼자서 냠냠 먹었어.

"아이고, 배불러라. 더는 못 먹겠다."

두꺼비는 남은 떡을 등에 짊어지고 산 아래로 내려왔어. 호랑이와 토끼는 빈 떡시루를 붙잡고 <u>기가 막힌다는</u> 표정을 짓고 있었어. 두꺼비는 호랑이와 토끼를 불렀어.
<u>떡시루 안에 떡이 없어서</u>

㉠"호랑이야! 토끼야! 너희 주려고 남은 떡 짊어지고 왔어. 어서 먹어."

호랑이와 토끼가 두꺼비 등에 붙은 떡을 보았어.

"다 들러붙었잖아! 더러워!"

호랑이는 버럭 화를 내며 갔어.

"그렇게 지저분한 걸 어떻게 먹니?"

토끼는 투덜대며 갔어.

그래서 떡이 그대로 두꺼비 등에 들러붙어 있게 되었지. 그때부터 두꺼비 등이 울퉁불퉁하게 된 거래.

33 다음 상황에서 동물들의 마음은 어떠한지 알맞게 이으세요.

| 상황 | 달리기로 떡시루를 가장 먼저 잡는 동물이 떡을 다 먹기로 내기를 함. |

(1) 호랑이 •

(2) 토끼 •

(3) 두꺼비 •

• ① 기대된다.

• ② 불만스럽다.

34 떡을 먹은 동물은 누구인지 쓰세요.

(   )

35 ㉠을 실감 나게 읽는 방법을 알맞게 말한 사람은 누구인가요?

기수: 느릿느릿한 목소리로 읽는 것이 좋아.
재은: 화난 듯이 크고 빠른 목소리로 읽는 것이 좋아.
청아: 억울한 듯이 울 것 같은 목소리로 읽는 것이 좋아.

(   )

36 두꺼비의 등이 울퉁불퉁하게 된 까닭은 무엇인지 빈칸에 알맞은 말을 써넣으세요.

• (   )이 등에 들러붙게 되어서 등이 울퉁불퉁하게 되었다.

4 단원

1 다음 뜻을 가진 낱말을 보기 에서 찾아 쓰세요.

> 보기
>
> 짐작   실감   안부   전달

(1) 실제로 겪고 있다는 느낌.

(   )

(2) 일이 되어 가는 상황 등을 헤아려 생각함.

(   )

(3) 어떤 물건이나 내용, 뜻을 다른 사람에게 전함.

(   )

(4) 어떤 사람이 편안하게 잘 지내는지에 대한 소식. 또는 인사로
그것을 전하거나 묻는 일.

(   )

- 동생은 지금 놀이터에 있을 것이라고 **짐작**됩니다.
- 이 시는 바다의 모습을 **실감** 나게 표현하였습니다.
- 전학 간 친구의 **안부**가 궁금해졌습니다.
- 엄마 심부름으로 사과를 옆집 아주머니께 **전달**하였습니다.

2 다음 낱말의 뜻을 찾아 선으로 이으세요.

(1) 설명 •

(2) 감탄 •

• ㉠ 감정을 강하게 표현함.

• ㉡ 어떤 것을 남에게 알기 쉽게 풀어 말함.

- **설명**하는 문장의 끝에는 .(마침표)가 쓰이고, **감탄**하는 문장의 끝에는 !(느낌표)가 쓰입니다.

3 1번과 2번 문제의 낱말 중에서, 다음 첫소리에 알맞은 낱말을 써넣어 문장을 완성하세요.

(1) 이 상자 안에 무엇이 들어 있는지 한번 [ㅈ][ㅈ] 해 봐!

(2) 영화가 얼마나 [ㅅ][ㄱ] 나던지 정말 바닷속에 있는 것 같았다.

(3) 시골에 계신 할머니께 보고 싶은 마음을 [ㅈ][ㄷ] 하기 위해서 편지를 썼다.

- 문장의 뜻이 자연스럽도록 첫소리에 알맞은 낱말을 써넣어 봅니다.

정답 11쪽

4 다음 문장이 쓰인 까닭으로 알맞은 것에 ○표 하세요.

- 문장의 종류에는 설명하는 문장, 묻는 문장, 감탄하는 문장 등이 있어요.

(1) ┌─────────────────────┐
　　│ 오늘도 하루 종일 비가 올까? │
　　└─────────────────────┘

① 무엇인가를 물어보려고 　　　　　　　　　　(　)
② 무엇을 설명하거나 생각을 나타내려고 　　　(　)
③ 기쁨, 슬픔, 놀람처럼 강한 느낌을 나타내려고 　(　)

(2) ┌─────────────────────┐
　　│ 이 나무는 겨울에도 잎이 푸릅니다. │
　　└─────────────────────┘

① 무엇인가를 물어보려고 　　　　　　　　　　(　)
② 무엇을 설명하거나 생각을 나타내려고 　　　(　)
③ 기쁨, 슬픔, 놀람처럼 강한 느낌을 나타내려고 　(　)

(3) ┌─────────────────────┐
　　│ 오늘 멋진 옷을 입었구나! │
　　└─────────────────────┘

① 무엇인가를 물어보려고 　　　　　　　　　　(　)
② 무엇을 설명하거나 생각을 나타내려고 　　　(　)
③ 기쁨, 슬픔, 놀람처럼 강한 느낌을 나타내려고 　(　)

- 문장의 종류를 생각하며 문장이 쓰인 까닭 알아보기

┌───────────────────────────┐
│ 여기 연필이 있어.　　　　　　　　　　　│
│ ➡ 연필이 여기에 있다는 것을　　　　　│
│ 　설명하려고　　➜ 문장의　　　│
│ 　　➜ 설명하는　　의미　　　│
│ 　　　문장　　　　　　　　　│
└───────────────────────────┘

(4) ┌─────────────────────┐
　　│ 숙제 다 하고 같이 놀이터에 갈래? │
　　└─────────────────────┘

① 무엇인가를 물어보려고 　　　　　　　　　　(　)
② 무엇을 설명하거나 생각을 나타내려고 　　　(　)
③ 기쁨, 슬픔, 놀람처럼 강한 느낌을 나타내려고 　(　)

(5) ┌──────────────────────────────┐
　　│ 이 이야기의 주인공은 가난하지만 우애가 좋은 형제입니다. │
　　└──────────────────────────────┘

① 무엇인가를 물어보려고 　　　　　　　　　　(　)
② 무엇을 설명하거나 생각을 나타내려고 　　　(　)
③ 기쁨, 슬픔, 놀람처럼 강한 느낌을 나타내려고 　(　)

수행
평가

☑평가1 **쪽지 평가**
간단한 문답을 통해 단원 개념과
제재에 대한 이해도를 평가

☑평가2 **단원 평가**
다양한 유형의 문제를 통해 단원 학습 성취도와
독해력, 어휘력 등 국어 실력 전반을 평가

☑평가1

쪽지 평가

정답 11쪽

4 마음을 전해요

4
단원

1 다음 문장의 종류로 알맞은 것에 ○표 하시오.

⑴ 공연이 몇 시에 시작하나요?
　• (설명하는 / 묻는 / 감탄하는) 문장

⑵ 주인공이 병에 걸려서 너무 슬펐어!
　• (설명하는 / 묻는 / 감탄하는) 문장

⑶ 색종이 가장자리를 모두 안으로 접으면 강
아지 모양이 된단다.
　• (설명하는 / 묻는 / 감탄하는) 문장

2 다음 중 편지에 들어갈 내용으로 알맞지 <u>않은</u>
것에 ×표 하시오.

첫인사　끝인사　쓴 날짜　쓴 사람
쓴 장소　받는 사람　전하고 싶은 말

3 민우가 쓴 편지에서 민우가 지후에게 편지를
쓴 까닭은 무엇입니까?

• 가방을 들어 주어서 ＿＿＿＿＿＿＿＿
마음을 전하기 위해서이다.

4 이야기 「냄새 맡은 값」에서 구두쇠 영감은 최
서방에게 무엇을 내놓으라고 했습니까?

• ＿＿＿＿＿＿＿＿ 냄새 맡은 값

5 이야기 「냄새 맡은 값」에서 최 서방이 엽전 소
리로 값을 치르자 구두쇠 영감이 아무 말도 못
하고 얼굴이 빨개진 것으로 보아 구두쇠 영감
의 마음은 어떠합니까?

＿＿＿＿＿＿＿＿＿＿＿＿＿＿＿＿＿＿＿＿

6 이야기 「송아지와 바꾼 무」에서 커다란 무를
뽑은 농부의 기분은 어떠하였습니까?

＿＿＿＿＿＿＿＿＿＿＿＿＿＿＿＿＿＿＿＿

1~3 ○○미술관 관장님이 쓴 편지

> 우리 미술관에서는 11월에 어린이들이 그린 그림을 전시할 예정이에요. 어린이들이 20년 뒤에 자신의 모습을 상상하며 그린 그림들이죠. ㉠정말 멋진 작품들이에요! 여러분을 특별 전시회에 초대하고 싶어요. 꼭 와 주길 바라요.
>
> ㉡그럼 우리 11월에 미술관에서 만나요.
>
> 　　　　　　　　20○○년 ○○월 ○○일
>
> 　　　　　　　　　　○○미술관 관장 씀

1 11월에 ○○미술관에서 열리는 특별 전시회에는 어떤 그림이 전시됩니까? (　　　)

① 유명 화가의 그림
② 어린이들을 그린 그림
③ 어린이들이 그린 그림
④ 전통 놀이와 관련된 그림
⑤ 20년 전 모습을 그린 그림

2 ㉠은 어떻게 쓰인 문장인지 ○표 하시오.

(1) 무엇인가를 물어본다. 　　　　　(　　　)

(2) 무엇을 설명하거나 생각을 나타낸다.

　　　　　　　　　　　　　　　(　　　)

(3) 기쁨, 슬픔, 놀람처럼 강한 느낌을 나타낸다.

　　　　　　　　　　　　　　　(　　　)

3 ㉡은 편지에 들어가는 내용 중 무엇인지 쓰시오.

　　　　　　　(　　　　　　　　　)

4~6

> 가 공연은 몇 시에 시작하나요?
> 나 2시 30분에 시작합니다.
> 다 여기 상추 씨앗이 있어.
> 라 씨앗이 참 작구나!
> 마 주인공이 병에 걸려서 너무 슬펐어!
> 바 그 뒤에 주인공은 어떻게 되었을까?
> 사 색종이 가장자리를 모두 안으로 접으면 강아지 모양이 된단다.
> 아 우아, 신기해요!
> 자 나랑 공놀이할래?
> 차 그래, 좋아.

4 가와 종류가 같은 문장은 무엇입니까? (　　　)

① 나　　② 라　　③ 마　　④ 사　　⑤ 자

5 다 문장을 쓴 까닭은 무엇입니까? (　　　)

① 상추 씨앗을 심으라고 시키려고
② 상추 씨앗에 대한 느낌을 표현하려고
③ 상추 씨앗이 어디에 있는지 물어보려고
④ 상추 씨앗이 어떻게 생겼는지 물어보려고
⑤ 상추 씨앗이 여기에 있다는 것을 설명하려고

6 아 문장의 종류로 알맞은 것에 ○표 하시오.

• (설명하는 / 묻는 / 감탄하는) 문장

🗂 서술형·논술형 문제

7 설명하는 문장을 한 가지 쓰시오.

8~11

지후에게

지후야, 안녕? 나 민우야.

㉠지후야, 어제 네가 내 가방을 들어 주어서 큰 도움이 되었어. 내가 손을 다쳐서 가방을 어떻게 들까 걱정했었거든. ㉡그때 네가 도와준다고 해서 정말 기뻤어! 그런데 고맙다는 말을 제대로 하지 못해서 이렇게 편지를 써.

지난 체육 시간에 달리기 경주를 했던 거 기억해? 네가 이겼잖아. 달리기만큼은 자신 있었는데 내가 지니까 많이 속상했어. 그래서 그동안 너한테 말도 제대로 하지 않았어.

8 누가 누구에게 쓴 편지입니까?

• ⑴ (   )가 ⑵ (   )에게 쓴 편지이다.

9 지후는 민우에게 어떤 도움을 주었습니까?

(   )

① 편지를 써 주었다.   ② 손을 잡아 주었다.
③ 말을 걸어 주었다.   ④ 가방을 들어 주었다.
⑤ 달리기에서 져 주었다.

10 ㉠에서 느껴지는 마음은 무엇입니까? (   )

① 미안한 마음   ② 두려운 마음
③ 고마운 마음   ④ 궁금한 마음
⑤ 원망하는 마음

11 ㉡의 문장의 종류는 무엇입니까?

(   )

12~14 냄새 맡은 값

"킁킁, 킁킁! 아, 국밥 냄새 참 훌륭하네! 얼른 집에 가서 밥 먹어야겠다."

최 서방은 코를 벌름거리며 감탄했어요. 그리고 주린 배를 잡으며 얼른 집으로 가려고 돌아섰어요. 그때 누군가 최 서방을 붙잡았어요.

"예끼, 나쁜 사람 같으니! 왜 그냥 가려는 거야?"

구두쇠 영감이 눈을 부릅뜨고 말했어요.

㉠"아, 국밥 냄새를 맡았으면 값을 치르고 가야지."

최 서방은 기가 막혔지요.

㉡"냄새 맡은 값이라니요?"

12 ㉠을 읽을 때 어울리는 목소리에 ○표 하시오.

⑴ 즐거운 목소리   (   )
⑵ 겁에 질린 목소리   (   )
⑶ 크고 화난 목소리   (   )

13 ㉠을 들은 최 서방의 마음은 어떠하겠습니까?

(   )

① 돈이 없어서 걱정이다.
② 국밥 냄새가 아주 좋다.
③ 구두쇠 영감이 멋져 보인다.
④ 국밥이 맛있어서 기분이 좋다.
⑤ 냄새 맡은 값이라니 말도 안 된다.

14 ㉡을 실감 나게 읽는 방법은 어느 것입니까?

• (황당 / 당연)하다는 듯이 끝을 올려서 읽는다.

단원 평가

진도 완료 체크

15~17 냄새 맡은 값

㉮ 최 서방은 돈주머니를 꺼내어 구두쇠 영감의 귀에 대고 흔들었어요.

"자, ㉠이 소리가 들리지요?"

㉡"이것은 엽전 소리가 아닌가?"

구두쇠 영감은 눈을 동그랗게 뜨고 최 서방을 쳐다보았어요.

㉯ "뭐가 됐다는 거야? 어서 국밥 냄새 맡은 값이나 내놔."

최 서방은 구두쇠 영감에게 말했어요.

"무슨 소리요? 엽전 소리는 공짜인 줄 아시오? 엽전 소리를 그리 오래 들었으니 냄새 맡은 값은 치르고도 남았소."

"아니, 뭐라고?"

㉢구두쇠 영감은 더는 아무 말도 못 하고 얼굴이 빨개졌어요.

15 ㉠'이 소리'를 흉내 내는 말로 알맞은 것은 어느 것입니까? (   )

① 쿵쾅쿵쾅   ② 짤랑짤랑   ③ 삐악삐악

④ 철썩철썩   ⑤ 꿀꺽꿀꺽

16 ㉡을 실감 나게 읽는 방법으로 알맞은 것에 ○표 하시오.

(1) 화난 듯이 읽는다. (   )

(2) 미안하다는 듯이 읽는다. (   )

(3) 어리둥절하다는 듯이 읽는다. (   )

17 ㉢에서 알 수 있는 구두쇠 영감의 마음은 어떠합니까? (   )

① 재미있다.   ② 궁금하다.   ③ 상쾌하다.

④ 창피하다.   ⑤ 자랑스럽다.

18~20 송아지와 바꾼 무

"사또께 송아지를 갖다 바치면 더 큰 선물을 받겠지?"

욕심꾸러기 농부는 송아지를 끌고 빠른 걸음으로 사또에게 갔습니다.

"사또, 제가 소를 많이 키워 보았지만 이렇게 살진 송아지는 처음 봅니다. 이 송아지를 사또께 드리고 싶습니다."

사또는 욕심꾸러기 농부를 잠시 바라보았습니다. 그러고는 이방을 불렀습니다.

"이방, 보답해야겠는데, 요즈음 들어온 물건 가운데에서 귀한 것이 뭐가 있느냐?"

"며칠 전에 들어온 커다란 무가 있습니다."

사또는 손뼉을 쳤습니다.

"옳지! 그 무를 내어다가 농부에게 주어라."

"아이고, 아까운 내 송아지."

18 욕심꾸러기 농부가 사또에게 송아지를 바친 까닭은 무엇입니까? (   )

① 송아지가 아파서

② 더 좋은 것을 받고 싶어서

③ 소중한 것을 선물하고 싶어서

④ 사또가 송아지를 달라고 해서

⑤ 송아지를 바치면 잘못을 용서해 준다고 해서

19 욕심꾸러기 농부는 사또에게 송아지를 바치고 무엇을 받았습니까?

(   )

서술형·논술형 문제

20 욕심꾸러기 농부에게 전하고 싶은 말을 쓰시오.

바른 말로
이야기
나누어요

바른 말을 사용해 이야기 나누기

5

단원 핵심 어휘

차례

뜻 순서 있게 구분하여 벌여 나가는 관계.
예 이야기를 듣고 일이 일어난 **차례**대로 말해 봅니다.

개념 ① 바른 말 사용하기

① 바른 말이란 낱말의 뜻에 따라 알맞게 사용한 말입니다.

② 글자 모양이 비슷해서 잘못 사용하기 쉬운 낱말은 뜻을 정확히 파악하고 상황에 따라 바르게 구분해서 씁니다.

③ 바른 말을 사용하면 생각을 정확하게 표현할 수 있고, 잘못 이해하는 것을 줄일 수 있습니다.

● 헷갈리기 쉬운 낱말

사과가 작다.　　　　사과가 적다.

➡ 상황에 따라서 낱말을 바르게 구분해서 써야 해요. '작다'는 크기가 크지 않을 때, '적다'는 수나 양이 부족할 때 사용할 수 있어요.

개념 ② 자신의 생각을 바른 말로 표현하기

① 발표 연습을 할 때는 바른 말을 사용하고 있는지 확인해 봅니다.

② 발표할 때는 자신의 생각을 바른 말로 나타내고 듣는 사람을 바라보며 알맞은 목소리로 말합니다.

● 발표를 할 때나 들을 때 주의할 점

발표를 할 때는 중요한 내용을 생각하면서 듣는 사람을 바라보며 알맞은 목소리로 말해요.

발표를 들을 때는 중요한 내용을 생각하면서 말하는 사람이 바른 말을 사용하는지 확인하며 들어요.

개념 ③ 일이 일어난 차례대로 이야기하는 방법

① 일이 일어난 차례를 생각하며 말합니다.

② 시간을 나타내는 말을 사용하여 말하면 좋습니다.

③ 듣는 사람을 바라보며 알맞은 목소리로 말합니다.

● 일이 일어난 차례대로 정리하기 예

> 월요일 아침, 나는 집 앞에서 친구 미영이를 만나 학교에 같이 갔습니다. ……
> 점심이 되자 아이들이 맛있게 밥을 먹고 나서 이야기를 나누었습니다.

➡ '월요일 아침', '점심'과 같은 시간을 나타내는 말을 사용해 일이 일어난 차례대로 정리할 수 있어요.

1~2 바른 말 알기

🍥 교과서 문제

1 그림 ❷에서 윤재가 어리둥절한 까닭은 무엇인가요? (   )

① 가방이 너무 작았기 때문에
② 사진첩이 너무 낡았기 때문에
③ 친구가 자신에게 화를 냈기 때문에
④ 친구가 자신의 말을 무시했기 때문에
⑤ 친구가 바른 말을 사용하지 않았기 때문에

2 ㉠ 과 ㉡ 에 알맞은 말끼리 짝 지어진 것은 어느 것인가요? (   )

	㉠	㉡
①	바랬다	작다
②	새롭다	크다
③	틀렸다	낡다
④	찢었다	많다
⑤	재밌다	좋다

3 다음 문장에 알맞은 말을 보기 에서 찾아 (   ) 안에 써넣으세요.

보기
다른　　　틀린　　　다릅니다　　　틀립니다

(1) '1 + 2 = 5'라는 계산은 (   ).
(2) 나와 형은 생김새가 조금 (   ).
(3) 나와 동생은 서로 (   ) 과일을 좋아합니다.
(4) 개미가 코끼리보다 크다는 말은 (   ) 말입니다.

4 다음 밑줄 그은 낱말이 바르게 사용되지 <u>않은</u> 것은 무엇인가요? (   )

① 아끼던 돈을 <u>잃어버렸다</u>.
② 축구하는 방법을 <u>잃어버렸다</u>.
③ 유치원 때 친구의 이름을 <u>잊어버렸다</u>.
④ 복잡한 가게 안에서 지갑을 <u>잃어버렸다</u>.
⑤ 국어 수업 시간에 배운 낱말을 <u>잊어버렸다</u>.

🪨 서술형·논술형 문제

5 다음 낱말을 이용하여 문장을 만들어 쓰세요.

(1) 가르치다	[뜻] 지식 따위를 깨닫게 하거나 익히게 하다.
	[문장]
(2) 가리키다	[뜻] 손가락 따위로 어떤 방향이나 대상을 알리다.
	[문장]

5 단원

바른 말로 발표하기

1 즐거운 학교생활을 위해 우리 반 친구들이 지켜야 할 일을 떠올리기 예

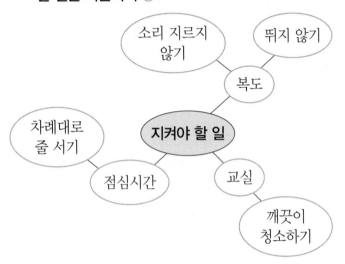

- 소리 지르지 않기
- 뛰지 않기
- 복도
- 차례대로 줄 서기
- 지켜야 할 일
- 점심시간
- 교실
- 깨끗이 청소하기

2 **1**에서 떠올린 일 가운데에서 하나를 정해 자세히 정리하기 예

지켜야 할 일	즐거운 학교생활을 위해 복도에서 뛰어다니지 말자고 이야기하고 싶다. 복도에서 뛰어다니면 다른 친구와 부딪히거나 넘어져서 다칠 수 있다.
그와 관련한 생각이나 경험	친구들이 복도에서 뛰어다니다가 넘어져서 다친 것을 본 적이 있다. 그때 복도에서 뛰지 말고 조심히 걸어 다녀야겠다고 생각했다.

3 정리한 내용으로 발표 연습하기

- 발표 연습을 할 때는

> ㉠

4 자신의 생각을 친구들 앞에서 발표하기

- 발표를 할 때나 들을 때는

> ㉡

6 즐거운 학교생활을 위해 우리 반 친구들이 지켜야 할 일을 가장 알맞게 말한 사람은 누구인가요? (　　　)

① 선규: 나는 학교에 다 같이 늦게 오자고 말하고 싶어. 일찍 오면 졸리니까.

② 지호: 나는 교실에서 뛰어다니면 좋겠어. 뛰어다니다가 넘어지면 재미있어.

③ 영철: 나는 급식을 급하게 먹자고 말하고 싶어. 빨리 먹으면 많이 먹을 수 있지.

④ 민준: 나는 청소를 하지 말자고 이야기하고 싶어. 내가 청소를 싫어하기 때문이야.

⑤ 채원: 나는 생각이 다른 친구의 말도 존중하면 좋겠어. 서로 기분이 상하지 않게 이야기해야 해.

7 ㉠에 들어갈 알맞은 내용에 ○표 하세요.

(1) 꾸며 주는 말을 많이 사용한다. (　　　)

(2) 바른 말을 사용하는지 확인해 본다.
(　　　)

(3) 어색하거나 잘못된 표현을 고치지 않는다.
(　　　)

(4) 자신이 하고 싶은 말을 최대한 길게 말하는 것이 좋다. (　　　)

🗨️ 교과서 문제

8 ㉡에 들어갈 내용으로 알맞지 <u>않은</u> 것은 무엇인가요? (　　　)

① 알맞은 목소리로 발표한다.

② 듣는 사람을 바라보며 말한다.

③ 헷갈리는 말을 구분하지 않고 듣는다.

④ 바른 말을 사용하는지 확인하면서 듣는다.

⑤ 중요한 내용을 생각하면서 바른 말을 사용하여 말한다.

9 다음 ( ) 안에서 알맞은 말에 ○표 하세요.

> **가** 월요일 아침, 은호는 수정이와 함께 즐겁게 학교에 (1) (**같습니다** / **갔습니다**). 수정이가 가방이 무거운지 힘들어 보였습니다.
>
> "수정아! 가방이 무겁니? 내가 도와줄까?"
>
> "아니야, 오늘 준비물이 많아서 그래. 고마워."
>
> **나** 얼마 뒤, 은호와 수정이는 학교 앞에 도착했습니다.
>
> '2학년 때는 수정이와 (2) (**다른** / **틀린**) 반이라 아쉽네.'
>
> 은호와 수정이는 현관 앞에 섰습니다.
>
> "난 1층, 넌 2층."
>
> 수정이는 밝은 표정으로 은호에게 말했습니다.
>
> "1학년 때는 반이 (3) (**같아서** / **갔아서**) 좋았는데……."
>
> 은호는 아쉬운 표정으로 말했습니다.

10 낱말의 뜻을 생각하며 ( ) 안에 알맞은 낱말을 보기 에서 찾아 써넣으세요.

> 보기
>
> | 적어요 | 작아요 | 바라고 | 바래고 |
> |---|---|---|---|

(1) 동생 밥보다 제 밥이 ( ).

(2) 1학년 때 입었던 옷이 ( ).

(3) 우리 가족이 모두 건강하기를 ( ) 있어요.

(4) 햇볕 때문에 창가에 둔 책의 색이 ( ) 있어요.

11 다음 ( ) 안의 바른 말에 ○표 하세요.

(1) 선생님께서 국어를 (**가리켜** / **가르쳐**) 주십니다.

(2) 동생이 비밀번호를 (**잊어버렸어요** / **잃어버렸어요**).

12 다음 문장의 ( ) 안에 들어갈 말을 알맞게 이으세요.

(1) 나는 친구와 한 약속에 늦어서 가방만 챙겨 빨리 ( ).	• ① 갔다 • ② 같다
(2) 아침에 밥을 ( ) 먹었더니 배가 많이 고프다.	• ① 작게 • ② 적게

아빠와 함께 추억 만들기

- 글쓴이: 이규희
- 글의 내용: 세나와 아빠가 '아빠와 함께 추억 만들기' 행사에 참여하여 여러 활동을 했습니다.

5단원

❶ ⊙일요일 아침, 아빠와 나는 ⓒ시골에서 하는 '아빠와 함께 추억 만들기' 행사에 참여했습니다. _{행사 이름} 가장 먼저 할 일은 '감자 캐기'였습니다. 우리는 마을 이장님을 따라 감자밭으로 갔습니다. 그때, 어떤 아이가 감자밭을 마구 파헤치며 물었습니다.

"어, 그런데 감자가 어디 있어요? 하나도 안 보이는데요?"

"감자는 ⓒ땅속에 꼭꼭 숨어 있지."

이장님은 웃으며 우리에게 말했습니다.

"땅속에 묻힌 감자가 다치면 안 되니까 유리 그릇 다루듯 조심조심 캐야 합니다. 자, 그럼 _{감자 캐는 방법} 모두 시작하세요!"

우리는 잔뜩 들뜬 마음으로 쭈그려 앉아 감자를 캤습니다.

중심 내용 ❶ 일요일 아침, 아빠와 '나'는 '아빠와 함께 추억 만들기' 행사에 참여하여 감자를 캤습니다.

❷ ⓔ점심이 되자 우리는 직접 캔 감자를 물로 씻어 **아궁이**에 쪘습니다. 얼마 뒤 ⑩마당 가득 구수한 감자 냄새가 솔솔 풍겼습니다.

"자, 어서 이리들 오너라. 너희가 캔 감자다."

이장님은 김이 모락모락 나는 감자를 한 **소쿠리** 꺼내 들고 왔습니다. 우리는 감자를 하나씩 집어 들어 후후 불며 맛있게 먹었습니다.

중심 내용 ❷ 점심이 되어 '나'는 직접 캔 감자를 물로 씻어 아궁이에 쪄서 맛있게 먹었습니다.

이장 주로 시골에서 마을을 대표하여 일을 맡아보는 사람.
아궁이 방이나 솥 따위에 불을 때기 위하여 만든 구멍.
소쿠리 대나무 따위로 엮어 만든 둥근 그릇.

▲ 아궁이

▲ 소쿠리

---

13 '나'는 아빠와 어떤 행사에 참여하였나요? ( )

① 떡 만들기　　② 자전거 타기
③ 가족사진 찍기　　④ 동물 먹이 주기
⑤ 아빠와 함께 추억 만들기

교과서 문제

14 '나'와 아빠는 행사에 가서 가장 먼저 무엇을 했나요? ( )

① 감자 캐기　　② 감자 팔기
③ 감자 물로 씻기　　④ 감자 맛있게 먹기
⑤ 감자 아궁이에 찌기

15 글 ❷에서 '나'가 한 일은 무엇인가요? ( )

① 땅속에 감자를 심었다.
② 놀이 시간에 아빠와 놀았다.
③ 아빠와 함께 집으로 돌아갔다.
④ 이장님을 따라 감자밭으로 갔다.
⑤ 감자를 물로 씻어 아궁이에 쪘다.

16 이 글에서 시간을 나타내는 말끼리 짝 지어진 것은 무엇인가요? ( )

① ⊙, ⓒ　　② ⊙, ⓔ　　③ ⓒ, ⓒ
④ ⓒ, ⑩　　⑤ ⓒ, ⑩

❸ 오후가 되자 놀이 시간이 되었습니다. 아빠가 아이를 업고 달리는 놀이였습니다.

"자, 세나야. 어서 업히렴."

나는 **얼떨결**에 아빠 등에 업혔습니다.

"자, 다들 준비되셨지요? 그럼, 저기 말뚝을 박아 놓은 데까지 아이를 업고 가셨다가 되돌아오는 겁니다. 자, 출발!"
<u>놀이의 방법</u>

이장님이 **호루라기**를 불자, 아빠들은 저마다 아이를 업고 달리기 시작했습니다.

모두 큰 소리로 응원하자 아빠는 더욱 빨리 달렸고 아빠 등에 업힌 나도 덩달아 들썩들썩 어깨춤을 추었습니다.
어깨를 위아래로 으쓱거리는 것.

㉮"야, 이겼다!"

우리가 이겨 나는 펄쩍펄쩍 뛰며 좋아서 어쩔 줄을 몰랐습니다. 아빠도 이마에 흐르는 땀을
<u>놀이에서 이긴 '나'의 마음</u>
닦으며 활짝 웃었습니다.

✏️**중심 내용 ❸** 오후에 '나'와 아빠는 놀이 시간에 참여하여 아빠가 아이를 업고 달리는 놀이에서 이겼습니다.

❹ 밤이 되어 집으로 돌아오는 버스 안에서 나는 아빠에게 이야기했습니다.

"아빠 등에 업히니까 아주 따뜻하고 좋았어요."

"허허, 그렇다면 내 딸 날마다 업어 줘야겠구나. 아빠도 기분이 아주 좋았단다."

나는 아빠 어깨에 기대 어느새 쿨쿨 잠이 들었습니다.

✏️**중심 내용 ❹** 밤에 집으로 돌아오는 버스 안에서 '나'는 아빠와 이야기하다가 잠이 들었습니다.

얼떨결 뜻밖의 일을 갑자기 당하거나, 여러 가지 일이 너무 복잡하여 정신을 가다듬지 못하는 것.
말뚝 땅에 두드려 박는 기둥이나 몽둥이.
호루라기 불어서 소리를 내는 신호용 도구.

17 '나'는 오후에 어떤 일이 있었나요? (　　　)

① 아빠와 노래를 부름.
② 감자밭에서 감자를 캠.
③ 말뚝을 박는 놀이를 함.
④ 버스를 타고 시골에 도착함.
⑤ 아빠와 함께 놀이 시간에 참여함.

18 ㉮에서 '나'는 어떤 마음이 들었을까요?
(　　　)

① 기쁜 마음　　② 화난 마음
③ 부러운 마음　　④ 답답한 마음
⑤ 부끄러운 마음

19 글 ❹는 언제 있었던 일인가요? (　　　)

① 밤　　② 아침　　③ 오전
④ 점심　　⑤ 새벽

🗨️교과서 문제

20 '나'는 집으로 돌아오는 버스에서 아빠에게 무슨 말을 하였나요? (　　　)

① 너무 졸려서 자야겠다.
② 엄마를 빨리 보고 싶다.
③ 우리가 이겨서 기분이 좋았다.
④ 아빠가 날마다 업어 주었으면 좋겠다.
⑤ 아빠 등에 업히니까 따뜻하고 좋았다.

희망을 만든 우편집배원
우편물을 우체통에서 거두어 모으고, 받을 사람에게 배달하는 사람.

· 글쓴이: 김현태
· 글의 내용: 우편집배원이 마을로 가는 길에 들꽃 씨앗을 뿌려 꽃길로 만들었습니다.

1 한 우편집배원이 있었습니다. 그는 도시에서 아주 멀리 떨어진 작은 시골 마을에 우편물을 배달했습니다.
우편집배원이 하는 일

시골 마을로 가는 길은 뿌연 모래 먼지만 날릴 뿐 그 흔한 들꽃조차도 없었습니다. 그래서 그런지 시골 마을로 가는 내내 우편집배원의 마음도 왠지 쓸쓸했습니다.
처음부터 끝까지.

시간이 지날수록 그는 늘 정해진 길을 왔다 갔다 하는 일에 짜증이 났습니다. 하지만 자신의 일을 거부할 수는 없었습니다. 설레는 마음으로 우편물을 기다리는 마을 사람들 때문이었습니다.

그러던 가을의 어느 날, 우편집배원은 시골 마을 입구에 앉아 한숨을 내쉬며 중얼거렸습니다.

"평생 이 마을을 다녀야 하는데 마을로 오가는 길은 마치 사막처럼 황량해. 하루하루가 너무 지겨워. 뭐 좋은 수가 없을까?"
거칠고 쓸쓸해.
마을로 오가는 길이 황량해서

머리를 갸우뚱거리며 깊은 생각에 빠진 그는 한참 후에 무릎을 치며 일어났습니다.

"그래, 바로 그거야!"

중심 내용 1 가을의 어느 날, 마을로 오가는 길이 지루하다고 느낀 우편집배원이 한숨을 내쉬었습니다.

2 다음 날, 그는 마을로 오는 길에 들꽃 씨앗을 뿌렸습니다. 그다음 날에도 꽃씨를 뿌렸습니다. 그렇게 하루도 빠짐없이 계속 씨앗을 뿌렸습니다.

중심 내용 2 다음 날, 우편집배원은 마을로 오는 길에 들꽃 씨앗을 뿌렸습니다.

21 우편집배원의 마음이 쓸쓸했던 까닭은 무엇인가요? (　　　)

① 도시에서 우편물을 배달하지 못해서
② 시골 마을에 전달할 우편물이 없어서
③ 마을로 가는 길에 있는 꽃들이 시들어서
④ 마을 사람들이 우편물을 기다리지 않아서
⑤ 마을로 가는 길에 뿌연 모래 먼지만 날려서

22 글 **1**에서 우편집배원은 왜 자신의 일을 거부할 수 없었다고 하였나요?

· 설레는 마음으로 (　　　　　)을 기다리는 마을 사람들 때문에

23 '가을의 어느 날'에 우편집배원에게 있었던 일은 무엇인가요? (　　　)

① 마을이 사막으로 변함.
② 마을로 오가는 길이 꽃길로 변함.
③ 마을로 오가는 길에 가로수를 심음.
④ 마을로 오가는 길을 지겹다고 느낌.
⑤ 마을 사람들에게 우편물을 배달하지 않음.

🍀 교과서 문제

24 글 **2**에서 우편집배원은 마을로 오는 길에 무엇을 했는지 알맞은 내용에 ○표 하세요.

⑴ 들꽃 씨앗을 뿌렸다. (　　　)
⑵ 도시로 들꽃을 배달했다. (　　　)
⑶ 마을 사람에게 들꽃을 샀다. (　　　)

❸ 가을이 지나고 겨울이 지나 싱그러운 봄날이 찾아왔습니다. 여느 때와 다름없이 우편집배원은 시골 마을로 우편물을 배달하러 가는 길이었습니다.

그런데 마을로 가는 길가에 예쁜 꽃들이 하나둘씩 눈에 띄었습니다. 그리고 이름은 모르지만 향기가 진한 들꽃과 들풀도 잔뜩 피어 있었습니다. 우편집배원은 꽃과 들풀에 코를 갖다 대었습니다.

꽃, 향수 따위에서 나는 좋은 냄새.

"와, 예쁘다. 으음, 향기도 정말 좋군."

중심 내용 ❸ 봄날, 우편집배원이 길가에 핀 꽃과 들풀 향기를 맡았습니다.

❹ 일 년이 지난 여름날, 꽃들은 더욱 만발했고 가을에도 여전히 아름다운 자태를 뽐내며 꽃잔치는 계속되었습니다.

어떤 모습이나 모양.

만발 꽃이 활짝 다 핌.

우편집배원은 꽃길을 오고 가는 게 마냥 행복했습니다. 절로 휘파람이 나왔습니다.

이제 마을로 가는 길은 외롭거나 심심하거나 우울하지 않았습니다. 오히려 즐거운 길이 되었습니다.

마을로 가는 길이 꽃길로 변해서

그는 이제 욕심이 생겼습니다. 마을로 가는 길가에 가로수를 조성하는 것이었습니다. 그는

무언가를 만들어 이룸.

꽃길을 오갈 때마다 작은 묘목 몇 개씩을 가지

옮겨 심는 어린나무.

런히 길가에 심었습니다.

"비록 지금은 손가락만 한 나무이지만 언젠가는 내 키보다 더 높이 자랄 거야."

우편집배원은 먼 훗날을 기약하며 싱글벙글 마을로 향했습니다.

때를 정하여 약속함. 또는 그런 약속.

중심 내용 ❹ 일 년이 지난 여름날, 꽃들이 더욱 만발하였습니다.

훗날 시간이 지난 뒤에 올 날.

---

25 글 ❸에서 시간을 나타내는 말은 무엇인가요?

( )

① 봄날 ② 이름 ③ 잔뜩
④ 마을 ⑤ 우편물

📖 낱말 알기

26 다음 문장에 알맞은 낱말을 보기 에서 찾아 ( ) 안에 써넣으세요.

┌─ 보기 ──────────────┐
│   만발   자태   훗날   │
└──────────────────────┘

(1) 화단에 코스모스가 ( )했다.
(2) 친구와 먼 ( )에 다시 만나자고 약속했다.
(3) 산꼭대기에서 마을의 웅장한 ( )를 보았다.

📘 교과서 문제

27 글 ❹에서 우편집배원은 어떤 소망을 갖게 되었나요? ( )

① 꽃길에서 춤을 추는 것
② 집에 예쁜 꽃과 나무를 심는 것
③ 마을 사람들에게 편지를 쓰는 것
④ 도시 사람들에게 우편물을 배달하는 것
⑤ 마을로 가는 길가에 가로수를 조성하는 것

📝 서술형·논술형 문제

28 글 ❹에서 '일 년이 지난 여름날'에 일어난 일을 정리하여 쓰세요.

_____

_____

• 교과서에 나온 질문과 예시 답안을 모았어요!
• 수업 시간 선생님의 질문에 자신 있게 발표해 보아요!

국어 교과서 나 158~159쪽

😀「희망을 만든 우편집배원」을 읽고 물음에 답해 봅시다.

(1) 우편집배원의 마음이 쓸쓸했던 까닭은 무엇인가요?

> 예 시골 마을을 오가는 길이 황량했기 때문입니다.

(2) 우편집배원은 마을로 가는 길에 무슨 일을 했나요?

> 예 들꽃 씨앗을 뿌렸습니다.

(3) 우편집배원은 어떤 소망을 가지게 되었나요?

> 예 마을로 가는 길가에 가로수를 조성하는 것입니다.

😀「희망을 만든 우편집배원」을 일이 일어난 차례대로 정리해 보세요.

가을의 어느 날	마을로 오가는 길이 지루하다고 느낀 우편집배원이 한숨을 내쉼.
다음 날	예 우편집배원은 마을로 오는 길에 들꽃 씨앗을 뿌림.
봄날	우편집배원이 길가에 핀 꽃과 들풀 향기를 맡음.
일 년이 지난 여름날	예 꽃들이 더욱 만발함.

↓ (between rows)

1 다음 뜻을 가진 낱말을 보기 에서 찾아 쓰세요.

> 보기
>
> 자태   아궁이   집배원

(1) 어떤 모습이나 모양.

(   )

(2) 방이나 솥 따위에 불을 때기 위하여 만든 구멍.

(   )

(3) 우편물을 우체통에서 거두어 모으고, 받을 사람에게 배달하는 사람.

(   )

- 한복을 입은 그녀의 **자태**가 매우 아름다웠다.
- 시골집에 사시는 할머니께서 **아궁이**에 불을 지펴서 밥을 하셨다.
- **집배원**은 동네 사람들에게 우편물을 전달하느라 바빴다.

5단원

2 다음 뜻에 알맞은 낱말을 선으로 이으세요.

(1) 때를 정하여 약속함. 또는 그런 약속. •

(2) 시간이 지난 뒤에 올 날. •

• ㉠ 훗날

• ㉡ 기약

📍 '훗날'과 '기약'

훗날과 **기약**은 '훗날을 기약하다'의 형태로 많이 쓰이는데, 이 말은 나중에 만나자는 약속의 의미를 담고 있습니다.

3 1번과 2번 문제의 낱말 중에서, 다음 첫소리에 알맞은 낱말을 써넣어 문장을 완성하세요.

(1) 지리산의 웅장한 [ㅈ][ㅌ] 가 멋있었다.

(2) 그들은 언제 만난다는 [ㄱ][ㅇ] 도 없이 헤어졌다.

(3) 아버지께서 손님을 대접하기 위해 [ㅇ][ㄱ][ㅇ] 에 불을 지펴서 고구마를 찌셨다.

(4) 학교를 마치고 집에 돌아오니 [ㅈ][ㅂ][ㅇ] 아저씨가 친구의 편지를 나에게 전해 주셨다.

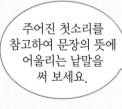

주어진 첫소리를 참고하여 문장의 뜻에 어울리는 낱말을 써 보세요.

정답 14쪽

5
단원

4 [보기]와 같이 시간을 나타내는 말을 찾아 ∨표를 하세요.

[보기]

> 주말에 가족과 함께 바다로 여행을 가서 물놀이를 신나게 했다. 참 즐겁고 행복했다.

㉠ 바다 ☐   ㉡ 주말 ☑   ㉢ 물놀이 ☐

(1)
> 집에 가는 길에 우산이 없어서 비를 많이 맞았다. 다음 날 몸이 으슬으슬 춥더니 감기에 걸렸다.

㉠ 감기 ☐   ㉡ 우산 ☐   ㉢ 다음 날 ☐

(2)
> 친구와 운동장에서 오후 두 시에 만났다. 그네도 타고 미끄럼틀도 타고 재미있게 놀았다.

㉠ 친구 ☐   ㉡ 운동장 ☐   ㉢ 오후 두 시 ☐

(3)
> 깊어 가는 겨울밤에 따뜻한 이불 속에서 할머니의 이야기를 들었다. 그러자 슬슬 잠이 오기 시작했다.

㉠ 할머니 ☐   ㉡ 겨울밤 ☐   ㉢ 이불 속 ☐

(4)
> 설날에 시골 친척 집에 가서 떡국을 맛있게 먹고 어른들께 세배를 했다. 다 같이 모여 윷놀이도 했다.

㉠ 설날 ☐   ㉡ 윷놀이 ☐   ㉢ 친척 집 ☐

(5)
> 목요일 오전, 나는 친구와 만화 영화를 보았다. 주인공이 초능력으로 악당을 물리치는 모습을 보니 속이 후련했다.

㉠ 주인공 ☐   ㉡ 만화 영화 ☐   ㉢ 목요일 오전 ☐

시간을 나타내는 말

예 어제, 아침, 오후, 밤, 토요일 등

> 토요일에 친구 집에서 텔레비전에 나오는 펭귄을 보았다.

└─→ 시간을 나타내는 말

글을 읽고 일이 일어난 순서를 파악하면서 시간을 나타내는 말을 알맞게 찾아봅니다.

시간을 나타내는 말은 문장의 중간 부분, 문장과 문장 사이에 올 수도 있습니다.

수행 평가

✿ 학교별 유형별 **평가 모음**

☑평가1 **쪽지 평가**
간단한 문답을 통해 단원 개념과 제재에 대한 이해도를 평가

☑평가2 **단원 평가**
다양한 유형의 문제를 통해 단원 학습 성취도와 독해력, 어휘력 등 국어 실력 전반을 평가

5 단원

☑평가1

정답 15쪽

쪽지 평가 　　5 바른 말로 이야기 나누어요

1 '작다'와 '적다' 중에서 다음 (　　) 안에 들어갈 말을 쓰시오.

　'(　　　　)'는 '크다'의 반대말로, 크기가 보통보다 덜할 때 사용한다.

2 다음 밑줄 그은 낱말을 바르게 고친 것을 보기 에서 찾아 쓰시오.

보기
다른　　　달른　　　달는

나와 친구는 서로 틀린 과일을 좋아한다.

（　　　　　　　）

3 '지식 따위를 깨닫게 하거나 익히게 하다.'를 뜻하는 낱말에 ○표 하시오.

（ 가르치다 / 가리키다 ）

4 다음 낱말 중에서 시간을 나타내는 말을 찾아 쓰시오.

시골　　놀이　　잠　　일요일

（　　　　　　　）

5 「아빠와 함께 추억 만들기」에서 세나는 점심에 무엇을 했는지 (　　) 안에 알맞은 말을 쓰시오.

• 직접 캔 (　　　　　)를 물로 씻어 아궁이에 쪄서 먹었다.

6 「희망을 만든 우편집배원」에서 사막처럼 황량했던 마을로 가는 길을 꽃길로 만든 사람은 누구인지 쓰시오.

（　　　　　　　）

5단원

1~2 바른 말 알기

1 다음 빈칸에 ㉠이 들어가기에 알맞은 문장의 번호를 쓰시오.

① 햇볕 때문에 옷의 색이 [   ].
② 할머니께서 건강하시기를 [   ].

(   )

2 ㉡이 바르게 사용된 문장으로 알맞은 것에 ○표 하시오.

(1) 작년에 입었던 옷이 작다. (   )
(2) 내 물의 양이 친구의 것보다 작다. (   )

3 다음 밑줄 그은 낱말을 바르게 고친 것은 무엇입니까? (   )

내 나이는 친구의 나이와 갔다.

① 같다 ② 갛다 ③ 간다 ④ 갓다 ⑤ 갖다

4 다음 (   ) 안에 들어갈 말을 알맞게 이으시오.

(1) '3-2=2'에서 '2'라는 답은 (   ). ·   · ① 다르다

(2) 농구와 축구는 하는 방법이 (   ). ·   · ② 틀리다

5 다음 문장의 빈칸에 들어갈 말로 알맞은 것은 무엇입니까? (   )

언니가 동생에게 공부를 [   ].

① 가리키다 ② 가리치다 ③ 가르치다
④ 가리끼다 ⑤ 가르키다

6 다음 문장에 어울리는 낱말에 ○표 하시오.

• 어제 일어난 일인데도 (잊어버려서 / 잃어버려서) 기억이 잘 나지 않는다.

7 다음 밑줄 그은 낱말이 알맞지 않은 것은 무엇입니까? (   )

① 다람쥐는 사자보다 몸집이 적다.
② 선생님께서 틀린 답을 고쳐 주셨다.
③ 아버지께서 별을 손가락으로 가리키셨다.
④ 어디선가 책을 잃어버려서 찾을 수가 없다.
⑤ 종이의 색이 누렇게 바래서 보기 좋지 않다.

8 다음 문장에 알맞은 낱말에 ○표 하시오.

(1) 나와 형은 서로 (다른 / 틀린) 동물을 좋아한다.

(2) 일기에서 '김밥'을 '김뱁'이라고 쓴 (다른 / 틀린) 글자를 보았다.

서술형·논술형 문제

9 다음 낱말의 뜻에 맞게 문장을 만들어 쓰시오.

(1) 작다	[뜻] 크기가 보통보다 덜하다.
	[문장]
(2) 적다	[뜻] 수나 양이 부족하다.
	[문장]

10 다음 밑줄 그은 말을 바르게 사용한 문장을 찾아 기호를 쓰시오.

> ㉠ 연필을 깜박 잃어버리고 안 가져왔다.
> ㉡ 선생님께서 식물을 관찰하는 방법을 가르쳐 주셨다.

( )

11 발표를 할 때나 들을 때 주의할 점으로 알맞지 않은 것은 무엇입니까? ( )

① 작은 목소리로 발표한다.

② 헷갈리는 말을 구분하며 듣는다.

③ 듣는 사람을 바라보면서 말한다.

④ 중요한 내용을 생각하며 발표한다.

⑤ 바른 말을 사용하는지 확인하며 듣는다.

12~14 아빠와 함께 추억 만들기

가 일요일 아침, 아빠와 나는 시골에서 하는 '아빠와 함께 추억 만들기' 행사에 참여했습니다. 가장 먼저 할 일은 '감자 캐기'였습니다.

나 점심이 되자 우리는 직접 캔 감자를 물로 씻어 아궁이에 쪘습니다. 얼마 뒤 마당 가득 구수한 감자 냄새가 솔솔 풍겼습니다.

다 오후가 되자 놀이 시간이 되었습니다. 아빠가 아이를 업고 달리는 놀이였습니다.

"자, 세나야. 어서 업히렴."

나는 얼떨결에 아빠 등에 업혔습니다.

라 밤이 되어 집으로 돌아오는 버스 안에서 나는 아빠에게 이야기했습니다.

"아빠 등에 업히니까 아주 따뜻하고 좋았어요."

12 이 글은 무엇에 대해 쓴 글인지 ( ) 안에 알맞은 말을 쓰시오.

• 세나가 '( )와 함께 추억 만들기' 행사에 참여했던 일

13 이 글에서 시간을 나타내는 말이 <u>아닌</u> 것은 무엇입니까? ( )

① 밤 ② 아침 ③ 점심 ④ 오후 ⑤ 버스

14 세나가 가장 먼저 한 일이 무엇이었는지 ○표 하시오.

(1) 감자를 캔다. ( )

(2) 감자를 아궁이에 찐다. ( )

(3) 놀이 시간에 아빠 등에 업힌다. ( )

(4) 집으로 오면서 아빠와 이야기를 한다. ( )

단원 평가

15~19 희망을 만든 우편집배원

가 ⊙가을의 어느 날, 우편집배원은 ⓒ시골 마을 입구에 앉아 한숨을 내쉬며 중얼거렸습니다.

"평생 이 마을을 다녀야 하는데 마을로 오가는 길은 마치 □□□□처럼 황량해. 하루하루가 너무 지겨워. 뭐 좋은 수가 없을까?"

나 다음 날, 그는 ⓒ마을로 오는 길에 들꽃씨앗을 뿌렸습니다. 그다음 날에도 꽃씨를 뿌렸습니다. 그렇게 하루도 빠짐없이 계속 씨앗을 뿌렸습니다.

다 ⓔ일 년이 지난 여름날, 꽃들은 더욱 만발했고 가을에도 여전히 아름다운 자태를 뽐내며 꽃 잔치는 계속되었습니다.

우편집배원은 꽃길을 오고 가는 게 마냥 행복했습니다. 절로 ⓜ휘파람이 나왔습니다.

이제 마을로 가는 길은 외롭거나 심심하거나 우울하지 않았습니다. 오히려 즐거운 길이 되었습니다.

15 이 글에서 시간을 나타내는 말끼리 짝 지어진 것은 무엇입니까? ( )

① ⊙, ⓒ   ② ⊙, ⓔ   ③ ⓒ, ⓒ
④ ⓒ, ⓜ   ⑤ ⓔ, ⓜ

16 □□□□에 들어갈 말로 가장 알맞은 것은 무엇입니까? ( )

① 사막   ② 나비   ③ 편지
④ 들꽃   ⑤ 하늘

17 이 글에 나타난 우편집배원에게 있었던 일의 차례대로 ( ) 안에 번호를 써넣으시오.

(1) 마을로 오가는 길에 꽃씨를 뿌림. ( )

(2) 마을로 오가는 길에 꽃들이 만발함.
( )

(3) 마을로 오가는 길이 황량하다고 생각함.
( )

18 우편집배원에게 마을로 가는 길이 즐거운 길이 된 까닭으로 알맞은 것에 ○표 하시오.

• 마을로 가는 길이 (큰길 / 꽃길)로 변해서.

19 다음 낱말의 뜻에 알맞은 말을 이 글에서 찾아 쓰시오.

꽃이 활짝 다 핌.

□□

20 시간을 나타내는 말을 참고하여 일이 일어난 차례대로 ( ) 안에 기호를 써넣으시오.

⊙ 오전에는 공원의 놀이터에서 놀았습니다.
ⓒ 오후에는 식물원에서 다양한 꽃을 구경했습니다.
ⓒ 토요일 아침, 윤재네 가족은 공원에 도착했습니다.
ⓔ 점심에는 미리 준비한 도시락을 맛있게 먹었습니다.

( ) → ( ) → ( ) → ( )

매체를
경험해요

매체에 흥미를 가지고 자신의 생각이나 느낌 나누기

1 글과 그림으로 표현된 매체에 흥미와 관심 가지기

2 자신의 경험을 매체와 연결 지어 표현하기

단원 핵심 어휘

매체

뜻 정보를 주고받는 데 쓰이는 도구.
예 일상의 경험과 생각을 다양한 매체를 통해 표현할 수 있습니다.

개념1 매체와 매체 자료 알기

① 매체는 정보를 주고받는 데 쓰이는 도구를 말하며, 책, 텔레비전, 스마트폰, 컴퓨터, 태블릿, 인터넷 등이 있습니다.
└→ 휴대용 컴퓨터

② 매체 자료는 매체를 통해 소통이 되는 자료로, 그림책, 만화, 뉴스, 광고, 웹툰, 애니메이션, 영화 등을 말합니다.

③ 우리 주변의 다양한 매체와 매체 자료에 흥미와 관심을 가지도록 합니다.
└→ 만화 영화

● 책과 영상의 차이점

책으로 읽을 때는 글과 그림을 보며 내용을 이해할 수 있고 종이를 넘기며 글자를 읽으면서 이야기 속으로 빠져들 수 있어.

영상으로 볼 때는 움직이는 모습을 생생하게 볼 수 있고 소리나 음향을 들을 수 있지.
└→ 물체에서 나는 소리와 그 울림.

개념2 글과 그림으로 표현된 매체 읽기

① 글과 그림이 나타나 있는 공익 광고나 만화, 그림책을 볼 때는 글과 그림이 나타내는 뜻을 생각하며 글과 그림을 관련지어 읽습니다.
└→ 여러 사람의 이익을 목적으로 하는 광고.

② 글과 그림을 함께 보면 내용을 더욱 생생하게 이해할 수 있고 어떤 상황인지 더 자세히 알 수 있습니다.

● 공익 광고 보기 예

엄마, 저 풀은 이름이 뭐예요?

땅속에 묻어도 썩지 않는 쓰레기들이 토양을 오염시키고 있습니다. 우리 아이들의 땅을 쓰레기만 자랄 수 있는 땅으로 만드시겠습니까?

➡ 이 광고에서는 비닐봉지 쓰레기를 풀처럼 나타낸 글과 그림을 통해 일회용품 사용을 줄여야 한다는 뜻을 전달하고 있어요.

개념3 자신의 경험을 매체와 연결 지어 표현하기

① 인터넷 누리집에는 학교 누리집, 박물관 누리집 등이 있습니다.
└→ 인터넷의 홈페이지를 나타내는 순우리말.

② 누리집에 게시물을 올릴 때는 전하고자 하는 내용을 글과 그림 등으로 알맞게 표현합니다.
└→ 누리집에 올려진 글이나 그림, 사진 따위의 자료.

● 학급 누리집에 우리 반을 소개하는 게시물을 올리기 예

글	우리 반 친구들이 가장 좋아하는 줄넘기 놀이를 소개합니다.
그림	친구들과 함께 줄넘기 놀이를 재미있게 하는 모습의 그림

1~2 공익 광고

엄마,
저 풀은 이름이 뭐예요?

　땅속에 묻어도 썩지 않는 쓰레기들이 토양을 오염시키고 있습니다. 우리 아이들의 땅을 쓰레기만 자랄 수 있는 땅으로 만드시겠습니까?

1 이 공익 광고를 보며 인상 깊은 점을 알맞게 말한 사람의 이름을 쓰세요.

> 서진: 초록색 비닐봉지가 사자처럼 땅에 묻혀 있는 것 같았어.
> 찬혁: 땅속에 묻어도 썩지 않는 종이컵을 풀의 모습으로 표현한 것이 인상 깊었어.
> 영재: "엄마, 저 풀은 이름이 뭐예요?"라는 문장이 썩지 않는 쓰레기를 풀로 착각한 것 같아서 기억에 남아.

(　　　　　　　　　)

교과서 문제

2 이 공익 광고에서 전하는 뜻으로 가장 알맞은 것은 무엇인가요? (　　　)

① 자연에서 살자.
② 산불을 조심하자.
③ 물을 낭비하지 말자.
④ 일회용품 사용을 줄이자.
⑤ 건강을 위해 운동을 하자.

3~5 만화

3 영준이는 산에서 내려오다가 어떻게 되었나요?
(　　　)

① 싸웠다.　　② 숨었다.　　③ 넘어졌다.
④ 기어갔다.　　⑤ 잠들었다.

서술형·논술형 문제

4 장면 ❸에서 영준이는 어떤 말을 하고 어떤 표정을 지었는지 쓰세요.

_____

_____

5 그림 ❹에서 영준이를 보고 어머니께서 어떤 말씀을 하셨을지 ○표 하세요.

(1) 영준아, 많이 아프니?　　　　　(　　　)
(2) 야호, 내려가는 건 정말 신나!　(　　　)

오염물이 터졌다

- **글쓴이, 그린 이:** 송수혜
- **내용:** 철이는 오염물이 터지는 꿈을 꾸고 나서 물 오염과 낭비를 막으려고 합니다.

[아침 식사 시간]

이제 아침 식사 시간이에요.

철이네 가족은 식탁에 모였어요.

꿈 때문에 마음이 뒤숭숭한 철이는 음식을 남기지 않고 다 먹었어요.

"허허, 철이가 많이 배고팠나 보네. 그런데 영이는 어디 갔지?"

"아이고, 철이야. 왜 그렇게 급하게 먹니? 천천히 먹어라."

[오염물이 생기는 상황]

「– 어어? 영이가 먹다 남긴 우유를 싱크대에 몰래 부어요.

– 아빠는 세탁물을 한 번, 두 번, 헉! 세 번이나 나누어 돌려요.

– 엄마는 샴푸를 왜 이렇게 많이 쓰는 거죠? 거기에다 물을 계속 튼 채로 욕실 청소를 해요!」

「 」: 집에서 오염물이 만들어짐.

"이래서 오염물이 터지게 된 걸까?"

철이의 말

어? 또 무언가가 차오르기 시작해요!

뒤숭숭한 느낌이나 마음이 어수선한.
세탁물 세탁할 옷이나 천 따위. 또는 세탁이 된 옷이나 천 따위.
채 이미 있는 상태 그대로.

🧢 **교과서 문제**

6 아침 식사 시간에 철이의 마음은 어땠나요?
( )

① 아빠, 엄마가 고마웠다.
② 영이가 없어서 허전했다.
③ 오염물이 터져서 기뻤다.
④ 밥을 먹어서 기분이 좋았다.
⑤ 꿈 때문에 마음이 뒤숭숭했다.

7 먹다 남긴 우유를 싱크대에 몰래 부은 사람은 누구인가요? ( )

① 아빠   ② 엄마   ③ 철이
④ 영이   ⑤ 삼촌

8 다음 중에서 이 글의 내용으로 알맞지 <u>않은</u> 것의 번호를 쓰세요.

> ① 아빠는 세탁물을 세 번이나 나누어 돌렸다.
> ② 엄마는 샴푸를 적게 쓰고 물을 계속 튼 채로 욕실 청소를 했다.

( )

📖 **낱말 알기**

9 다음 밑줄 그은 낱말의 뜻으로 알맞은 것을 찾아 선으로 이으세요.

(1) 꿈 때문에 마음이 <u>뒤숭숭한</u> 철이는 • • ① 이미 있는 상태 그대로.

(2) 거기에다 물을 계속 튼 <u>채</u>로 욕실 청소를 해요! • • ② 느낌이나 마음이 어수선한.

→ 오염물이 터짐.

[꿈에서 깬 철이]

"띠리리링!"

"으아악!"
└ 알람이 울리고 철이가 잠에서 깨어남.

"설마 다 꿈이었나?"
└ 오염물이 터지는 꿈

철이는 한쪽 볼을, 아니 양쪽 두 볼을 세게 꼬집어 봐요. → 꿈인지 아닌지 확인해 보려고.

"아야! 또 꿈이었다니……. 말도 안 돼. 정말 생생했는데!"

"안 되겠어! 진짜로 오염물이 터지기 전에 내가 막아야겠어!"

물 오염과 낭비를 막는 철이의 행동이 시작됩니다.
└ 몸을 움직여 동작을 하거나 어떤 일을 함.

생생했는데 바로 눈앞에 보이는 것처럼 또렷했는데.
오염 더럽게 물듦. 또는 더럽게 물들게 함.
낭비 시간이나 재물 따위를 헛되이 헤프게 씀.

10 철이가 양쪽 두 볼을 세게 꼬집은 까닭은 무엇인가요? (   )

① 자꾸 잠이 와서 잠을 깨려고

② 진짜로 오염물이 터졌기 때문에

③ 시계의 알람 소리가 시끄러워서

④ 양쪽 두 볼에 오염물이 묻었기 때문에

⑤ 오염물이 터진 꿈이 사실인지 확인하려고

11 꿈에서 깬 철이는 어떤 행동을 하겠다고 마음 먹었나요? (   )

① 잠을 자는 것

② 꿈을 꾸지 않는 것

③ 오염물을 터뜨리는 것

④ 아빠와 같이 잠을 자는 것

⑤ 물 오염과 낭비를 막는 것

🎓 교과서 문제

12 「오염물이 터졌다」를 읽고 철이에게 하고 싶은 질문으로 알맞은 것에 ○표 하세요.

⑴ 오염물이 터지는 꿈을 꾸었을 때 기분이 어땠니? (   )

⑵ 먹다 남긴 우유를 싱크대에 몰래 버린 이유는 무엇이니? (   )

13 이 그림책을 볼 때에 어떤 점을 생각하며 읽으면 좋을지 알맞게 말한 사람의 이름을 쓰세요.

> 아영: 글만 빠르게 읽으면 내용을 제대로 알 수 있어.
> 동환: 글과 그림을 관련지으며 읽으면 내용을 잘 이해할 수 있지.

(   )

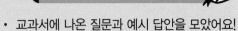

국어 자습서 📖

오염물이 터졌다

• 교과서에 나온 질문과 예시 답안을 모았어요!
• 수업 시간 선생님의 질문에 자신 있게 발표해 보아요!

국어 교과서 나 182쪽

😊 「오염물이 터졌다」를 읽고 물음에 답해 봅시다.

(1) 아침 식사 시간에 철이의 마음은 어땠나요?

예 꿈 때문에 마음이 뒤숭숭했습니다.

(2) 철이가 꾼 꿈에서 영이는 어떤 행동을 했나요?

예 먹다 남긴 우유를 싱크대에 몰래 부었습니다.

(3) 꿈에서 깬 철이는 어떤 행동을 하겠다고 마음먹었나요?

예 물 오염과 낭비를 막겠다고 마음먹었습니다.

😊 「오염물이 터졌다」를 다시 읽고 철이에게 하고 싶은 질문을 생각해 봅시다.

오염물이 터진 꿈을 꾼 철이에게 하고 싶은 질문을 생각해서 말해 볼까요?

예 '오염물이 터지는 꿈을 꾸었을 때 기분이 어땠니?'라는 질문을 하고 싶습니다.

② 자신의 경험을 매체와 연결 지어 표현하기

박물관 누리집

우리가 자주 사용하는 인터넷의 홈페이지를 순우리말로 누리집이라고 해요. 세상을 뜻하는 '누리'와 '집'이 합쳐져 만들어진 말이에요.

6단원

관람 연극, 영화, 운동 경기, 미술품 따위를 구경함.

현황 현재의 상황.

---

14 다음 빈칸에 들어갈 알맞은 말은 무엇인가요?
( )

> 이 누리집은 ☐☐☐ 에 대한 다양한 정보를 보여 주고 있다.

① 학교   ② 소방서   ③ 박물관
④ 우체국   ⑤ 도서관

교과서 문제

15 이 누리집에 표시되어 있지 <u>않은</u> 것은 무엇인가요? ( )

① 관람료   ② 오시는 길
③ 관람 시간   ④ 음식 주문 방법
⑤ 관람 예약 현황

16 인터넷에서 누리집을 찾아본 경험을 말한 내용으로 알맞은 것에 ○표 하세요.

(1) 도서관에서 책을 빌려서 감명 깊게 읽은 적이 있어.   ( )

(2) 도서관 누리집을 찾아보고 도서관의 모습을 본 적이 있어.   ( )

17 학교 누리집의 '학교 소개'에 들어갈 내용으로 알맞지 <u>않은</u> 것의 기호를 쓰세요.

> ㉠ 학교의 교실 배치도
> ㉡ 학교 선생님이 사는 곳
> ㉢ 학교의 위치와 오는 방법

( )

학급 누리집에 게시물 올리기

1 학급 누리집에 우리 반을 소개하는 게시물의 내용을 친구들과 이야기하기 **예**

> 우리 반 친구들이 좋아하는 놀이가 무엇인지 알려 주고 싶어.

> ㉠

> 고운 말을 쓰자고 약속했던 일을 소개해도 좋을 것 같아.

2 **1**에서 정한 주제에 알맞게 게시물에 들어갈 글의 내용을 생각해 보기 **예**

> 우리 반 친구들이 가장 좋아하는 줄넘기 놀이를 소개합니다.

3 **2**에서 정한 글의 내용에 알맞게 게시물에 함께 들어갈 그림을 생각해 보기 **예**

> 친구들과 함께 줄넘기 놀이를 재미있게 하는 모습의 그림

4 학급 누리집에 올릴 내용을 글과 그림으로 표현하기 **예**

> 우리 반 친구들이 가장 좋아하는 줄넘기 놀이를 소개합니다. 친구들과 함께 줄의 끝을 잡고 크게 돌리기도 하고 줄을 뛰어넘기도 합니다. 친구들과 줄넘기 놀이를 즐겁게 할 수 있어서 좋습니다.
>
>

18 ㉠에 들어갈 내용으로 가장 알맞은 것은 무엇인가요? (   )

① 내가 좋아하는 동물을 소개하고 싶어.

② 언니와 놀이터에서 놀았던 일을 말해 주고 싶어.

③ 우리 반에서 참여했던 친구 사랑 행사를 소개하고 싶어.

④ 주말에 가족과 박물관에 갔던 일에 대해 이야기하고 싶어.

⑤ 학교 도서관에 얼마나 많은 책들이 있는지 알려 주고 싶어.

📋 서술형·논술형 문제

19 **1**에서 주제를 다음과 같이 정했을 때 **2**에서 쓸 글의 내용을 떠올려 쓰세요.

> 주제: 우리 반 친구들이 좋아하는 수업

_____

_____

20 **4**에서 만든 게시물을 점검하는 방법으로 알맞은 것끼리 짝 지어진 것은 무엇인가요?

(   )

> ㉠ 다른 사람들이 궁금해할 만한 내용인지 확인한다.
>
> ㉡ 가족을 소개하는 글의 내용이 잘 드러났는지 확인한다.
>
> ㉢ 매체와 매체 자료를 구분하여 설명할 수 있는지 확인한다.
>
> ㉣ 전하려는 내용을 글과 그림을 통해 잘 드러냈는지 확인한다.

① ㉠, ㉡   ② ㉠, ㉢   ③ ㉠, ㉣

④ ㉡, ㉢   ⑤ ㉢, ㉣

교과서 문제

21 누리집에 게시물을 올릴 때의 태도로 바른 것을 모두 찾아 ( ) 안에 ○표 하세요.

(1)

누리집에 게시물을 올리면 여러 사람이 보게 돼.

여러 사람이 관심 있을 만한 내용으로 올리는 게 좋겠어.

( )

(2)

내용만 재미있으면 되니까 고운 말을 사용하지 않아도 돼.

( )

(3)

누리집에 글과 그림을 함께 올릴 때, 글과 그림이 잘 어울리는지 살펴봐야겠어.

( )

(4)

내가 쓴 글이니까 읽는 사람은 신경 쓰지 않아도 돼.

( )

22 다음 공익 광고를 보고 바르게 말하지 <u>못한</u> 사람의 이름을 쓰세요.

바다에서 물고기가 아니라 쓰레기를 낚을 수 있습니다.

세윤: 글이 그림의 내용을 나타내고 있어.
민서: 말하려는 내용을 글과 그림에 담고 있네.
규진: 글과 그림이 관련 없어도 재미있으면 괜찮아.

( )

6
단원

진도 완료
체크

23 다음 빈칸에 들어갈 내용으로 가장 알맞은 것은 무엇인가요? ( )

내가 좋아하는 매체 자료는 만화입니다. 그 이유는

① 여러 사람의 이익을 목적으로 만든 광고이기 때문입니다.
② 글을 제대로 읽기보다는 그림만 재미있게 보면 되기 때문입니다.
③ 매일 일어나는 새로운 소식을 사람들에게 빠르게 전달해 주기 때문입니다.
④ 그림을 보지 않고 제목과 글만 봐도 내용을 정확하게 이해할 수 있기 때문입니다.
⑤ 등장인물들의 표정과 다양한 효과를 통해 작품을 생생하게 즐길 수 있기 때문입니다.

1 다음 뜻을 가진 낱말을 보기 에서 찾아 쓰세요.

> 보기
> 낭비   관람   오염

(1) 더럽게 물듦. 또는 더럽게 물들게 함.

(　　　　　　　　)

(2) 시간이나 재물 따위를 헛되이 헤프게 씀.

(　　　　　　　　)

(3) 연극, 영화, 운동 경기, 미술품 따위를 구경함.

(　　　　　　　　)

- 여기서 시간 **낭비**하지 말고 빨리 집으로 가자.
- 이번 주 일요일에는 야구 경기 **관람**을 할 계획이다.
- 이 지역은 물의 **오염**이 심각한 상태이다.

2 다음 뜻에 알맞은 낱말을 선으로 이으세요.

(1) 낱낱이 검사함. 또는 그런 검사.   •

(2) 현재의 상황.   •

• ㉠ 현황

• ㉡ 점검

📍 **현황**

현황은 현재의 일이 되어 가는 과정이나 상태를 나타내는 말입니다.
- 시내 교통 **현황**을 파악해서 문제를 해결해야 한다.

3 1번과 2번 문제의 낱말 중에서, 다음 첫소리에 알맞은 낱말을 써넣어 문장을 완성하세요.

(1) 그는 돈 [ㄴ][ㅂ] 가 심해서 모은 돈이 없다.

(2) 박물관 [ㄱ][ㄹ] 을 위해서는 예약이 필요하다.

(3) 많은 쓰레기로 인해 환경 [ㅇ][ㅇ] 문제가 심각하다.

(4) 우리 가족은 대청소를 마친 후, 집 안이 제대로 청소되었는지 [ㅈ][ㄱ] 했다.

문장의 내용을 파악한 후 첫소리에 알맞은 낱말이 무엇인지 생각해서 써 보세요.

4 [보기]와 같이 다음 밑줄 그은 말이 가리키는 것을 찾아 ∨표를 하세요.

[보기]

> 선호는 아이들 앞에서 종이비행기를 있는 힘껏 던졌다. 그것은 원을 그리면서 멀리 날아갔다.

㉠ 선호 ☐ ㉡ 아이들 ☐ ㉢ 종이비행기 ∨

(1)

> 나는 책상 서랍 안에서 동화책을 꺼내 들었다. 이것은 아빠께서 나에게 생일 선물로 사 주신 것이었다.

㉠ 아빠 ☐ ㉡ 동화책 ☐ ㉢ 책상 서랍 ☐

(2)

> 저 멀리 숲속 나무 아래에 큰 동물이 보인다. 그런데 아무리 봐도 저것이 무엇인지 정확히 잘 모르겠다.

㉠ 나무 ☐ ㉡ 큰 동물 ☐ ㉢ 모르겠다. ☐

(3)

> 푸른 바다가 보이는 산 위에 빨간 벽돌집이 있다. 저기가 이 동네에서 가장 멋진 집으로 유명하다.

㉠ 이 동네 ☐ ㉡ 푸른 바다 ☐ ㉢ 빨간 벽돌집 ☐

(4)

> 계란말이에 들어갈 채소들을 잘게 다져 그릇에 담습니다. 여기에 달걀을 깨서 넣고 다진 채소들과 잘 섞어 줍니다.

㉠ 계란말이를 담은 그릇 ☐
㉡ 달걀을 깨서 넣은 그릇 ☐
㉢ 잘게 다진 채소들을 넣은 그릇 ☐

가리키는 말 앞에서 말한 대상이나 내용을 알리는 말.

- 이것/여기: 말하는 이에게 가까이 있는 것/곳
- 그것/거기: 듣는 이에게 가까이 있는 것/곳
- 저것/저기: 말하는 이나 듣는 이로부터 멀리 있는 것/곳

> 우리 집 로봇 청소기는 쉬지 않고 일을 한다. 그것은 밤에도 청소를 해서 나의 잠을 깨운다.

→ '로봇 청소기'를 가리키는 말

가리키는 말은 앞에서 이미 이야기하거나 나온 것이기 때문에 가리키는 말이 무엇인지 찾으려면 앞에 나온 내용을 살펴봅니다.

6단원

평가1 쪽지 평가
간단한 문답을 통해 단원 개념과 제재에 대한 이해도를 평가

평가2 단원 평가
다양한 유형의 문제를 통해 단원 학습 성취도와 독해력, 어휘력 등 국어 실력 전반을 평가

6
단원

평가1

쪽지 평가

6 매체를 경험해요

정답 17쪽

1 여러 사람의 이익을 목적으로 하는 광고를 무엇이라고 하는지 ○표 하시오.

(상업 광고 / 공익 광고)

2 만화 속 인물이 산에서 내려오다가 다쳤을 때 어울리는 말은 무엇인지 기호를 쓰시오.

ㄱ "야호, 신난다!" ㄴ "아야, 아파라!"

( )

3 다음과 같이 읽는 매체 자료로 가장 알맞은 것을 보기 에서 찾아 쓰시오.

보기
뉴스   만화   공익 광고

• 글과 그림을 함께 읽는다.
• 말풍선과 그림을 함께 본다.
• 인물의 표정을 보며 어떤 말을 했는지 알아본다.

( )

4 「오염물이 터졌다」에서 오염물이 터지는 꿈을 꾸고 나서 물 오염과 낭비를 막는 행동을 시작하는 사람은 누구인지 쓰시오.

( )

5 박물관 누리집에서 알 수 있는 내용을 찾아 기호를 쓰시오.

ㄱ 박물관의 위치   ㄴ 학교에 오는 방법

( )

6 학급 누리집에 우리 반을 소개하는 게시물을 올릴 때 어울리는 내용으로 알맞은 것에 ○표 하시오.

• (우리 가족 / 우리 반 친구들)이 좋아하는 놀이에 대한 글과 그림

1 우리 주변의 책, 텔레비전, 스마트폰, 컴퓨터와 같은 도구를 뜻하는 말은 무엇입니까?
( )

① 인물 ② 매체 ③ 과목 ④ 주제 ⑤ 차례

2~5 공익 광고

엄마,
저 풀은 이름이 뭐예요?

땅속에 묻어도 썩지 않는 쓰레기들이 토양을 오염시키고 있습니다. 우리 아이들의 땅을 쓰레기만 자랄 수 있는 땅으로 만드시겠습니까?

2 이 공익 광고에 나타난 문장으로 ㉠과 ㉡에 들어갈 말은 무엇입니까? ( )

엄마, 저 (㉠)은 (㉡)이 뭐예요?

	㉠	㉡
①	풀	이름
②	자연	식물
③	아이들	부모님
④	종이컵	일회용품
⑤	쓰레기통	플라스틱

3 이 공익 광고에는 어떤 모습의 그림이 나타나 있습니까? ( )

① 사람들이 허리를 다친 모습
② 산불로 나무가 불에 탄 모습
③ 종이컵이 쓰레기통에 버려진 모습
④ 자연 파괴로 동물들이 멸종된 모습
⑤ 비닐봉지가 식물처럼 땅에 묻혀 있는 모습

4 다음 빈칸에 들어갈 알맞은 말은 무엇입니까?
( )

이 공익 광고는 글과 그림을 통해 '( )'라는 내용을 전달하고 있어.

① 지진에 대비해야 한다.
② 운동을 열심히 해야 한다.
③ 일회용품 사용을 줄여야 한다.
④ 반려견을 제대로 돌보아야 한다.
⑤ 전기를 많이 사용하지 말아야 한다.

🔧 서술형·논술형 문제

5 이 공익 광고에서 어떤 점이 인상 깊었는지 생각해서 쓰시오.

_____

_____

6단원

6~9 만화

6 영준이에게 어떤 일이 일어났습니까? (　　)

① 산에서 아빠와 싸운 일
② 산에서 친구를 만난 일
③ 산에 올라가다가 다친 일
④ 산으로 신나게 올라간 일
⑤ 산에서 내려오다가 넘어진 일

7 장면 ❷와 ❸에 나타난 영준이의 표정은 어떻습니까? (　　)

	장면 ❷	장면 ❸
①	신난 표정	즐거운 표정
②	화난 표정	신난 표정
③	아파하는 표정	화난 표정
④	신난 표정	아파하는 표정
⑤	걱정스러운 표정	아파하는 표정

8 ㉠에 들어갈 어머니의 말로 알맞지 <u>않은</u> 것은 무엇이겠습니까? (　　)

① 영준아, 괜찮니?
② 야호! 신이 난다.
③ 영준아, 많이 아프니?
④ 많이 다쳤을까 봐 걱정이 된다.
⑤ 산에서 조심히 내려가는 것이 좋아.

9 이와 같은 만화를 읽을 때 좋은 점으로 알맞은 것에 ○표 하시오.

(1) 만화에서 글만 읽어도 어떤 상황인지 자세히 알 수 있다.　(　　)
(2) 만화에서 글과 그림을 함께 보면 내용을 더욱 생생하게 이해할 수 있다.　(　　)

10 다음 대화의 빈칸에 들어갈 말로 알맞은 것을 두 가지 골라 기호를 쓰시오.

> 수현: 민준아, 글과 그림이 있는 만화나 그림책을 볼 때는 어떤 점을 생각하며 읽으면 좋을까?
> 민준: 만화나 그림책을 볼 때는
>
> ＿＿＿＿＿＿＿＿＿＿＿＿＿＿
>
> 읽는 것이 좋아.

> ㉠ 글과 그림을 관련지으면서
> ㉡ 그림만 중심으로 살펴보면서
> ㉢ 등장인물의 표정을 보며 어떤 말을 했는지 연관 지으면서

(　　,　　)

11 다음은 어떤 매체를 읽을 때의 느낀 점으로 알맞습니까? (　　　)

> 소정: 종이를 직접 넘기면서 한 글자, 한 글자 읽다 보니 이야기 속으로 빠져들었어.

① 책　　　　② 인터넷　　　③ 컴퓨터
④ 태블릿　　⑤ 스마트폰

13 이 누리집에서 알 수 있는 내용으로 알맞지 않은 것은 무엇입니까? (　　　)

① '오시는 길'이 표시되어 있다.
② 관람 시간은 10:00~17:00이다.
③ 어른보다 어린이의 관람료가 비싸다.
④ '관람 예약'과 '교육 예약'이 나타나 있다.
⑤ '오늘의 관람 예약 현황'에서 1회차는 예약이 마감되었다.

6
단원

12~13 **박물관 누리집**

천재**박물관**

| 소개 | 관람 | 전시 | 교육 | 자료 | 예약 |

관람 예약　교육 예약
• 관람 시간 10:00~17:00
• 관람료 무료
• 오시는 길

오늘의 관람 예약 현황
1회차 10:00~12:00　예약 마감
2회차 13:00~15:00　예약 가능
3회차 15:00~17:00　예약 가능

14 다음 밑줄 그은 누리집에서 확인할 수 있는 내용으로 가장 알맞은 것은 무엇입니까? (　　　)

> 오늘 나는 우리 동네에 있는 <u>소방서 누리집</u>에 들어가서 정보를 찾아보았다.

① 집에서 용돈을 아끼는 방법
② 인터넷 누리집을 만드는 방법
③ 화재가 났을 때 신고하는 방법
④ 학교에서 친구를 잘 사귀는 방법
⑤ 놀이공원에서 놀이기구를 타는 방법

12 이 누리집에 대한 설명으로 알맞은 것끼리 짝지어진 것은 무엇입니까? (　　　)

> ㉠ 박물관 누리집이다.
> ㉡ 관람 정보가 표시되어 있다.
> ㉢ 우체국의 위치가 나와 있다.
> ㉣ 동물원의 모습이 나타나 있다.
> ㉤ 병원에서 하는 일이 소개되고 있다.

① ㉠, ㉡　　② ㉠, ㉣　　③ ㉡, ㉢
④ ㉡, ㉤　　⑤ ㉢, ㉣

15 학교 누리집의 '학교 소개'에 알맞은 내용이 아닌 것은 무엇입니까? (　　　)

① 학교의 위치
② 교가와 교훈
③ 교실 배치도
④ 학교에 오는 방법
⑤ 학생들의 가족 관계

16 다음 중 알맞은 것 두 가지에 ○표 하시오.

(1) 매체와 매체 자료에 흥미와 관심을 가진다.
( )

(2) 모든 매체와 매체 자료를 사용할 수 있어야 한다. ( )

(3) 매체와 매체 자료에 알맞은 내용이 담겨 있는지 생각해 본다. ( )

17~19 학급 누리집에 게시물 올리기

 학급 누리집에 우리 반을 소개하는 게시물의 내용을 친구들과 이야기하기

↓

 ❶에서 정한 주제에 알맞게 게시물에 들어갈 글의 내용을 생각해 보기

↓

❸ ❷에서 정한 글의 내용에 알맞게 게시물에 함께 들어갈 그림을 생각해 보기

↓

❹ 학급 누리집에 올릴 내용을 글과 그림으로 표현하기

---

17 ❶~❹는 학급 누리집에 어떤 내용의 게시물을 올리는 과정이 나타나 있습니까? ( )

① 우리 반을 소개하는 내용
② 우리 집을 알려 주는 내용
③ 우리 가족을 소개하는 내용
④ 우리 동네를 알려 주는 내용
⑤ 우리 학교 누리집을 소개하는 내용

---

18 ❶에서 친구들과 이야기한 것으로 알맞지 <u>않</u>은 것은 무엇입니까? ( )

① 우리 반이 참여했던 학급 행사를 말하고 싶어.
② 우리 반 친구들이 어떤 운동을 잘하는지 소개하고 싶어.
③ 우리 반 친구들이 좋아하는 놀이가 무엇인지 알려 주고 싶어.
④ 우리 반 친구들이 고운 말을 쓰자고 약속했던 일을 소개하고 싶어.
⑤ 우리 반 친구들에게 어제 동생과 집에서 장난감 놀이를 했던 일을 말해 주고 싶어.

---

19 학급 누리집에 올릴 게시물에 대한 점검 사항으로 알맞은 것의 기호를 쓰시오.

> ㉠ 시간을 나타내는 말을 많이 사용했나요?
> ㉡ 전하고자 하는 내용이 글과 그림에 잘 드러났나요?

( )

---

20 다음 ㉠과 ㉡을 바르게 고친 것끼리 짝 지어진 것은 무엇입니까? ( )

> 집에 와서 발을 ㉠깨끄시 ㉡씨섰습니다.

	㉠	㉡
①	깨끗이	씻었습니다
②	깨끗시	씨섯습니다
③	개끗시	시섯습니다
④	개끄시	시서씀니다
⑤	개그시	시서습니다

내 생각은 이래요

7

자신의 생각을 말과 글로 표현하기

단원 핵심 어휘

표현

뜻 생각이나 느낌 등을 말이나 글, 몸짓 따위로 나타냄.

예 나의 생각을 **표현**하였습니다.

개념 1 생각을 표현하는 상황

① 자신의 생각이 드러나게 말을 하거나 글을 쓰는 여러 가지 상황을 생각해 봅니다.

② 상대방의 생각이 무엇인지 찾으며 말을 듣거나, 글을 읽으면 상대방이 이야기하려는 것을 이해하는 데 도움이 됩니다.

● 자신의 생각을 표현하는 상황 떠올리기 예

생각을 표현하는 상황
• 수업 시간에 자신의 생각을 발표하는 상황
• 전시된 친구의 그림에 칭찬하는 글을 붙이는 상황
• 책을 읽고 짝과 이야기 나누는 상황
• 모둠 대화에서 자신의 생각을 말하는 상황

하나의 상황에서도 여러 가지 서로 다른 생각이 나올 수 있습니다.

개념 2 글을 읽고 글쓴이의 생각 찾기

① 글의 제목을 보고 글쓴이의 생각이 무엇일지 생각해 봅니다.

② 글에 나타난 중심 생각이 무엇인지 찾아봅니다.

③ 글쓴이의 생각이 담긴 문장이 무엇인지 구분하며 글을 읽어 봅니다.

● 「아침에 운동장을 달려요」를 읽고 글쓴이의 생각 파악하기

기분이 좋아진다.

더 건강해진다.

개념 3 자신의 생각을 글로 쓰기

① 어떤 상황에 대하여 글을 쓸지 떠올려 봅니다.

② 그에 대한 자신의 생각과 그렇게 생각한 까닭을 정리해 봅니다.

③ 관련된 경험이나 알고 있는 것, 느낌 등을 떠올려 함께 써 봅니다.

떠올린 생각을 글로 쓸 때는 자신의 생각을 잘 나타낼 수 있는 낱말을 사용하는 것이 좋습니다.

● 자신의 생각을 쓰는 글의 내용 정리하기 예

생각	학교 뒤뜰에 상추를 심자.
생각에 대한 까닭	학교 뒤뜰에는 키우기 쉬운 식물을 심는 것이 좋을 것 같다.
관련된 경험	집에서 부모님과 상추를 키워 본 적이 있었는데 시들지 않고 잘 자랐다.
느낌	상추를 키워 나눠 먹으면 즐거운 추억이 될 것 같다.

반려견을 사랑한다면
가족처럼 여기며 키우는 개.

- 글쓴이: 전서효
- 글의 내용: 반려견을 키우며 지켜야 할 에티켓이 있습니다.

가 주변에 반려견을 키우는 친구들이 많다. 반려견과 함께 야외로 나갈 때에는 꼭 지켜야 하는 에티켓이 있다.
집 밖.
여러 사람과 지낼 때의 마음가짐이나 몸가짐.

나 첫째, 반려견의 배설물은 주인이 치워야 한다. 반려견이 산책 중 변을 봤을 때 모르는 척 그냥 가 버리는 사람이 있다. 그러면 그 자리에서 냄새가 나고 다른 사람이 배설물을 밟을 수도 있다. 반려견과 함께 산책할 때에는 반려견의 배설물을 치울 수 있는 비닐봉지와 집게 같은 도구를 챙겨야 한다.

다 둘째, 반려견을 야외로 데리고 나갈 때에는 목줄을 채워야 한다. "우리 개는 사람을 물지 않아요."라고 말하며 당당히 목줄을 풀어놓고 산책시키는 경우를 본 적이 있다. 하지만 개에게 물렸던 경험을 가진 사람이나 개를 무서워하는 어린이들은 개가 가까이 오는 것에 공포를 느낄 수 있다.

반려견을 목줄 없이 풀어놓는 것은 이들에게 위협적인 행동이 될 수 있다.
으르고 겁주는 듯한.

라 셋째, 반려견의 출입이 금지된 곳에는 반려견을 데리고 가지 않아야 한다. 반려견의 짖는 소리나 움직임이 다른 사람에게 방해가 될 수 있는 장소들이 있다. 예를 들어 도서관 같은 곳에서 반려견이 짖게 되면 다른 사람에게 큰 피해를 줄 수 있다.

마 반려견을 진심으로 사랑한다면 자신의 반려견이 다른 사람으로부터 미움을 받거나 공포의 대상이 되지 않도록 해야 하지 않을까? 그것이 반려견의 가족으로서 지켜야 할 '책임'이라고 생각한다. 내 눈에는 예쁘고 착하기만 한 반려견일지라도 다른 사람에게 피해를 줄 수 있다는 것을 항상 생각하고 다른 사람과 내 반려견을 위해 에티켓을 꼭 지키도록 하자.
맡아서 해야 할 일.

1 반려견을 산책시킬 때 비닐봉지와 집게 같은 도구를 챙겨야 하는 까닭에 ○표 하세요.

(1) 반려견의 배설물을 치우기 위해서 (　　　)

(2) 길에 버려진 쓰레기를 줍기 위해서 (　　　)

교과서 문제

2 글쓴이는 왜 야외에서 반려견에게 목줄을 채워야 한다고 하였나요? (　　　)

① 반려견이 도망치기 때문에

② 반려견이 다칠 수 있기 때문에

③ 반려견을 잃어버릴 수 있기 때문에

④ 반려견이 못 들어가는 장소가 있기 때문에

⑤ 반려견을 목줄 없이 풀어놓는 것은 위협적인 행동이 될 수 있기 때문에

3 반려견의 출입이 금지된 곳은 어떤 장소일까요?

• 반려견의 짖는 소리나 [　　　　　　]이 다른 사람에게 방해가 될 수 있는 장소입니다.

4 글을 읽고 알맞게 말한 사람의 이름을 쓰세요.

> 동우: 글쓴이는 반려견과 야외로 나갈 때 지킬 에티켓이 있다고 말하고 있어.
> 수아: 글쓴이의 생각은 반려견을 키우기 전에 충분히 고민해 보아야 한다는 것이야.

(　　　　　　　)

반려견을 사랑한다면

- 교과서에 나온 질문과 예시 답안을 모았어요!
- 수업 시간 선생님의 질문에 자신 있게 발표해 보아요!

국어 교과서 **나** 205~206쪽

7 단원

😊 「반려견을 사랑한다면」을 읽고 글쓴이의 생각을 파악하는 방법을 알아봅시다.

(1) 글의 제목을 보고 글쓴이가 하고 싶은 말이 무엇인지 짐작해 보세요.

㉖ 반려견을 키우는 사람들에게 '에티켓'을 지키자고 말하려는 것 같습니다.

(2) 글 **나**~**마**의 중심 생각을 각각 찾아보세요.

나	반려견의 배설물은 주인이 치워야 한다.
다	반려견을 야외로 데리고 나갈 때에는 목줄을 채워야 한다.
라	㉖ 반려견의 출입이 금지된 곳에는 데리고 가지 않아야 한다.
마	㉖ 다른 사람과 내 반려견을 위해 에티켓을 꼭 지키도록 하자.

😊 「반려견을 사랑한다면」에서 글쓴이의 생각을 파악해 봅시다.

㉖ 반려견을 진심으로 사랑한다면 여러 가지 반려견 에티켓을 꼭 지켜야 한다.

😊 글을 읽으며 글쓴이의 생각을 파악해 봅시다.

글을 읽으면서 글쓴이의 생각을 파악하려면 어떻게 해야 할까요?

㉖ 글에 드러난 중심 생각들을 찾아 모아 봅니다.

아침에 운동장을 달려요

가 안녕하세요? 저는 2학년 3반 이채영이에요. 저는 아침에 다 같이 운동장에서 달리기를 하자는 생각을 전하고 싶어요. 아침에 운동장을 달리면 좋은 점이 많기 때문이에요.

나 첫째, ㉠아침에 운동장을 달리면 기분이 좋아져요. 이른 아침 운동장에는 시원한 공기가 가득해요. 시원한 아침 공기는 스트레스를 사라지게 해 줘요. 운동장을 달릴 때마다 기분이 상쾌해지는 걸 느껴요.

다 둘째, 아침에 운동장을 달리면 더 건강해져요. 아침에 운동장을 달리면 점점 체력이 좋아져요. 그리고 몸무게를 조절하는 데에도 도움이 된답니다. 꾸준히 아침에 운동장을 달리면 점점 더 오래, 더 빠르게 달릴 수 있어요.

라 아침 일찍 운동장을 달리는 것이 처음에는 어려울 수 있어요. 저도 처음에는 귀찮고 힘들다는 생각을 했어요. 하지만 며칠 동안만 꾸준히 실천해 보세요. 아침에 운동장을 달리는 즐거움에 푹 빠지게 될
아침에 운동장을 달리는 즐거움을 느끼는 방법
거예요.

- **글의 내용**: 아침에 운동장을 달리면 좋은 점과 자신의 경험을 이야기하며 아침에 다 같이 운동장에서 달리기를 하자고 말하고 있습니다.

글쓴이는 처음에는 아침에 운동장을 뛰는 것이 귀찮고 힘들었지만 이제 그 즐거움에 푹 빠지게 되었다고 말하고 있습니다.

스트레스 적응하기 어려운 상황에 느끼는 긴장 상태.
체력 육체적 활동을 할 수 있는 몸의 힘.
조절 적당하게 맞추어 나감.
실천 생각한 것을 실제로 행함.

7 단원

---

5 글쓴이의 생각으로 알맞은 것의 번호를 쓰세요.

① 운동장에서 달리는 것은 위험하다.
② 걷는 것보다 달리는 것이 건강에 좋다.
③ 아침에 다 같이 운동장에서 달리기를 하자.

( )

6 글쓴이가 ㉠과 같이 말한 까닭은 무엇인가요?
( )

① 선생님께 칭찬을 들어서.
② 친구와 함께 달릴 수 있어서.
③ 달리기 속도가 점점 빨라져서.
④ 운동장을 오래 이용할 수 있어서.
⑤ 시원한 아침 공기가 스트레스를 사라지게 해 주어서.

7 글 **다**의 중심 생각은 무엇인가요? ( )

① 몸무게를 조절해야 한다.
② 빠르게 달리는 것이 중요하다.
③ 아침에 운동장을 달리면 더 건강해진다.
④ 달리기는 체력을 기르는 데 도움이 된다.
⑤ 아침에 달리는 것이 밤에 달리는 것보다 건강에 좋다.

📝 서술형·논술형 문제

8 글쓴이의 생각에 대한 자신의 생각을 쓰세요.

_____

_____

왜 책임이 필요하죠?

- 글쓴이: 채화영
- 글의 종류: 이야기
- 글의 내용: 규빈이의 반이 학교 뒤뜰을 꾸밀 방법에 대한 생각을 나누고 있습니다.

❶ "여러분, 교실 뒤쪽에 있는 공지 사항 읽어 보았나요?"

많은 사람들에게 널리 알리고자 하는 내용.

"네!"

"교장 선생님께서 학교 뒤뜰을 자유롭게 꾸며 보라고 하셨어요. 자연을 느낄 수 있게 말이에요."

그때 우철이가 손을 번쩍 들었어요.

"고구마 심어도 돼요?"

"물론이지요."

안심한 표정으로 우철이가 씩 웃었어요.

"전 꽃을 심고 싶어요!"

"토마토 심어서 나중에 따 먹어요!"

"상추도 심을래요."

㉠아이들이 너도나도 손을 들고 말했어요.

규빈이는 다혜를 보았어요. 병아리를 키우고 싶다던 다혜가 어쩐 일인지 손을 들지 않았어요.

"㉡학교 뒤뜰을 꾸미는 건 여러분 자유지만, 그에 따른 책임도 져야 해요. 고구마를 심고, 꽃을 심은 뒤 내버려 두면 어떻게 될까요?"

"말라 죽어요."

준수가 대답했어요.

"맞아요. 식물도 생명이에요. 심고서 돌보지 않으면 죽고 말아요."

중심 내용 ❶ 아이들이 학교 뒤뜰에 식물을 심자고 하였습니다.

❷ 그때 규빈이가 번쩍 손을 들었어요.

"선생님! 동물도 키워요."

"동물?"

선생님이 놀라 물으셨어요.

교과서 문제

9 무엇을 정하기 위하여 생각을 나누고 있나요?
( )

① 학교 뒤뜰에 키울 것
② 학교 뒤뜰을 꾸밀 반
③ 공지 사항을 붙일 위치
④ 학교 뒤뜰을 꾸밀 날짜
⑤ 뒤뜰에 식물을 심을 사람

10 ㉠에서 느껴지는 아이들의 마음으로 알맞은 것을 두 가지 고르세요. (,)

① 신나는 마음 ② 부러운 마음
③ 걱정하는 마음 ④ 기대하는 마음
⑤ 부끄러운 마음

11 규빈이는 왜 다혜를 보았나요? ( )

① 다혜가 병아리를 키우고 있어서.
② 다혜가 자신의 생각을 말하지 않아서.
③ 다혜가 병아리를 키우기 싫다고 하여서.
④ 선생님이 병아리는 키우면 안 된다고 하셔서.
⑤ 다른 아이들이 동물은 키우고 싶지 않아 해서.

12 선생님이 ㉡과 같이 말한 까닭은 무엇이겠습니까?

- 식물도 [   ]이므로 심고서 돌보지 않으면 죽기 때문이다.

"규빈이는 어떤 동물을 키우고 싶나요?"
"병아리요!"

규빈이가 키우자고 말한 것

다혜가 깜짝 놀라 규빈이를 쳐다보았어요.
규빈이의 얼굴엔 자신감이 가득했어요.

 선생님
병아리를 키우면 잘 보살펴야 하는데 할 수 있겠니?

 규빈
당연하죠. 할 수 있어요!

 선생님
여러분의 생각은 어때요?

 우철
그럼 강아지 키워요!

 규빈
아니에요. 병아리 키워야 해요. 병아리를 키우면 닭이 되는 과정도 볼 수 있어요. 다른 반 아이들이 우리 반을 부러워할 거예요.

 우철
닭이 되면 알을 낳겠네? 병아리 키워요. 달걀 먹을 수 있잖아요.

 선생님
병아리를 키우는 것은 좋지만 책임지고 보살필 누군가가 필요해요.

 규빈
선생님, 제가 하겠습니다!

 선생님
혼자 하기 어려울 텐데.

 규빈
그럼 돌아가면서 돌볼게요. 매일매일 병아리를 책임지고 보살필 돌보미를 정해서요.

 선생님
좋아요. 여러분을 믿을게요. 잘할 수 있지요?

✏️ 중심 내용 2 규빈이네 반은 학교 뒤뜰에서 병아리를 키우기로 결정했습니다.

7 단원

진도 완료 체크

---

13 규빈이가 말한 병아리를 키워야 하는 까닭에 ○표 하세요.

(1) 다혜가 병아리를 키우고 싶어 한다.
( )

(2) 병아리가 자라며 닭이 되는 과정을 볼 수 있다.
( )

14 다음은 누가 말한 생각인지 글에서 찾아 쓰세요.

(1) 매일매일 병아리를 책임지고 보살필 돌보미를 정하면 된다. ( )

(2) 병아리를 키우는 것은 좋지만 책임지고 보살필 사람이 필요하다. ( )

🎓 교과서 문제

15 보기 에서 다음 빈칸에 알맞은 것을 골라 쓰세요.

보기

생각	느낌
생각에 대한 까닭	경험이나 알고 있는 것

ⓐ뒤뜰에서 병아리를 키웁시다. ⓑ왜냐하면 병아리를 직접 키우면서 책임감을 기를 수 있기 때문입니다. ⓒ병아리는 연약해서 잘 보살펴 주어야 한다는 것을 책에서 보았습니다. ⓓ우리 반 친구들이 노력해서 병아리가 건강하게 자란다면 정말 뿌듯할 것 같습니다.

(1) ㉠: ( )
(2) ㉡: ( )
(3) ㉢: ( )
(4) ㉣: ( )

7 단원

16~18

민서: '문을 잘 닫고 다니자'는 학급 규칙을 만들자. 너희가 문을 잘 안 닫고 다녀서 매번 문 앞에 앉은 친구가 문을 닫아야 하잖아.

효은: '문을 잘 닫고 다니자'는 학급 규칙을 만듭시다. 문을 닫지 않고 다니면 문 앞에 앉은 학생이 매번 문을 닫아야 해서 불편할 수 있기 때문입니다.

진수: '문을 잘 닫고 다니자'는 학급 규칙을 만듭시다. 문을 잘 닫지 않고 다니는 친구들 때문에 짜증이 나기 때문입니다.

16 무엇에 관한 생각을 표현하였나요? (　　)

① 문이 고장 난 것
② 문을 열어 둔 채 다니는 것
③ 큰 소리가 나게 문을 닫는 것
④ 친구들이 앞자리에 앉기 싫어하는 것
⑤ 학급 규칙을 어기는 친구들이 많은 것

17 상대방을 존중하며 자신의 생각을 바르게 표현한 사람의 이름을 쓰세요.

(　　　　　　)

18 자신의 생각을 표현할 때 알맞은 점에 ○표 하세요.

(1) 명령하는 말로 쓴다. (　　)
(2) 생각에 대한 까닭을 함께 든다. (　　)

19 자신의 생각을 표현하는 글을 쓰는 방법으로 알맞지 않은 것의 기호를 쓰세요.

㉠ 경험이나 알고 있는 것을 활용해야 한다.
㉡ 자신만 이해할 수 있도록 글을 써야 한다.
㉢ 자신의 생각을 잘 나타낼 수 있는 낱말을 사용해야 한다.

(　　　　　　)

🗂️ 서술형·논술형 문제

20 그림을 보고 떠올린 자신의 생각을 그 까닭과 함께 쓰세요.

_____

_____

21 자신의 생각을 글로 나타내면 좋은 점을 두 가지 골라 기호를 쓰세요.

㉠ 자신의 생각을 빠르게 나타낼 수 있다.
㉡ 자신의 생각만 옳다고 강조할 수 있다.
㉢ 자신의 생각을 정리해서 나타낼 수 있다.
㉣ 자신의 생각을 더 자세히 나타낼 수 있다.

(　　　，　　　)

정리하기

22~24

> 우리 교실에서 다육 식물을 키우면 좋겠습니다. 왜냐하면 다육 식물은 키우기가 쉽기 때문이에요. 예전에 집에서 다육 식물을 키웠는데 물을 많이 주지 않아도 잘 자라서 돌보는 일이 어렵지 않았어요. 그리고 다육 식물은 정말 귀엽게 생겨서 우리 교실의 분위기를 더 밝게 만들어 줄 거예요.

잎이나 줄기 속에 많은 수분을 가지고 있는 식물.

22 글쓴이의 생각으로 알맞은 것은 무엇인가요?
(　　　)

① 식물은 키우기 쉽다.
② 교실에서 다육 식물을 키우자.
③ 다육 식물을 키울 사람을 정하자.
④ 교실에서 다양한 식물을 키우자.
⑤ 다육 식물은 교실에서 가장 잘 자란다.

23 글쓴이가 **22**번의 답과 같이 생각한 까닭은 무엇인지 기호를 쓰세요.

> ㉠ 다육 식물은 키우기가 쉽기 때문이다.
> ㉡ 다육 식물이 학교 화단에 많기 때문이다.
> ㉢ 다육 식물을 좋아하는 친구들이 많기 때문이다.

(　　　)

24 글쓴이는 교실에서 다육 식물을 키우면 어떻게 될 것이라고 생각했나요? (　　　)

① 공기가 맑아질 것이다.
② 다육 식물이 크게 자랄 것이다.
③ 교실 분위기가 밝아질 것이다.
④ 친구들이 식물을 잘 키우게 될 것이다.
⑤ 다른 반도 다육 식물을 키우게 될 것이다.

25 자신의 생각을 나타내는 문장이 <u>아닌</u> 것은 무엇인가요? (　　　)

① 지금 다섯 시야.
② 물을 낭비하지 말자.
③ 우리 집에 가서 놀자.
④ 놀이할 때 규칙을 지키자.
⑤ 우리 소중한 자연 유산을 지키자.

26 자신의 생각을 이야기한 사람의 이름을 쓰세요.

> 형준: 이 아이스크림은 오백 원이야.
> 민주: 점심시간에 운동장에서 축구하는 건 어때?

(　　　)

기초 다지기

27 보기 와 같이 낱말을 바르게 읽은 것에 ○표 하세요.

보기	
맑네	① [망네] (　○　)
	② [말네] (　　)

(1)	괜찮아	① [괜차나] (　　)
		② [갠차나] (　　)

(2)	숲이	① [숲비] (　　)
		② [수피] (　　)

1 다음 뜻을 가진 낱말을 보기에서 찾아 쓰세요.

보기
> 야외   에티켓   반려견

(1) 가족처럼 여기며 키우는 개.   (   )

(2) 여러 사람과 지낼 때의 마음가짐이나 몸가짐.
                                          (   )

(3) 집 밖, 또는 사방과 위아래가 가려지지 않은 곳.
                                          (   )

- 주말에는 **야외**로 나들이를 가기로 했습니다.
- 영화관에서 큰 소리로 떠드는 것은 **에티켓**에 어긋납니다.
- **반려견**과 외출할 때는 다른 사람에게 피해를 주지 않도록 조심해야 합니다.

2 다음 뜻에 알맞은 낱말을 선으로 이으세요.

(1) ┃ 맡아서 해야 할 일. ┃ •   • ① ┃ 실천 ┃

(2) ┃ 생각한 것을 실제로 함. ┃ •   • ② ┃ 책임 ┃

📍 **책임**
책임은 '어떤 일의 결과에 대하여 지는 의무.'라는 뜻도 가지고 있습니다.

📍 **실천**
실천은 '계획을 실천에 옮기다.' 등과 같이 쓰입니다.

3 1번과 2번 문제에 나온 낱말 중에서, 다음 첫소리에 알맞은 낱말을 써넣어 문장을 완성하세요.

(1) [ㅇ][ㅇ] 에 꽃이 피어 있었습니다.

(2) 환경 보호를 [ㅅ][ㅊ] 해야 합니다.

(3) [ㅂ][ㄹ][ㄱ] 을 키우는 사람이 많아졌습니다.

(4) 다른 사람에게 [ㅊ][ㅇ] 을 떠넘기면 안 됩니다.

(5) 여러 사람이 모인 장소에서는 [ㅇ][ㅌ][ㅋ] 을 지켜야 합니다.

사람이 가족처럼 여기며 키우는 고양이는 '반려묘'라고 합니다.

생각을 표현한 글

✏️ 글쓴이의 생각 찾기

4 보기와 같이 중심 생각을 나타내는 문장에 밑줄을 그으세요.

> 보기
>
> 공원에 쓰레기를 함부로 버리면 안 됩니다. 공원이 지저분해지기 때문입니다.

(1)
음식물 쓰레기가 생기면 환경이 오염될 수 있다고 합니다. 그러므로 급식을 먹을 만큼만 받아야 합니다.

(2)
일찍 자는 습관을 길러야 합니다. 늦게 잠자리에 들면 늦잠을 자서 지각을 할 수 있기 때문입니다.

(3)
친구에게 나쁜 말을 듣고 기분이 상해 싸운 적이 있습니다. 친구에게는 고운 말을 사용하는 것이 좋습니다.

글에서 글쓴이의 생각이 드러난 문장과 경험이나 알고 있는 것 등이 담긴 문장을 구분하며 읽어 봅니다.

✏️ 생각에 알맞은 까닭 찾기

5 다음 생각에 대한 까닭으로 알맞은 것에 ○표 하세요.

(1)
아침에 책을 읽는 시간을 가집시다.

① 아침에 재미있는 책이 더 많기 때문입니다.

( )

② 꾸준히 독서를 하면 글을 이해하는 능력을 기를 수 있기 때문입니다.

( )

(2)
수업 중에 떠들지 맙시다.

① 선생님의 말씀이 잘 들리지 않기 때문입니다.

( )

② 친구들 앞에서 발표할 때는 바른 자세로 말해야 하기 때문입니다.

( )

생각을 나타내는 글을 쓸 때는 생각에 알맞은 까닭을 써야 합니다. 까닭이 생각과 관련이 없거나 잘못된 내용이라면 생각을 충분히 설명할 수 없습니다.

평가 1 쪽지 평가
간단한 문답을 통해 단원 개념과 제재에 대한 이해도를 평가

평가 2 단원 평가
다양한 유형의 문제를 통해 단원 학습 성취도와 독해력, 어휘력 등 국어 실력 전반을 평가

7 단원

평가 1

쪽지 평가

7 내 생각은 이래요

정답 20쪽

1 생각을 표현하는 글을 쓸 때 떠올려야 할 점으로 알맞은 것의 기호를 쓰시오.

> ㉠ 아무도 하지 않는 생각인가?
> ㉡ 생각과 관련된 경험이 있는가?
> ㉢ 나와 같은 생각을 하는 친구는 누구인가?

( )

2 생각을 표현하는 글에 들어가야 하는 내용에 ○표 하시오.

(1) 생각에 대한 까닭 ( )

(2) 생각을 떠올린 장소 ( )

3 「반려견을 사랑한다면」을 읽고 알맞게 말한 사람의 이름을 쓰시오.

> 서형: 야외에서는 반려견의 배설물을 치울 도구를 챙겨야 해.
> 가연: 반려견을 데리고 나갈 때는 반려견의 간식을 챙겨야 해.

( )

4 「반려견을 사랑한다면」을 읽고 쓴 글입니다. 보기 에서 알맞은 말을 골라 글을 완성하시오.

> 보기
>
> 미움   에티켓

> 반려견을 야외에 데리고 나갈 때 지켜야 할 일이 있다는 것을 알게 되었다. 내 반려견이 다른 사람에게 (1) ☐ 을 받지 않도록 반려견 (2) ☐ 을 열심히 지켜야겠다.

5 「아침에 운동장을 달려요」에서 글쓴이는 꾸준히 운동장을 달리면 어떻게 된다고 하였는지 알맞은 것에 ○표 하시오.

(1) 다른 운동을 더 잘할 수 있게 된다. ( )

(2) 점점 더 오래, 더 빠르게 달릴 수 있게 된다. ( )

6 「왜 책임이 필요하죠?」에서 알 수 있는 규빈이가 키우자고 한 것에 ○표 하세요.

(1) 강아지 ( )

(2) 병아리 ( )

1~5 반려견을 사랑한다면

가 첫째, 반려견의 배설물은 주인이 치워야 한다. 반려견이 산책 중 변을 봤을 때 모르는 척 그냥 가 버리는 사람이 있다. 그러면 그 자리에서 냄새가 나고 다른 사람이 배설물을 밟을 수도 있다. 반려견과 함께 산책할 때에는 반려견의 배설물을 치울 수 있는 비닐봉지와 집게 같은 도구를 챙겨야 한다.

나 둘째, 반려견을 야외로 데리고 나갈 때에는 목줄을 채워야 한다. "우리 개는 사람을 물지 않아요."라고 말하며 당당히 목줄을 풀어놓고 산책시키는 경우를 본 적이 있다. 하지만 개에게 물렸던 경험을 가진 사람이나 개를 무서워하는 어린이들은 개가 가까이 오는 것에 공포를 느낄 수 있다. 반려견을 목줄 없이 풀어놓는 것은 이들에게 위협적인 행동이 될 수 있다.

다 셋째, ㉠반려견의 출입이 금지된 곳에는 반려견을 데리고 가지 않아야 한다. 반려견의 짖는 소리나 움직임이 다른 사람에게 방해가 될 수 있는 장소들이 있다. 예를 들어 도서관 같은 곳에서 반려견이 짖게 되면 다른 사람에게 큰 피해를 줄 수 있다.

라 반려견을 진심으로 사랑한다면 자신의 반려견이 다른 사람으로부터 미움을 받거나 공포의 대상이 되지 않도록 해야 하지 않을까? 그것이 반려견 가족으로서 지켜야 할 '책임'이라고 생각한다. 내 눈에는 예쁘고 착하기만 한 반려견일지라도 다른 사람에게 피해를 줄 수 있다는 것을 항상 생각하고 다른 사람과 내 반려견을 위해 에티켓을 꼭 지키도록 하자.

1 글쓴이는 반려견의 배설물을 누가 치워야 한다고 했습니까? ( )

① 반려견　　　　　② 자원봉사자
③ 반려견 주인　　　④ 근처 가게 주인
⑤ 배설물을 발견한 사람

2 반려견을 야외로 데리고 나갈 때는 어떻게 해야 한다고 하였습니까?

• 반려견을 야외로 데리고 나갈 때에는

　□□□을 채워야 한다.

3 ㉠의 까닭으로 말한 것에 ○표 하시오.

(1) 사람들이 반려견을 좋아해서　　( )
(2) 사람들이 반려견을 무서워해서　( )
(3) 반려견이 다른 사람에게 방해가 될 수 있는 장소가 있어서　　　　　　( )

4 글 **라** 에 드러난 글쓴이의 생각으로 알맞은 것은 무엇입니까? ( )

① 반려견은 예쁘지 않다.
② 반려견을 미워하는 사람은 없다.
③ 반려견은 사람에게 피해만 준다.
④ 반려견 가족으로서 에티켓을 지키자.
⑤ 다른 사람의 반려견도 진심으로 사랑해야 한다.

서술형·논술형 문제

5 글쓴이의 생각에 대한 나의 생각을 쓰시오.

_____

_____

6~10 아침에 운동장을 달려요

가 안녕하세요? 저는 2학년 3반 이채영이에요. 저는 아침에 다 같이 운동장에서 달리기를 하자는 생각을 전하고 싶어요. 아침에 운동장을 달리면 좋은 점이 많기 때문이에요.

나 첫째, 아침에 운동장을 달리면 기분이 좋아져요. 이른 아침 운동장에는 시원한 공기가 가득해요. 시원한 아침 공기는 스트레스를 사라지게 해 줘요. 운동장을 달릴 때마다 기분이 상쾌해지는 걸 느껴요.

다 둘째, 아침에 운동장을 달리면 더 건강해져요. 아침에 운동장을 달리면 점점 체력이 좋아져요. 그리고 몸무게를 조절하는 데에도 도움이 된답니다. 꾸준히 아침에 운동장을 달리면 점점 더 오래, 더 빠르게 달릴 수 있어요.

라 아침 일찍 운동장을 달리는 것이 처음에는 어려울 수 있어요. 저도 처음에는 귀찮고 힘들다는 생각을 했어요. 하지만 며칠 동안만 꾸준히 실천해 보세요. 아침에 운동장을 달리는 즐거움에 푹 빠지게 될 거예요.

6 글쓴이가 이 글을 쓴 까닭으로 알맞은 것에 ○표 하시오.

(1) 자신의 생각을 표현하려고 (   )

(2) 자신이 들은 것을 알려 주려고 (   )

7 글쓴이가 아침에 운동장을 달리자고 말한 까닭을 두 가지 고르시오. (,   )

① 더 건강해진다.

② 기분이 좋아진다.

③ 더 적게 달려도 된다.

④ 지각하지 않을 수 있다.

⑤ 새 친구를 사귈 수 있다.

8 아침에 운동장을 달리면 어떻게 된다고 하였습니까? (   )

① 키가 자란다.

② 체력이 좋아진다.

③ 몸무게가 늘어난다.

④ 감기에 걸리지 않게 된다.

⑤ 저녁에도 운동장을 달리게 된다.

9 글쓴이가 말한 아침에 운동장을 달리는 즐거움을 느끼는 방법으로 알맞은 것의 기호를 쓰시오.

㉠ 며칠 동안 꾸준히 실천한다.
㉡ 힘들면 며칠 쉬었다가 달린다.
㉢ 친구들보다 먼저 나와서 달린다.

(   )

10 글쓴이의 생각에 대한 자신의 생각을 알맞게 말한 사람의 이름을 쓰시오.

승민: 내가 좋아하는 운동을 할 수 있기 때문에 놀이 시간이 좋아.
재은: 혼자 달리는 것보다 친구들과 함께 달리는 것이 더 즐겁고 좋을 것 같아.

(   )

가 "여러분, 교실 뒤쪽에 있는 공지 사항 읽어 보았나요?"

"네!"

"교장 선생님께서 학교 뒤뜰을 자유롭게 꾸며 보라고 하셨어요. 자연을 느낄 수 있게 말이에요."

나 "전 꽃을 심고 싶어요!"

"토마토 심어서 나중에 따 먹어요!"

"상추도 심을래요."

아이들이 너도나도 손을 들고 말했어요. 규빈이는 다혜를 보았어요. 병아리를 키우고 싶다던 다혜가 어쩐 일인지 손을 들지 않았어요.

"학교 뒤뜰을 꾸미는 건 여러분 자유지만, 그에 따른 책임도 져야 해요. 고구마를 심고, 꽃을 심은 뒤 내버려 두면 어떻게 될까요?"

"말라 죽어요."

준수가 대답했어요.

"맞아요. 식물도 생명이에요. 심고서 돌보지 않으면 죽고 말아요."

그때 규빈이가 번쩍 손을 들었어요.

"선생님, 동물도 키워요."

"동물?"

선생님이 놀라 물으셨어요.

"규빈이는 어떤 동물을 키우고 싶나요?"

"병아리요!"

㉠다혜가 깜짝 놀라 규빈이를 쳐다보았어요.

11 교실 뒤쪽 공지 사항에 쓰여 있는 내용은 무엇이겠습니까?

• 자연을 느낄 수 있게 학교 ☐ 을 꾸며 보세요.

12 선생님의 생각으로 알맞은 것은 무엇입니까?

( )

① 모두 함께 식물을 심고 돌보아야 한다.

② 학교 뒤뜰에는 먹을 것을 심으면 안 된다.

③ 학교 뒤뜰에는 고구마와 꽃을 심어야 한다.

④ 식물을 심은 뒤에는 책임지고 돌보아야 한다.

⑤ 고구마나 꽃을 심으면 내버려 두어야 한다.

13 선생님이 12번 답처럼 생각한 까닭은 무엇이겠습니까? ( )

① 선생님이 식물을 싫어하기 때문이다.

② 학교 뒤뜰에서는 동물만 키울 수 있기 때문이다.

③ 식물을 키우고 싶지 않은 아이가 많기 때문이다.

④ 식물도 생명이므로 돌보지 않으면 죽기 때문이다.

⑤ 식물을 보살피지 않으면 교장 선생님에게 혼나기 때문이다.

14 ㉠의 까닭으로 알맞은 것의 번호를 쓰시오.

> ① 규빈이는 병아리를 싫어해서.
> ② 선생님이 동물을 키우면 안 된다고 하셔서.
> ③ 다혜는 전부터 병아리를 키우고 싶었기 때문에.

( )

서술형·논술형 문제

15 학교 뒤뜰을 어떻게 꾸미면 좋을지 자신의 생각과 그렇게 생각한 까닭을 쓰시오.

_____

_____

 단원 **평가**

7
단원

진도 완료
체크

16~19 왜 책임이 필요하죠?

"선생님! 동물도 키워요." / "동물?"
선생님이 놀라 물으셨어요.
"규빈이는 어떤 동물을 키우고 싶나요?"
"병아리요!"
다혜가 깜짝 놀라 규빈이를 쳐다보았어요.
규빈이의 얼굴엔 자신감이 가득했어요.
선생님: 병아리를 키우면 잘 보살펴야 하는
데 할 수 있겠니?
규빈: 당연하죠. 할 수 있어요!
선생님: 여러분의 생각은 어때요?
우철: 그럼 강아지 키워요!
규빈: 아니에요. 병아리 키워야 해요. 병아리
를 키우면 닭이 되는 과정도 볼 수 있어요.
다른 반 아이들이 우리 반을 부러워할 거
예요.
우철: 닭이 되면 알을 낳겠네? 병아리 키워
요. 달걀 먹을 수 있잖아요.
선생님: 병아리를 키우는 것은 좋지만 책임
지고 보살필 누군가가 필요해요.
규빈: 선생님, 제가 하겠습니다!
선생님: ㉠혼자 하기 어려울 텐데.
규빈: 그럼 돌아가면서 돌볼게요. 매일매일
병아리를 책임지고 보살필 돌보미를 정해
서요.

16 규빈이의 얼굴에 자신감이 가득했던 까닭은
무엇이겠습니까? (　　　)

① 전에 병아리를 키워 보아서
② 선생님께서 병아리를 좋아하셔서
③ 병아리는 돌보지 않아도 잘 자라서
④ 아이들이 가장 좋아하는 동물이 병아리여서
⑤ 병아리를 잘 보살필 수 있을 것이라고 생각
　해서

17 우철이가 병아리를 키우자고 말한 까닭은 무
엇입니까? (　　　)

① 병아리를 좋아해서
② 강아지보다 귀여워서
③ 닭이 되는 과정을 볼 수 있어서
④ 닭이 되면 달걀을 낳을 것이라서
⑤ 다른 반 친구들이 부러워할 것이라서

18 ㉠에 대한 규빈이의 대답에 ○표 하시오.

⑴ 돌아가면서 병아리를 돌보겠다.　(　　　)
⑵ 병아리를 집에 데려가서 돌보겠다.(　　　)
⑶ 병아리를 키워 본 친구의 도움을 받겠다.

(　　　)

19 글을 읽고 알맞게 말한 사람의 이름을 쓰시오.

> 정민: 선생님께서는 병아리를 키우는 데도 책
> 임이 필요하다고 생각하셨을 거야.
> 혜영: 선생님께서는 식물은 잘 죽기 때문에 동
> 물을 키우는 것이 더 좋다고 생각하시는 것
> 같아.

(　　　　　　　)

20 친구의 생각에 대한 자신의 생각을 글로 쓰는
방법으로 알맞은 것의 번호를 쓰시오.

> ① 친구의 마음을 생각하며 쓴다.
> ② 친구의 생각에 궁금한 점은 쓰지 않는다.
> ③ 자신의 생각보다는 친구의 생각이 잘 드러
> 나게 쓴다.

(　　　　　　　)

나도 작가

8

자신의 경험을 바탕으로 시나 이야기 창작하기

단원 핵심 어휘

창작

뜻 처음으로 지어냄.

예 즐거운 경험을 떠올리며 노랫말을 창작하였습니다.

개념 1 경험이 드러난 시 읽기

① 시를 읽고 무엇에 대하여 썼는지 생각해 봅니다.

② 시에서 말하는 사람이 어떤 경험을 했는지 정리해 봅니다.

③ 비슷한 경험을 떠올려 쓴 다른 시를 읽으며 두 시를 비교해 봅니다.

④ 비슷한 경험을 가지고 시를 쓰더라도 서로 다른 내용이 나올 수 있습니다.

「눈 내린 등굣길」을 읽고 말하는 사람의 경험 떠올리기 예

학생이 학교로 가는 길

씰룩씰룩
궁둥이 흔들며 걷는 우린
한 줄로 선 살찐 오리들

뒤뚱뒤뚱 바쁜 걸음으로
교문 들어서면
눈 쌓인 운동장은
널따란 호수

시에서 말하는 사람은 쌓인 눈을 밟으며 친구들과 학교에 갔던 일을 이야기하고 있어.

개념 2 자신의 경험을 떠올리며 노랫말 바꾸어 쓰기

① 노래로 쓰고 싶은 경험에 대하여 떠올려 봅니다.

② 노래로 쓸 경험에 대한 자신의 생각과 느낌을 정리해 봅니다.

③ 노래에 어울리는 말을 사용하여 노랫말을 바꾸어 써 봅니다.

노랫말을 바꾸어 쓸 경험 떠올리기 예

• 떠올린 경험: 작년 겨울 눈이 오던 날 눈사람을 만든 일
• 느낌: 손이 시려웠지만 눈사람을 만드는 것이 정말 재미있었다.

개념 3 이어질 이야기 상상하기

① 이야기에 등장하는 인물의 성격이 어떠한지 파악해 봅니다.

② 이야기에서 일어난 일을 살펴보고 일의 차례를 정리해 봅니다.

③ 일어난 일을 생각하며 인물의 성격에 맞게 이어질 이야기를 상상해 봅니다.

「빈집에 온 손님」에서 일이 일어난 차례

❶ 하늘이 어둑해지자 금방울이 동생들을 찾기 시작했다. ➡ ❷ 금방울이 집에서 동생들을 만났다.

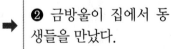

❸ 낯선 손님이 문을 두드렸지만 금방울은 문을 열어 주지 않았다. ➡ ❹ 금방울이 작은방울을 업고 자장가를 불러 주었다.

눈 내린 등굣길

- 글쓴이: 곽해룡
- 글의 종류: 시
- 시의 내용: 눈이 내린 길을 걸어 학교에 가는 모습을 재미있게 표현하였습니다.

꽥!

　꽥! ⊙

꽥!

　꽥!

쌓인 눈을 밟을 때마다
오리 우는 소리가 난다

뚱뚱하게 옷 껴입고
앞서가는 친구들도
꽥!

　꽥!
뒤따라오는 친구들도
꽥!

　꽥!

씰룩씰룩
궁둥이 흔들며 걷는 우린
한 줄로 선 살찐 오리들
'우리'와 닮은 것

뒤뚱뒤뚱 바쁜 걸음으로
교문 들어서면
눈 쌓인 운동장은
널따란 호수
'운동장'과 비슷해 보이는 것

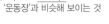

---

1 ⊙은 무엇을 표현한 소리일까요? (　　　)

① 눈이 쌓이는 소리
② 쌓인 눈을 밟는 소리
③ 친구들이 떠드는 소리
④ 오리가 걸어가는 소리
⑤ 쌓인 눈을 치우는 소리

2 '우리'를 '오리들'이라고 표현한 까닭은 무엇인 가요? (　　　)

① 학교에서 오리를 키워서
② '우리'가 오리를 좋아해서
③ '우리'도 오리처럼 눈을 좋아해서
④ '우리'의 옷 색깔이 오리와 비슷해서
⑤ 궁둥이를 흔들며 걷는 모습이 오리와 닮아서

🎩 교과서 문제

3 이 시와 다음 노랫말 「눈 온 아침」의 같거나 다른 점을 알맞게 말한 사람의 이름을 쓰세요.

> 눈 온 아침
>
> 밤사이 눈이 내려 새하얀 들길
> 그 누가 이 길 따라 어디로 갔나
> 눈 위에 나란히 예쁜 발자국
> 예쁜 발자국 이른 아침 그 누가 어딜 갔을까

> 성준: 「눈 온 아침」과 「눈 내린 등굣길」 모두 눈 길을 걸어가는 사람을 본 경험을 표현했어.
> 윤서: 「눈 내린 등굣길」은 발자국처럼 시 모양 을 꾸몄어. 「눈 온 아침」 시 모양을 꾸미 지는 않았지만 눈 덮인 아침 풍경이 드러나 있어.

(　　　　　　　　)

8
단원

함께 걸어 좋은 길

• 작사: 이경애
• 글의 종류: 노랫말
• 글의 특징: '너'와 함께 학교와 집을 오고 간 일을 이야기하며 그때의 기분에 대해 쓴 노랫말입니다.

㉠문구점을 지나고 장난감집 지나서
학교 가는 길 너랑 함께 가서 좋은 길

놀이터를 지나고 떡볶이집 지나서
집에 오는 길 너랑 함께 와서 좋은 길

도란도란 이야기하며 손잡고 가는 길
'나'와 '너'가 길을 걸으며 하는 일
너랑 함께 걸어서 너무너무 좋은 길

정답게 학교를 오고 가는 모습이 떠오르는 노랫말입니다.

도란도란 여러 사람이 크지 않은 목소리로 정답게 이야기하는 소리나 모양.

---

4 어떤 경험을 표현한 노랫말인가요?

• '너'와 함께 [   ]와 집을 오고 간 일을 표현한 노랫말입니다.

🎓 교과서 문제

5 '나'가 학교 가는 길을 '좋은 길'이라고 표현한 까닭은 무엇인가요? (   )

① 가게가 많은 길이어서
② '너'가 좋아하는 길이어서
③ '너'와 함께 걷는 길이어서
④ 학교에 가는 것이 즐거워서
⑤ 좋아하는 사람들이 사는 길이어서

6 보기를 ㉠처럼 노랫말로 바꾸어 썼을 때, 알맞게 말한 것에 ○표 하세요.

보기
경험: 오늘 친한 친구와 학교에 같이 갔다. 가는 길에 문구점도 보이고 장난감집도 지났다. 날마다 가는 길인데도 친구랑 함께 이야기하면서 가니까 특별하게 느껴졌다.

(1) 비슷한 표현이 반복되었다. (   )
(2) 빠진 내용이 없도록 자세히 썼다. (   )

📋 서술형·논술형 문제

7 '나'처럼 누군가와 함께 걸었던 자신의 경험을 떠올려 쓰세요.

_____

빈집에 온 손님

• 글쓴이: 황선미   • 글의 종류: 이야기
• 글의 내용: 비가 오는 어느 날, 금방울의 집에 손님이 찾아옵니다.

❶ 하늘이 어둑해지면서 강 쪽에서 거센 바람이 불어 왔습니다. 풍뎅이를 따라다니던 금방울은 주변을 둘러보았습니다. 동생들이 보이지 않았습니다. 빈집 앞에서 놀고 있었는데.

엄마 아빠 말씀이 생각났습니다. 할머니 댁에 가실 때 하신 말씀입니다.

"동생들을 잘 돌봐라. 감기 들지 않게 담요도 덮어 주고. 낯선 손님에게는 함부로 문을 열어 줘도 안 돼요."

비가 쏟아지기 시작했습니다.

"동생들은 빈집으로 들어가 있을 거야!"

금방울은 빈집으로 달렸습니다. 빈집은 낚시꾼의 오두막이지만 낚시꾼이 없을 때는 여우 남매의 놀이터입니다.

_{금방울, 은방울, 작은방울}

✎ **중심 내용 ❶** 하늘이 어둑해지자 금방울이 동생들을 찾기 시작했습니다.

❷ 금방울은 흠뻑 젖은 채 빈집에 도착했습니다. 그러나 동생들은 보이지 않았습니다.

"설마 무슨 일이……."
_{동생들이 걱정됨.}

금방울은 언덕에 있는 집으로 허겁지겁 달려갔습니다. 가슴이 두근거렸습니다. 금방울은 문을 벌컥 열었습니다.

아! 은방울과 작은방울이 난롯가에서 몸을 말리고 있었습니다.

"무서워 죽는 줄 알았어. 빈집에서 언니 오기만 기다렸는데!"

은방울은 투덜댔지만 ㉠금방울은 밝게 웃었습니다. 마음이 놓였습니다.
_{금방울의 마음을 알 수 있음.}

✎ **중심 내용 ❷** 금방울이 집에서 동생들을 만났습니다.

어둑해지면서 제법 어두워지면서.
낯선 전에 본 기억이 없어 익숙하지 않은.

---

8 글 ❶에서 주변을 둘러본 금방울이 알게 된 것은 무엇인가요? (　　　)

① 길을 잃어버린 것
② 풍뎅이가 날아가 버린 것
③ 동생들이 보이지 않는 것
④ 낚시꾼이 빈집에 들어간 것
⑤ 엄마, 아빠가 할머니 댁에 가신 것

9 금방울이 빈집으로 달린 까닭에 ○표 하세요.

(1) 빈집에 낚시꾼이 있는지 확인하려고.
　　　　　　　　　　　　　(　　)

(2) 빈집에서 동생들이 부르는 소리가 들려서.
　　　　　　　　　　　　　(　　)

(3) 동생들이 빈집으로 들어갔을 것이라고 생각해서. (　　)

🎓 교과서 문제

10 금방울이 집에 왔을 때 동생들은 무엇을 하고 있었나요? (　　　)

① 우산을 찾고 있었다.
② 저녁밥을 먹고 있었다.
③ 엄마, 아빠를 찾고 있었다.
④ 빈집에 갈 준비를 하고 있었다.
⑤ 난롯가에서 몸을 말리고 있었다.

11 ㉠의 까닭으로 알맞은 것의 번호를 쓰세요.

> ① 동생들이 무사하여서 안심되었기 때문이다.
> ② 겁먹은 은방울의 모습이 우스워 보였기 때문이다.

(　　　　　　　　)

❸ 그때 누군가 문을 두드렸습니다.

쿵쿵쿵.
쿵쿵쿵. ⟶ 문을 두드리는 소리

금방울과 은방울은 놀라서 마주 보았습니다.

"누구지?" / "엄마다!"

금방울은 문 쪽으로 달려가는 작은방울을 얼른 잡았습니다.

"기다려. 내가 먼저 알아봐야 돼."

조용히 하라는 시늉에 은방울과 작은방울이
어떤 모양이나 움직임을 흉내 내어 꾸미는 것.
입을 꼭 다물었습니다. 금방울은 살금살금 걸어서 문틈으로 내다보았습니다. 문 앞에 낯선 덩치가 서 있었습니다. 문틈으로는 다 볼 수도 없을 만큼 커다란 덩치였습니다. 금방울은 깜짝 놀라서 물러났습니다. 금방울의 ㉠커다래진 눈을 보고 놀란 은방울이 작은방울을 끌어안았습니다.

금방울은 숨죽인 채 문고리를 걸었습니다. 소리나지 않게 살그머니.
낯선 덩치가 모르게 하려고.

쿵, 쿵, 쿵.

아까보다 더 큰 소리가 집 안을 울렸습니다. 소리가 날 때마다 금방울의 가슴도 덩달아 뛰었습니다. 빗소리 때문에 문 두드리는 소리가 더 무섭게 느껴졌습니다. 금방울은 동생들과 방으로 들어가서 문을 꼭 닫았습니다.

✎중심 내용 ❸ 낯선 손님이 문을 두드렸지만 금방울은 문을 열어 주지 않았습니다.

❹ 작은방울이 칭얼대기 시작했습니다.

"졸려서 그럴 거야. 잘 때가 지났잖아."

"아, 어떡하지? 담요를 빈집에 두고 왔어!"

은방울이 울상을 지었습니다. 작은방울은 담
울려고 하는 표정.
요를 만지작거려야만 잠이 드는데. 금방울은 작은방울을 업고 자장가를 불렀습니다. 작은방울은 잠들었다 깨곤 하면서 여전히 칭얼거렸습니다.
담요가 없어서.

"돌아간 걸까?"

금방울은 살금살금 가서 문틈으로 밖을 보았습니다. 덩치는 없고 어둠뿐이었습니다.

✎중심 내용 ❹ 금방울이 작은방울을 업고 자장가를 불러 주었습니다.

---

12 금방울이 문 쪽으로 달려가는 작은방울을 붙잡은 까닭은 무엇일까요? (　　　)

① 작은방울에게 장난을 치려고
② 작은방울이 넘어질까 봐 걱정되어서
③ 자신이 먼저 엄마, 아빠를 만나고 싶어서
④ 작은방울은 키가 작아 문을 열지 못하여서
⑤ 문을 열기 전에 누가 문을 두드렸는지 확인하려고

13 ㉠에서 느껴지는 금방울의 마음은 어떠한지 ◯표 하세요.

(1) 놀랍고 무서운 마음 　　　　　(　　　)

(2) 엄마, 아빠가 아니라서 실망스러운 마음
　　　　　　　　　　　　　　　(　　　)

14 인물에 대한 생각을 알맞게 말한 사람의 이름을 쓰세요.

> 진아: 작은방울은 담요가 없어도 잘 잠드는 것을 보니 씩씩한 성격인 것 같아.
> 재현: 누가 문을 두드렸는지 자신이 먼저 확인해 보는 금방울은 책임감이 강한 것 같아.

(　　　　　　　　　　)

📚서술형·논술형 문제
15 글을 읽고 이어질 이야기를 상상해 쓰세요.

_____

_____

- 교과서에 나온 질문과 예시 답안을 모았어요!
- 수업 시간 선생님의 질문에 자신 있게 발표해 보아요!

국어 교과서 ④ 249~250쪽

😊「빈집에 온 손님」을 읽고 물음에 답해 봅시다.

(1) 엄마, 아빠가 금방울에게 하신 말씀은 무엇인가요?

　㉠ 동생들을 잘 돌보라고 말씀하셨습니다.

(2) 낯선 손님이 문을 다시 두드렸을 때 금방울의 마음은 어떠했나요?

　㉠ 금방울의 가슴도 덩달아 뛰었습니다.

😊 이야기의 흐름을 생각하며 이어질 이야기를 상상해 봅시다.

금방울이 문틈으로 밖을 살펴봤는데 낯선 손님은 없고 어둠뿐이었다.

㉠ 금방울은 두고 온 담요를 가지러 빈집으로 갔다.

㉠ 빈집에는 문을 두드렸던 낯선 덩치가 있었다. 금방울은 깜짝 놀랐다.

😊「빈집에 온 손님」을 읽고 인물의 성격을 말해 봅시다.

금방울은 어떤 성격을 가졌을까요?

㉠ 엄마, 아빠의 말을 떠올리며 동생들을 찾으러 가고, 문을 두드리는 사람이 누구인지 먼저 확인해 보는 것을 보니 책임감이 강한 성격인 것 같아요.

8단원

오, 미지의 택배

우편물 등을 요구하는 장소까지 직접 배달해 주는 일.

- **글쓴이**: 차영아
- **글의 종류**: 이야기
- **글의 내용**: 어느 날 미지에게 보낸 사람을 알 수 없는 택배가 도착합니다.

1 ㉠언제부터가 어른인 걸까?

㉡어른이 되고 싶은 아홉 살 미지는 분명히 정해 두었다. 껌을 씹을 때 딱딱 소리가 나거나, 큰길에서 손을 흔들었는데 택시가 서거나, 스마트폰 게임을 아무리 해도 엄마 아빠가 본체만체하거나, 자기 앞으로 온 택배 상자를 받게 된다면! 바로 그때부터가 어른인 거라고. 그래서 아직도 머나먼 일이라고.

그런데 4월 3일 수요일에 미지는 어른이 됐다. 미지의 아홉 살 ㉢인생에 첫 택배가 도착했기 때문이다.

"여기 ㉣사인을 하고…… 아니 사인이 없으려나? 그럼 이름을 쓰고 가져가렴."

아파트 경비 아저씨가 내민 것은 <u>미지 손을 짝 펴서 가로로 네 뼘, 세로로 세 뼘 정도의 파란 상자였다.</u>
미지에게 온 택배 상자의 모양

"정말 저한테 온 택배예요? 우리 엄마한테 온 거 아니고요? 우리 아빠한테 온 거 아니고요?"

"그래. 여기 네 이름 있잖아. 507호 오미지! 아저씨 밥 먹으러 갈 시간이니까, 자, 자, 빨리빨리."

정말 택배 상자에는 '오미지'라는 이름이 커다랗게 쾅 찍혀 있었다. 반대로 보낸 이의 이름은 얼룩지고 너덜너덜 찢겨 있어서 한 글자도 알아볼 수가 없었다.

<u>아마도 상자의 한쪽은 오다가 태풍, 허리케인, 사이클론을 다 만났나 보다.</u>
보낸 이의 이름이 얼룩지고 찢겨 있어서.

뭘까? 미지의 ㉤마음속에서 작은 북소리가 울린다.

두구두구두구.

중심 내용 1 어느 날 미지에게 택배가 도착했습니다.

2 택배 상자가 활짝 벌어졌을 때, 미지는 보았다. 별 모양도 없고, 꽃 모양도 없고, 노란색도 아니고, 파란색도 아니고, 형광색도 아닌, 세상에서 가장 심심해 보이는 하얀색 끈 운동화를.

---

16 4월 3일에 미지가 어른이 되었다고 한 까닭은 무엇인가요? (　　　)

① 아홉 살이 되어서
② 사인을 처음 해 봐서
③ 사인을 가지게 되어서
④ 처음으로 택배를 받아서
⑤ 택배를 보내는 법을 알게 되어서

17 글 **1**에서 알 수 있는 미지의 마음으로 알맞은 것에 ○표 하세요.

(1) 처음으로 택배를 받아서 설렌다.
(　　　)
(2) 택배를 보낸 사람이 누군지 알 것 같다.
(　　　)
(3) 택배에 무엇이 들어 있는지 알 것 같다.
(　　　)

18 택배 상자 안에 들어 있던 것은 무엇인가요? (　　　)

① 별 모양이 그려진 운동화
② 미지가 가지고 싶어 하던 운동화
③ 심심해 보이는 하얀색 끈 운동화
④ 미지의 부모님이 사 주신 운동화
⑤ 알록달록한 색으로 칠해진 운동화

19 ㉠~㉤ 중 보기의 뜻을 가진 낱말은 무엇인지 기호를 쓰세요.

> **보기**
> 사람이 세상을 살아가는 일. 또는 그 기간.

(　　　　　　　)

"에이, 뭐야." / 실망한 미지는 운동화를 다시 상자에 넣으려다가 노랗고 파란 형광 별, 형광 꽃이 콕콕 박힌 종이를 발견했다. <u>제품</u> 설명서였다.
재료를 써서 만든 물건. 또는 그렇게 만드는 일.

제품 설명서

제품명 대단하고 엄청나고 놀라운 운동화

크기 샛별초등학교 2학년 1반에서 가장 작은 발 크기

기능 하늘 나라로 떠난 누군가가 보고 싶나요?
아이쉽다잉 박사가 50년 연구 끝에 개발하고 '하사'가 승인한 '대단하고 엄청나고 놀라운 운동화'는 천국에 있는 누군가에게 당신을 데려다주는 은나노 극세사 인공지능 하이브리드 드론 운동화입니다.
사람이 만들어 내거나 꾸며 낸 것.

사용 방법
1. 운동화를 신고, 만나고 싶은 누군가의 이름을 세 번 부르면서 세 번 폴짝폴짝 뜁니다.
2. 자신이 달릴 수 있는 최고 속도로 달립니다.
3. 숨이 찰 때까지 계속 달립니다.
4. 눈앞이 노래질 때까지 달립니다.

주의 사항 천국에 머물 수 있는 시간은 30분입니다.

✏️**중심 내용 2** 상자 안에 운동화와 설명서가 들어 있었습니다.

❸ 띠오오옹?(이건 미지의 눈 커지는 소리다.)
놀란 마음
미지는 머리를 흔들고, 눈을 비비고, 뺨을 때린 후 다시 한번 읽어 보았다. 역시 그대로였다.

'천국에 있는 누군가에게 데려다준다고? 은나노 극세사 인공…… 뭐? 눈앞이 노래질 때까지 달리라니? 도대체 누가, 왜, 이런 운동화를 나한테 보낸 걸까? 근데 정말 이 운동화만 신으면 하늘나라에 가서 막, 정말 막, 보고 싶은 누군가를 만날 수 있을까? 그럴 수만 있다면…….'
미지의 머릿속은 만 개의 종이 울리는 것처럼 시끄러웠다. ㉠정신을 차렸을 때는 이미 운동화를 신고 폴짝폴짝 세 번 뛰고 있었다.

✏️**중심 내용 3** 미지는 운동화를 신고 세 번 폴짝폴짝 뛰었습니다.

20 운동화에 대한 설명으로 알맞은 것에 ○표 하세요.

(1) 천국에 30분만 머물 수 있게 해 준다. ( )

(2) 샛별초등학교 2학년 1반 아이들에게 딱 맞는다. ( )

(3) 보고 싶은 사람이 있는 곳이라면 어디든 데려다준다. ( )

21 미지가 ㉠와 같이 행동한 까닭은 무엇일까요? ( )

① 운동화가 발에 맞는지 확인하려고
② 택배를 보낸 사람을 찾으러 가려고
③ 천국에 있는 누군가를 만나고 싶어서
④ 운동화를 신으면 달리기가 빨라질 것 같아서
⑤ 세 번 뛰고 나면 만나고 싶은 사람이 생각날 것 같아서

🎓**교과서 문제**

22 이어질 이야기를 상상한 것으로 알맞지 <u>않은</u> 것의 번호를 쓰세요.

① 미지가 하늘나라에 있는 보고 싶은 누군가를 만난다.
② 미지는 운동화에 발이 들어가지 않아 실망하며 운동화를 버린다.
③ 미지는 눈앞이 노래질 때까지 뛰어도 아무 일도 일어나지 않아 실망한다.

( )

8
단원

- 교과서에 나온 질문과 예시 답안을 모았어요!
- 수업 시간 선생님의 질문에 자신 있게 발표해 보아요!

국어 교과서 나 257쪽

😊 파란색 낱말의 뜻으로 알맞은 것을 찾아 선으로 이어 봅시다.

미지의 아홉 살 인생에 첫 택배가 도착했기 때문이다.	은나노 극세사 인공…… 뭐?	제품 설명서였다.

재료를 써서 만든 물건. 또는 그렇게 만드는 일.	사람이 세상을 살아가는 일. 또는 그 기간.	사람이 만들어 내거나 꾸며 낸 것.

8 단원
진도 완료 체크

😊 「오, 미지의 택배」를 일이 일어난 차례대로 정리해 보세요.

어느 날 미지에게 택배가 도착했다. ➡ ㉲ 미지는 경비실에서 파란색 택배 상자를 찾아왔다. ➡ ㉲ 택배 상자 안에 운동화와 설명서가 들어 있었다.

➡ ㉲ 제품 설명서를 읽은 미지의 머릿속은 만 개의 종이 울리는 것처럼 시끄러웠다. ➡ ㉲ 미지는 운동화를 신고 세 번 폴짝폴짝 뛰었다.

😊 「오, 미지의 택배」를 읽고 이어질 이야기를 상상해 봅시다.

「오, 미지의 택배」를 읽고 이어질 이야기를 상상할 때 생각해야 할 점은 무엇일까요?

㉲ 미지가 운동화를 신고 만나러 가고 싶은 누군가에 대해서 생각해 보아야 해요.

23 시나 노래를 바꾸어 쓰는 방법으로 알맞지 <u>않은</u> 것에 ×표 하세요.

(1) 경험한 일을 간결하게 노래하듯이 표현한다.
(   )

(2) 원래 노래와 상관없이 자신이 가장 좋아하는 말로 바꾸어 써 본다. (   )

(3) 노래와 관련된 자신의 경험을 생각하며 바꾸어 쓸 내용을 생각해 본다. (   )

24 이어질 이야기를 상상하며 글을 읽는 방법으로 알맞은 것의 번호를 쓰세요.

① 상상한 이야기가 원래 이야기와 비슷할수록 좋다.
② 이어질 이야기를 상상할 때에는 이야기의 흐름이 어땠는지 생각해야 한다.
③ 이어질 이야기를 상상할 때에는 인물과 상관없이 기발하고 재미있으면 된다.

(   )

기초 다지기

25~27 토박이말

→ 우리말에 처음부터 있던 말.

미리내
뜻: 은하수를 이르는 말.

으뜸
뜻: 많고 많은 것 가운데 가장 뛰어난 것.

너울
뜻: 바다의 크고 사나운 물결.

갈무리
뜻: 물건 따위를 잘 정리하거나 간수함.

25 토박이말의 뜻을 생각하며 (   ) 안에 들어갈 알맞은 말을 선으로 이으세요.

(1) 바다에 (   )이 일고 있다. •

 • ① 으뜸

(2) 밤하늘에 보이는 (   )는 정말 아름답다. •

 • ② 너울

(3) 선물로 받은 장난감을 잘 (   )해야겠다. •

 • ③ 갈무리

(4) 현지는 우리 반에서 봉사 활동을 하는 데 (   )이다. •

 • ④ 미리내

26 토박이말을 알맞게 사용한 사람의 이름을 쓰세요.

주현: 바다에 너울이 일어서 조용했다.
유진: 어질러진 방바닥을 갈무리하였다.

(   )

27 토박이말을 알맞게 사용한 문장에 ○표 하세요.

(1) 나에게는 우리 가족이 으뜸이다. (   )

(2) 책상 위를 갈무리하였더니 지저분해졌다.
(   )

8 단원

1 다음 뜻을 가진 낱말을 보기 에서 찾아 쓰세요.

> 보기
>
> 울상   택배   등굣길

(1) 울려고 하는 표정. ( )

(2) 학생이 학교로 가는 길. ( )

(3) 우편물 등을 요구하는 장소까지 직접 배달해 주는 일.

( )

• 넘어진 친구는 **울상**이었습니다.

• 문 앞에 **택배**가 놓여 있었습니다.

• **등굣길**에 친구를 만났습니다.

8 단원

2 다음 뜻에 알맞은 낱말을 선으로 이으세요.

(1) | 아직 알지 못함. |

• ① | 시늉 |

(2) | 어떤 모양이나 움직임을 흉내 내어 꾸미는 것. |

• ② | 미지 |

📍 **시늉**

시늉은 주로 '~하는'과 함께 쓰입니다.

• 우는 **시늉**
• 운동하는 **시늉**

3 1번과 2번 문제의 낱말 중에서, 첫소리에 알맞은 낱말을 써넣어 문장을 완성하세요.

(1) 책 읽는 [ㅅ][ㄴ] 을 하였습니다.

(2) 필통을 잃어버려 [ㅇ][ㅅ] 을 지었습니다.

(3) [ㄷ][ㄱ][ㄱ] 에 문구점에서 준비물을 샀습니다.

(4) [ㅌ][ㅂ] 를 보낼 때는 받는 사람의 주소를 정확히 써야 합니다.

(5) 바다 깊은 곳에는 알려지지 않은 [ㅁ][ㅈ] 의 동물이 있을 것입니다.

📍 **등굣길**

등굣길은 '등교'와 '길'이 합쳐진 낱말입니다. 두 낱말이 합쳐지면서 사이에 'ㅅ'이 들어가 '등굣길'이 되었습니다.

✏️ 글을 읽고 인물의 경험 파악하기

4 주어진 글을 읽고 어떤 경험에 대하여 쓴 글인지 찾아 ○표 하세요.

글에 드러난 인물의 경험을 파악하기 위해서는 먼저 글이 무엇에 대한 이야기인지 살펴보아야 합니다.

(1)
> 멀리서 우리 팀 친구가 손을 흔들었다. 나는 친구를 향해 공을 뻥 찼다. 그런데 중간에 상대 팀인 민성이가 공을 가로채서 골대로 달려갔다. 민성이가 골을 넣을까 봐 조마조마했다.

① 민성이와 싸웠던 경험　　　　　　　　　　　(　)
② 친구들과 축구를 한 경험　　　　　　　　　　(　)

(2)
> 지난 주말은 할머니 댁에서 보냈다. 할머니께서 예쁜 봉숭아꽃으로 내 손톱에 물을 들여 주셨다. 저녁을 먹고 나서는 할머니와 동네를 산책하기도 했다. 정말 즐거운 시간이었다.

① 꽃구경을 갔던 경험　　　　　　　　　　　　(　)
② 할머니를 만났던 경험　　　　　　　　　　　(　)

✏️ 글을 읽고 일이 일어난 순서 정리하기

5 다음 글을 읽고 민지에게 일어난 일의 차례대로 기호를 쓰세요.

일이 일어난 순서와 일이 글에서 이야기된 순서는 다를 수 있습니다. 어떤 일이 먼저 일어난 것인지 파악하며 읽는 것이 중요합니다.

> "그 다음에는 이쪽을 접으면 돼."
> 민지는 동생에게 색종이로 꽃을 접는 방법을 알려주었다. 내일이 어버이날이기 때문이었다. 민지는 편지봉투에 직접 접은 종이꽃을 붙여 드리고 싶어서 하굣길에 색종이를 사 왔다. 동생과 장난치며 편지봉투를 꾸미고 나니 한 시간이나 지나 있었다. 민지는 봉투를 한쪽으로 밀어 두고 급하게 편지를 쓰기 시작했다.
> '사랑하는 부모님께'

> ㉠ 색종이를 샀다.
> ㉡ 부모님께 편지를 썼다.
> ㉢ 동생과 종이꽃을 만들었다.

(　　　 → 　　　 → 　　　)

☑ 평가 1 **쪽지 평가**
간단한 문답을 통해 단원 개념과
제재에 대한 이해도를 평가

☑ 평가 2 **단원 평가**
다양한 유형의 문제를 통해 단원 학습 성취도와
독해력, 어휘력 등 국어 실력 전반을 평가

☑ 평가 1

정답 23쪽

쪽지 평가   8 나도 작가

8 단원

1 「눈 내린 등굣길」에서 눈 밟는 소리를 표현한 말에 ○표 하시오.

(1) 꽥 ( )

(2) 뒤뚱뒤뚱 ( )

2 「눈 내린 등굣길」에서 '눈 쌓인 운동장'을 무엇이라고 표현하였습니까?

널따란 _____

3 「빈집에 온 손님」에서 금방울이 허겁지겁 집으로 달려간 까닭에 ○표 하시오.

(1) 동생들을 찾으려고. ( )

(2) 비가 내리기 시작해서. ( )

4 「빈집에 온 손님」에서 은방울과 작은방울이 빈집에 두고 온 것은 무엇입니까?

( )

5 「오, 미지의 택배」에서 미지가 택배를 받고 놀란 까닭은 무엇인지 기호를 쓰시오.

ㄱ 택배가 잘못 배달되어서.
ㄴ 처음으로 택배를 받아 봐서.

( )

6 「오, 미지의 택배」에서 미지가 받은 운동화는 어디로 갈 수 있는 기능이 있다고 했습니까?

( )

1~3 눈 내린 등굣길

쌓인 눈을 밟을 때마다
오리 우는 소리가 난다

뚱뚱하게 옷 껴입고
앞서가는 친구들도
꽥!
　꽥! ㉠
뒤따라오는 친구들도
꽥!
　꽥!

씰룩씰룩
궁둥이 흔들며 걷는 우린
한 줄로 선 살찐 오리들

뒤뚱뒤뚱 바쁜 걸음으로
교문 들어서면
눈 쌓인 운동장은
널따란 호수

1 이 시는 어떤 경험을 나타낸 것입니까?

· 눈길을 걸어 [　　　]에 갔던 경험입니다.

2 ㉠과 같이 글자를 나란하지 않게 표현한 까닭은 무엇일지 ○표 하시오.

(1) 발자국처럼 표현하려고　　　(　　)

(2) 오리가 천천히 우는 소리를 표현하려고
　　　　　　　　　　　　　　　(　　)

🖥 서술형·논술형 문제

3 눈 오는 날과 관련된 자신의 경험을 떠올려 쓰시오.

_____

_____

4~5 눈 온 아침

밤사이 눈이 내려 새하얀 들길
그 누가 이 길 따라 어디로 갔나
눈 위에 나란히 예쁜 발자국
예쁜 발자국 이른 아침 그 누가 어딜 갔을까

4 들길이 새하얗게 된 까닭으로 알맞은 것의 번호를 쓰시오.

① 밤사이 눈이 내렸기 때문에
② 길에 꽃잎이 떨어졌기 때문에

(　　　　　　)

5 말하는 사람이 본 것은 무엇입니까? (　　)

① 눈을 치우는 사람
② 눈 위에 남은 발자국
③ 눈이 오는 아침 풍경
④ 눈 위를 걸어가는 사람
⑤ 발자국을 따라 걷는 사람

6~8 함께 걸어 좋은 길

문구점을 지나고 장난감집 지나서
학교 가는 길 너랑 함께 가서 좋은 길

놀이터를 지나고 떡볶이집 지나서
집에 오는 길 너랑 함께 와서 좋은 길

㉠도란도란 이야기하며 손잡고 가는 길
너랑 함께 걸어서 너무너무 좋은 길

6 말하는 사람이 지나서 간 곳이 <u>아닌</u> 것은 무엇입니까? (   )

① 문구점   ② 놀이터
③ 장난감집   ④ 떡볶이집
⑤ 미술 학원

7 ㉠을 사용하여 알맞게 문장을 만든 것의 번호를 쓰시오.

> ① 도란도란 싸우는 소리가 들렸습니다.
> ② 동생과 도란도란 대화를 나누었습니다.

(   )

8 함께 걸은 경험을 떠올려 노랫말을 바꾸어 쓴 사람의 이름을 쓰시오.

> 가영: 채소 가게 지나고 과일 가게 지나서
>   심부름 가는 길 혼자라도 좋은 길
> 윤호: 서점을 지나고 학교 앞을 지나서
>   놀러 가는 길 너와 웃어 좋은 길

(   )

9~11 빈집에 온 손님

가 풍뎅이를 따라다니던 금방울은 주변을 둘러보았습니다. 동생들이 보이지 않았습니다. 빈집 앞에서 놀고 있었는데.
나 비가 쏟아지기 시작했습니다.
 "동생들은 빈집으로 들어가 있을 거야!"
 금방울은 빈집으로 달렸습니다. 빈집은 낚시꾼의 오두막이지만 낚시꾼이 없을 때는 여우 남매의 놀이터입니다.
 금방울은 흠뻑 젖은 채 빈집에 도착했습니다. 그러나 동생들은 보이지 않았습니다.
 ㉮"설마 무슨 일이······."

9 동생들은 어디서 놀고 있었습니까?

· ☐☐☐ 앞에서 놀고 있었습니다.

10 빈집에 대한 설명으로 알맞은 것에 ○표 하시오.

(1) 금방울만 알고 있는 공간이다.　(　　　)
(2) 낚시꾼이 항상 머무는 곳이다.　(　　　)
(3) 여우 남매가 놀이터로 쓰는 곳이다. (　　　)

🔖 서술형·논술형 문제

11 ㉮에서 느껴지는 금방울의 마음을 쓰시오.

_____

_____

8단원

12~15 빈집에 온 손님

그때 누군가 문을 두드렸습니다.

쿵쿵쿵.

쿵쿵쿵.

금방울과 은방울은 놀라서 마주 보았습니다.

"누구지?"

"엄마다!"

금방울은 문 쪽으로 달려가는 작은방울을 얼른 잡았습니다.

"기다려. 내가 먼저 알아봐야 돼."

조용히 하라는 시늉에 은방울과 작은방울이 입을 꼭 다물었습니다. 금방울은 살금살금 걸어서 문틈으로 내다보았습니다. 문 앞에 낯선 덩치가 서 있었습니다. 문틈으로는 다 볼 수도 없을 만큼 커다란 덩치였습니다. 금방울은 깜짝 놀라서 물러났습니다. 금방울의 커다래진 눈을 보고 놀란 은방울이 작은방울을 끌어안았습니다.

금방울은 숨죽인 채 문고리를 걸었습니다. 소리나지 않게 살그머니.

쿵, 쿵, 쿵.

아까보다 더 큰 소리가 집 안을 울렸습니다. 소리가 날 때마다 금방울의 가슴도 덩달아 뛰었습니다. 빗소리 때문에 문 두드리는 소리가 더 무섭게 느껴졌습니다. 금방울은 동생들과 방으로 들어가서 문을 꼭 닫았습니다.

작은방울이 칭얼대기 시작했습니다.

"졸려서 그럴 거야. 잘 때가 지났잖아."

"아, 어떡하지? 담요를 빈집에 두고 왔어!"

㉠은방울이 울상을 지었습니다. 작은방울은 담요를 만지작거려야만 잠이 드는데. 금방울은 작은방울을 업고 자장가를 불렀습니다. 작은방울은 잠들었다 깨곤 하면서 여전히 칭얼거렸습니다.

12 문 두드리는 소리를 들은 금방울이 한 일의 순서대로 번호를 쓰시오.

> ① 문틈으로 내다보았다.
> ② 숨죽인 채 문고리를 걸었다.
> ③ 문 쪽으로 달려가는 작은방울을 잡았다.

(→   →   )

13 ㉠의 까닭으로 알맞은 것의 번호를 쓰시오.

> ① 담요를 빈집에 두고 와서.
> ② 작은방울이 엄마가 보고 싶다고 칭얼거려서.
> ③ 작은방울이 칭얼거리는 까닭을 알 수 없어서.

(   )

14 금방울은 작은방울을 재우려고 어떻게 하였습니까? (   )

① 엄마를 찾으러 갔다.
② 자신의 담요를 주었다.
③ 재미있는 이야기를 들려주었다.
④ 작은방울의 담요를 가져다주었다.
⑤ 작은방울을 업고 자장가를 불렀다.

15 글을 읽고 알맞게 말한 사람의 이름을 쓰시오.

> 지혜: 비가 오는 날씨라 그런지 낯선 손님이 더 무서운 느낌이 들어.
> 준우: 금방울은 부모님께서 곧 오실 것이라는 생각에 낯선 덩치가 무섭지 않았던 것 같아.

(   )

8
단원

16~20 오, 미지의 택배

8 단원
진도 완료 체크

가 어른이 되고 싶은 아홉 살 미지는 분명히 정해 두었다. 껌을 씹을 때 딱딱 소리가 나거나, 큰길에서 손을 흔들었는데 택시가 서거나, 스마트폰 게임을 아무리 해도 엄마 아빠가 본체만체하거나, 자기 앞으로 온 택배 상자를 받게 된다면! 바로 그때부터가 어른인 거라고. 그래서 아직도 머나먼 일이라고.

그런데 4월 3일 수요일에 미지는 어른이 됐다. 미지의 아홉 살 인생에 첫 택배가 도착했기 때문이다.

나 택배 상자가 활짝 벌어졌을 때, 미지는 보았다. 별 모양도 없고, 꽃 모양도 없고, 노란색도 아니고, 파란색도 아니고, 형광색도 아닌, 세상에서 가장 심심해 보이는 하얀색 끈 운동화를.

"에이, 뭐야."

ㄱ 미지는 운동화를 다시 상자에 넣으려다가 노랗고 파란 형광 별, 형광 꽃이 콕콕 박힌 종이를 발견했다. 제품 설명서였다.

다 미지는 머리를 흔들고, 눈을 비비고, 뺨을 때린 후 다시 한번 읽어 보았다. 역시 그대로였다.

'천국에 있는 누군가에게 데려다준다고? 은나노 극세사 인공…… 뭐? 눈앞이 노래질 때까지 달리라니? 도대체 누가, 왜, ㄴ 이런 운동화를 나한테 보낸 걸까? 근데 정말 이 운동화만 신으면 하늘나라에 가서 막, 정말 막, 보고 싶은 누군가를 만날 수 있을까? 그럴 수만 있다면…….'

미지의 머릿속은 만 개의 종이 울리는 것처럼 시끄러웠다. 정신을 차렸을 때는 이미 운동화를 신고 폴짝폴짝 세 번 뛰고 있었다.

16 미지가 어른이 되었다고 생각하는 때가 <u>아닌</u> 것은 무엇입니까? (   )

① 자신의 사인을 가지게 될 때
② 껌을 씹으면 딱딱 소리가 날 때
③ 자기 앞으로 온 택배를 받을 때
④ 큰길에서 손을 흔들면 택시가 설 때
⑤ 스마트폰을 많이 해도 부모님이 본체만체할 때

17 ㄱ 에 들어갈 말로 알맞은 것은 무엇입니까? (   )

① 행복한   ② 즐거운   ③ 실망한
④ 신이 난   ⑤ 조마조마한

18 ㄴ을 읽고 알 수 있는 제품 설명서의 내용으로 알맞은 것에 ○표 하시오.

(1) 운동화는 천국으로 데려다준다. (   )
(2) 운동화를 신고 움직이면 안 된다. (   )

19 글 **다** 를 읽고 알맞게 말한 사람의 이름을 쓰시오.

> 수아: 미지는 운동화가 자기에게 온 것이 아니라고 생각하는 것 같아.
> 민재: 미지는 운동화의 기능이 의심스럽기도 하고 궁금한 점이 막 생각나기도 할 것 같아.

(   )

20 일이 일어난 차례대로 번호를 쓰시오.

> ① 상자에서 제품 설명서를 발견하였다.
> ② 운동화를 신고 세 번 폴짝폴짝 뛰었다.
> ③ 미지가 자기 앞으로 온 택배를 받았다.

(→   →   )

문제 읽을 준비는
저절로 되지 않습니다.

문해력을 키우는 시간

하루 10분

똑똑한 하루 국어 시리즈

문제풀이의 핵심, 문해력을 키우는 승부수

예비초~초6 각A·B
교재별14권

예비초A·B, 초1~초6: 1A~4C
총 14권

뭘 좋아할지 몰라 다 준비했어♥
전과목 교재

전과목 시리즈 교재

●무등생 해법시리즈
- 국어/수학   1~6학년, 학기용
- 사회/과학   3~6학년, 학기용
- SET(전과목/국수, 국사과)   1~6학년, 학기용

●똑똑한 하루 시리즈
- 똑똑한 하루 독해   예비초~6학년, 총 14권
- 똑똑한 하루 글쓰기   예비초~6학년, 총 14권
- 똑똑한 하루 어휘   예비초~6학년, 총 14권
- 똑똑한 하루 한자   예비초~6학년, 총 14권
- 똑똑한 하루 수학   1~6학년, 총 12권
- 똑똑한 하루 계산   예비초~6학년, 총 14권
- 똑똑한 하루 도형   예비초~6학년, 총 8권
- 똑똑한 하루 사고력   1~6학년, 총 12권
- 똑똑한 하루 사회/과학   3~6학년, 학기용
- 똑똑한 하루 안전   1~2학년, 총 2권
- 똑똑한 하루 Voca   3~6학년, 학기용
- 똑똑한 하루 Reading   초3~초6, 학기용
- 똑똑한 하루 Grammar   초3~초6, 학기용
- 똑똑한 하루 Phonics   예비초~초등, 총 8권

●독해가 힘이다 시리즈
- 초등 수학도 독해가 힘이다   1~6학년, 학기용
- 초등 문해력 독해가 힘이다 문장제수학편   1~6학년, 총 12권
- 초등 문해력 독해가 힘이다 비문학편   3~6학년, 총 8권

영어 교재

●초등영어 교과서 시리즈
- 파닉스(1~4단계)   3~6학년, 학년용
- 영단어(1~4단계)   3~6학년, 학년용

●LOOK BOOK 영단어   3~6학년, 단행본

●원서 읽는 LOOK BOOK 영단어   3~6학년, 단행본

국가수준 시험 대비 교재

●해법 기초학력 진단평가 문제집   2~6학년·중1 신입생, 총 6권

온라인 학습북

단원 평가 온라인 성적 피드백
개념 동영상 강의

초등
국어 2·2

천재교육

온라인 학습북 포인트 ❸가지

▶ 「**개념 동영상 강의**」로 교과서 핵심만 정리!

▶ 「**온라인 성적 피드백**」으로 단원별로 내가 부족한 부분 꼼꼼하게 체크!

1

동영상으로 보니까 이해가 쏙쏙!

온라인 개념 강의

☆ QR을 찍어 단원 동영상 강의를 볼 수 있어요.

동영상 강의를 들으며 중요한 내용은 적고,
단원 개념을 정확히 이해했는지 확인 문제도
풀어 보아요!

2

내 성적을 확인할 수 있는 **단원 평가**

☆ 개념을 떠올리며 문제를 풀고!

☆ QR을 찍어 내가 쓴 답안을
입력하고!

☆ 채점과 성적이 한눈에 짜자잔!

틀린 문제는 동영상 강의를
보며 다시 한번 공부해요!

☆ 제출하기를 누르면!

내가 몇 점이고 어떤 문제를
틀렸는지 바로 알 수 있어요!

차례

온라인 학습북

개념 강의

※ 강의를 들으며 중요한 내용을 메모하세요!

● 시를 읽고 장면을 상상하는 방법

● 시나 이야기를 읽고 생각이나 느낌을 나누는 방법

● 이야기를 읽고 인물의 마음을 상상하는 방법

➡ 「할머니와 하얀 집」에서 새끼 고양이들이 집 안을 어질러도 할머니는 고양이를 보는 것이 즐거운 마음이었을 것이다.

개념 확인하기   정답에 ✓표를 하시오.

정답 25쪽

1 시를 읽고 장면을 상상하는 방법으로 알맞은 것은 무엇입니까?

　㉠ 시의 내용을 생각한다. ☐
　㉡ 시간을 나타내는 말을 찾아본다. ☐

2 시를 읽고 이야기를 나눌 때 다음에서 떠올린 것은 무엇입니까?

> 시 「짜장 요일」에서 친구의 웃는 소리가 짜장짜장 들린다는 표현이 재미있어.

　㉠ 자신의 경험 ☐
　㉡ 인상 깊은 표현 ☐

3 이야기에서 인물의 마음을 상상할 때 살펴보아야 할 것은 무엇입니까?

　㉠ 꾸며 주는 말 ☐
　㉡ 인물의 말이나 행동 ☐

4 다음에서 할머니의 마음은 어떠하겠습니까?

> 하얀 고양이가 사라진 거야.
> 저녁이 되었는데도 하얀 고양이는 보이지 않았어.
> '대체 어디 간 걸까? 찾으러 나가야 하나?'

　㉠ 걱정된다. ☐
　㉡ 자랑스럽다. ☐

1단원

[1~3] 다음 시를 읽고 물음에 답하시오.

> 학교 끝났다, 오버
>
> 신발주머니 가방
> 머리 위로 / 빙글빙글 돌리며 / 달린다
>
> 두두두두두 두두두두
>
> 발이 땅에서 떠오르는 아이들
> 모두 다 헬리콥터 되어.
>
> 난다, 난다 / ⊙

1 시의 내용이 아닌 것은 무엇입니까? (　　)

① 학교가 끝났다.
② 추운 겨울날의 모습이다.
③ 아이들이 헬리콥터가 되었다.
④ 아이들이 신발주머니 가방을 머리 위로 돌린다.
⑤ 헬리콥터가 된 아이들의 모습을 '두두두두두 두두두두'라고 표현하였다.

2 ⊙ 에 들어갈 말로 알맞은 것은 무엇입니까? (　　)

① 샘난다　　② 틈난다　　③ 혼난다
④ 화난다　　⑤ 신난다

3 이 시를 낭송하는 방법으로 알맞지 않은 것은 무엇입니까? (　　)

① 시의 장면을 상상하며 낭송한다.
② 머리 위로 손을 돌리는 몸짓을 하며 낭송한다.
③ 처음부터 끝까지 작은 목소리로 낭송한다.
④ 시에 나오는 표현의 느낌을 살려 낭송한다.
⑤ 시에서 말하는 사람의 기분에 어울리게 낭송한다.

[4~5] 다음 시 「짜장 요일」을 읽고 물음에 답하시오.

> 오늘 급식은 짜장면이다!
>
> 호로록, 한 입 먹으면
> 콧잔등에 / 맛있는 짜장 점 일곱 개
>
> 호로록호로록, 두 입 먹으면
> 입가에 / 맛있는 짜장 수염 두 가닥
>
> 마주 앉은 친구가 / 웃는 소리도
> 짜장짜장 들리는 날

4 이 시에 대한 설명으로 알맞지 않은 것은 무엇입니까? (　　)

① 짜장면을 먹으면서 신이 난 아이들의 모습이 떠오른다.
② 친구가 짜장면을 싫어해서 먹기 싫다고 한 모습이 떠오른다.
③ 콧잔등에 짜장 양념이 묻은 것을 짜장 점이 생겼다고 표현하였다.
④ 오늘 급식에 짜장면이 나오기 때문에 제목을 '짜장 요일'이라고 하였다.
⑤ 짜장면을 먹는 모습이 실감 나게 '호로록호로록'이라는 표현을 사용하였다.

5 이 시에서 말하는 사람과 비슷한 경험을 가장 알맞게 말한 것은 무엇입니까? (　　)

① 짜장 수염이라는 표현이 재미있어.
② 짜장면에는 양파 같은 채소가 들어가.
③ '짜장면'과 '자장면'이 모두 맞는 말이야.
④ 음식을 남기지 않고 다 먹는 것이 좋아.
⑤ 아빠와 비빔밥을 먹을 때 아빠 턱에 묻은 고추장이 빨간 점처럼 보였어.

가 할머니는 하얀 집을 늘 하얗게 만들려고 날마다 노력했어. 그러다 보니 걱정도 점점 늘어 갔어.

'밤에 새들이 들어와 똥이라도 싸 놓으면 어떡하지?'

나 여느 때처럼 할머니는 하얀 집을 구석구석 여기저기 청소했어.

그런데 문득 이상한 기분이 들었어.

하얀 고양이가 사라진 거야!

저녁이 되었는데도 하얀 고양이는 보이지 않았어.

'대체 어디 간 걸까? 찾으러 나가야 하나? 집을 비우면 못된 녀석들이 우리 집을 망가뜨릴지도 몰라.'

할머니는 이러지도 저러지도 못했지.

6 할머니의 성격이나 특징을 알맞게 상상한 것은 무엇입니까? (　　　)

① 게으른 사람일 것이다.

② 강아지를 좋아하는 사람일 것이다.

③ 이웃과 잘 어울리는 사람일 것이다.

④ 청소를 좋아하고 깔끔한 성격일 것이다.

⑤ 이웃의 고민을 잘 들어주는 사람일 것이다.

7 글 **나**에서 할머니의 마음으로 알맞은 것은 무엇입니까? (　　　)

① 집이 더러워서 부끄럽다.

② 집에 혼자 있어서 심심하다.

③ 고양이가 언제 새끼를 낳을지 궁금하다.

④ 집에 사람들을 초대할 생각을 하니 설렌다.

⑤ 고양이를 찾으러 나가면 못된 녀석들이 집을 망가뜨릴까 봐 불안하다.

가 그러던 어느 날, 할머니는 깜짝 놀랐어.

할머니 눈에 뭔가 작고 꼬물꼬물 움직이는 게 보이는 거야.

세상에! 새끼 고양이들이었어.

나 하얀 집은 점점 난장판이 되었어.

빨강이는 할머니 스웨터를 다 풀어 놓았어.

노랑이는 하얀 벽에 온통 발자국을 찍어 놓았고, 분홍이는 할머니가 마시던 커피를 쏟아 버렸지.

녀석들은 쏟고, 흘리고, 묻히고, 깨뜨렸어.

할머니는 계속 정리하고, 치우고, 닦았어.

날마다 한바탕 소동을 정리하고 나면 할머니는 지쳐서 곯아떨어졌어.

8 글 **가**에서 할머니가 깜짝 놀란 까닭은 무엇입니까? (　　　)

① 새끼 고양이들이 태어나서

② 새들이 집에 똥을 싸 놓아서

③ 할머니의 스웨터가 없어져서

④ 하얀 고양이가 집으로 돌아와서

⑤ 집에 다람쥐와 너구리가 들어와서

9 글 **나**에서 일어난 일로 알맞은 것은 무엇입니까? (　　　)

① 하얀 고양이가 집을 나갔다.

② 새끼 고양이들을 보려고 사람들이 찾아왔다.

③ 집이 더는 하얗지 않았지만 할머니는 즐거웠다.

④ 할머니가 집을 비운 사이에 새들이 들어와 집을 어지럽혔다.

⑤ 할머니는 새끼 고양이들이 난장판으로 만든 집 안을 정리하느라 지쳐서 곯아떨어졌다.

[10~11] 다음 글을 읽고 물음에 답하시오.

새끼 고양이들은 무럭무럭 자랐어. 그리고 여전히 여기저기 흔적을 남기고 다녔지.

할머니는 언젠가부터 걱정하거나 화내지 않았어. 오히려 그런 고양이들을 보고 또 보는 게 즐거웠어.

할머니 집은 이제 눈처럼 하얗지 않아.

그래도 할머니는 괜찮대.

요즘 할머니에겐 즐거운 일이 아주 많이 생겼거든.

10 새끼 고양이들이 집 안을 어질렀을 때 할머니는 어떻게 하였습니까? (　　　)

① 걱정하거나 화내지 않았다.
② 어질러진 곳의 사진을 찍었다.
③ 불평하면서 집 안을 청소하였다.
④ 새끼 고양이들을 집 밖으로 쫓아냈다.
⑤ 새끼 고양이들이 방 밖으로 나오지 못하게 하였다.

11 할머니가 집이 눈처럼 하얗지 않아도 괜찮다고 생각한 까닭은 무엇입니까? (　　　)

① 곧 이사를 가기 때문이다.
② 어미 고양이가 소중하기 때문이다.
③ 집을 청소해 주는 사람이 오기 때문이다.
④ 할머니에게 즐거운 일이 아주 많이 생겼기 때문이다.
⑤ 새끼 고양이들이 다른 집으로 갈 날이 얼마 남지 않았기 때문이다.

[12~14] 다음 글을 읽고 물음에 답하시오.

가 소이와 친구들은 날이 어두워지는 것도 모르고 깔깔거리면서 놀았죠.

나 의자에 앉아 있던 아저씨에게 다가가 소이가 물었죠.

"아저씨는 왜 멀쩡한 의자를 가지고 나왔어요?"

"쉿! 조용히 해 주겠니? 삐거덕거리는 곳을 찾아야 고칠 수가 있단다."

12 아저씨의 의자에 대한 소이의 생각으로 알맞은 것은 무엇입니까? (　　　)

① 멀쩡해 보인다.
② 고장 난 것 같다.
③ 튼튼하게 고쳐야 할 것 같다.
④ 아저씨의 의자를 가지고 싶다.
⑤ 시끄러워서 버려야 할 것 같다.

13 아저씨가 소이에게 조용히 해 달라고 한 까닭은 무엇입니까? (　　　)

① 줄을 서야 해서
② 다른 사람과 이야기를 하고 있어서
③ 소이와 이야기를 할 기분이 아니어서
④ 수리점 주인의 말소리가 잘 들리지 않아서
⑤ 의자의 어느 부분이 삐거덕거리는지 찾아야 해서

14 '멀쩡하다'를 활용하여 문장을 만든 것으로 알맞지 <u>않은</u> 것은 무엇입니까? (　　　)

① 멀쩡한 물건을 버리지 마세요.
② 친구와 멀쩡히 떨어져 있었다.
③ 자전거를 고쳤더니 멀쩡해졌다.
④ 텔레비전이 멀쩡하게 잘 나오네요.
⑤ 멀쩡히 잘 쓰고 있는데 동생이 망가뜨렸다.

[15~18] 다음 글을 읽고 물음에 답하시오.

> ⑳ "이 옷장은 어디가 고장 난 거죠?"
> "안에 넣은 물건을 도무지 찾을 수가 없어서 왔단다. 한번 넣으면 절대로 못 찾아."
> "숨바꼭질할 때 숨으면 딱 좋겠는데요!"
> "너도 고칠 게 있니? 난 화분에서 쓸모없는 강아지풀이 자꾸만 자라서 고치려고 왔는데."
> "㉠그걸 왜 고쳐요? 강아지풀로 간지럼을 태우면 엄청 재미있는데!"
> ⑤ "아저씨는 이 유령 때문에 잠을 한숨도 못 잤어. 다시는 침대 밑으로 들어가지 못하게 할 거야!"
> "그러지 마세요. 제 친구라고요!"

15 어른이 옷장을 고치려고 하는 까닭은 무엇입니까? (　　)

① 문을 열 때마다 삐거덕거려서
② 옷장 안에서 이상한 냄새가 나서
③ 무거워서 이리저리 옮길 수 없어서
④ 좁아서 물건을 많이 넣을 수 없어서
⑤ 안에 물건을 넣으면 절대로 찾을 수 없어서

16 ㉠과 같이 말한 까닭은 무엇입니까? (　　)

① 화분을 우산꽂이로 쓸 수 있어서
② 강아지풀이 나쁜 곤충을 쫓아 주어서
③ 강아지풀이 공기를 깨끗하게 해 주어서
④ 강아지풀은 흔히 보기 힘든 식물이어서
⑤ 강아지풀로 간지럼을 태우면 재미있어서

17 '유령'에 대한 소이의 생각은 무엇입니까? (　　)

① 친구이다.
② 잠을 못 자게 한다.
③ 나쁜 꿈을 꾸게 한다.
④ 침대를 둥둥 떠다니게 한다.
⑤ 재미있는 글 이야기를 들려준다.

18 어른들이 고치려고 하는 것에 대한 소이의 생각은 무엇입니까? (　　)

① 스스로 고쳐야 한다.
② 재미있어서 고치지 않아도 된다.
③ 고치려면 돈이 너무 많이 필요하다.
④ 고치는 것보다 새로 사는 것이 낫다.
⑤ 수리점 주인이 고칠 수 없을 것이다.

1 단원
진도 완료 체크

[19~20] 다음 시를 읽고 물음에 답하시오.

> 채송화야 / 난 네가
> 장대비에 쓸려 갈까 봐
> 밤새 눈 뜨고 지켜봤단다
>
> 해바라기야 / 난 네가
> 장대비에 쓰러질까 봐
> 밤새 눈 감고 맘 졸였단다

19 시에서 일어난 일은 무엇입니까? (　　)

① 굵고 거센 비가 내렸다.
② 사람들이 채송화를 꺾었다.
③ 채송화가 다른 곳으로 옮겨졌다.
④ 벌과 나비가 해바라기를 찾아왔다.
⑤ 해바라기가 해를 피해 고개를 숙였다.

20 해바라기와 채송화의 마음으로 알맞은 것은 무엇입니까? (　　)

① 부럽다.　　　　② 걱정된다.
③ 부끄럽다.　　　④ 서운하다.
⑤ 자랑스럽다.

· 답안 입력하기　　· 평가 분석표 받기

개념 강의

칭찬하기

미술 작품을 완성 하려고 끝까지 노력하는 네가 정말 대단해.

완성하느라 힘들었는데 네가 칭찬해 주니까 뿌듯해.

조언하기

나는 왜 자꾸 실수하는 걸까? 실수를 하지 않으려면 어떻게 해야 할까?

실수해서 무척 속상했구나. 그런데 실수는 누구나 하는 거니까 너무 실망하지 마.

✳ 강의를 들으며 중요한 내용을 메모하세요!

● 고운 말로 대화하는 방법

● 칭찬이나 조언하는 방법

● 대화할 때 적절히 반응하는 방법

개념 확인하기 정답에 ✔표를 하시오.

정답 26쪽

1 고운 말로 대화하는 방법으로 알맞은 것은 어느 것입니까?

㉠ 상대보다 자신의 말을 더 많이 한다. ☐

㉡ 상대의 기분이 상하지 않도록 말한다. ☐

㉢ 친근하게 느껴지도록 비속어를 사용한다. ☐

2 칭찬하는 방법으로 알맞지 <u>않은</u> 것은 어느 것입니까?

㉠ 최대한 부풀려서 칭찬한다. ☐

㉡ 상대의 좋은 점을 찾아 칭찬한다. ☐

㉢ 칭찬하는 점과 그 까닭이 드러나게 칭찬한다. ☐

3 조언하는 말을 할 때에는 어떤 마음으로 말해야 합니까?

㉠ 걱정하는 마음 ☐

㉡ 비난하는 마음 ☐

㉢ 무시하는 마음 ☐

4 대화할 때 적절히 반응하는 방법으로 알맞지 <u>않은</u> 것은 어느 것입니까?

㉠ 대화 내용에 집중한다. ☐

㉡ 내 기분만 생각하며 말한다. ☐

㉢ 상대의 말을 공감하며 들어 준다. ☐

[1~4] 다음을 보고 물음에 답하시오.

1 언제 있었던 일입니까? (   )

① 점심시간   ② 국어 시간   ③ 쉬는 시간
④ 체육 시간   ⑤ 청소 시간

2 민서와 대화할 때 하늘이의 기분은 어떠하겠습니까? (   )

① 지루하다.   ② 미안하다.
③ 짜증 난다.   ④ 당황스럽다.
⑤ 기분이 좋다.

3 정현이의 이야기를 들었을 때 하늘이의 기분은 어떠하겠습니까? (   )

① 고맙다.   ② 뿌듯하다.
③ 자랑스럽다.   ④ 기분이 나쁘다.
⑤ 같이 놀고 싶다.

4 하영이가 잘못한 점은 무엇입니까? (   )

① 비속어를 사용하였다.
② 짜증을 내면서 말하였다.
③ 높임말을 사용하지 않았다.
④ 하늘이의 말에 집중하지 않았다.
⑤ 하늘이의 말에 무조건 찬성하였다.

[5~6] 다음을 보고 물음에 답하시오.

5 준혁이는 어떻게 말하였습니까? (   )

① 자기가 할 말만 하였다.
② 비속어를 사용하여 말하였다.
③ 상대를 칭찬하는 말을 하였다.
④ 상대의 기분을 살펴 말하였다.
⑤ 자신의 기분을 잘 설명하였다.

6 지은이의 마음으로 빈칸에 들어갈 알맞은 말은 무엇입니까? (   )

① 고마워.   ② 미안해.   ③ 귀찮아.
④ 짜증 나.   ⑤ 안타까워.

7 고운 말로 대화하는 방법으로 알맞지 <u>않은</u> 것은 어느 것입니까? (   )

① 욕설을 사용하지 않는다.
② 친구 이야기를 공감하며 들어 준다.
③ 비속어를 사용하여 친근하게 말한다.
④ 친구의 기분이 상하지 않도록 말한다.
⑤ 친구의 말을 잘 듣고 상황에 알맞은 말을 한다.

8 다음 그림에서 시연이가 할 말로 알맞지 <u>않은</u> 것은 어느 것입니까? ( )

앗, 깜짝이야!

시연

① 미안해.
② 다치지 않았니?
③ 앞으로 조심할게.
④ 어디를 보고 다녀?
⑤ 내가 급하게 가느라 못 봤어.

9 고운 말로 대화하면 좋은 점으로 알맞지 <u>않은</u> 것은 어느 것입니까? ( )

① 서로 기분 좋게 대화할 수 있다.
② 친구와 사이 좋게 지낼 수 있다.
③ 친구의 상황을 더 잘 이해할 수 있다.
④ 어려운 낱말의 뜻을 쉽게 알 수 있다.
⑤ 친구의 마음을 생각하며 말할 수 있다.

[10~14] 다음 글을 읽고 물음에 답하시오.

"난 속삭이야. 목소리는 작지만 아는 건 많지!"
둘은 잠시 마주 보았어요.
"나는 크니프야. 너는 목소리가 참 예쁘구나. 정말 좋겠다."
"왜? 너는 목소리가 커서 멋있는걸."
"아냐, 아냐! 아무도 날 좋아하지 않아. 아무도 나랑 이야기도 하지 않고, 놀려고 하지도 않아."
크니프는 뾰족한 발가락을 꼼지락거리며 말했어요.
㉠"친구 사귀는 방법은 생각보다 간단해. 친구를 만나면 먼저 반갑게 인사해 봐!"

10 크니프는 속삭이의 어떤 점을 칭찬했습니까? ( )

① 친구가 많은 점 　② 목소리가 큰 점
③ 목소리가 예쁜 점 　④ 소리를 잘 듣는 점
⑤ 발가락이 뾰족한 점

11 크니프가 속삭이를 칭찬했을 때 속삭이의 마음은 어떠하였겠습니까? ( )

① 기쁘다. 　　　② 화난다.
③ 부럽다. 　　　④ 걱정된다.
⑤ 의심스럽다.

12 크니프의 고민은 무엇입니까? ( )

① 발가락이 긴 것
② 목소리가 작은 것
③ 아는 것이 많은 것
④ 노래를 잘 부르지 못하는 것
⑤ 아무도 자신을 좋아하지 않는 것

13 속삭이가 말한 친구 사귀는 방법은 무엇입니까? ( )

① 발톱을 자르기 　② 먼저 인사하기
③ 책을 많이 읽기 　④ 함께 노래 부르기
⑤ 큰 목소리로 말하기

14 ㉠과 같이 다른 사람에게 어려움이 있을 때 도움이 되도록 말로 알려 주는 것을 무엇이라고 합니까? ( )

① 조언 　　② 칭찬 　　③ 배려
④ 사과 　　⑤ 대화

[15~16] 다음을 보고 물음에 답하시오.

15 시아는 선우의 어떤 점을 칭찬하였습니까?
( )

① 고마운 점   ② 친절한 점
③ 잘못한 점   ④ 잘하는 점
⑤ 열심히 노력하는 점

16 선우의 기분은 어떠하겠습니까? ( )
① 슬프다.   ② 안타깝다.
③ 미안하다.   ④ 기분이 좋다.
⑤ 기분이 나쁘다.

17 칭찬하는 방법으로 알맞지 <u>않은</u> 것은 어느 것입니까? ( )
① 진심을 담아서 이야기한다.
② 잘못한 점과 함께 이야기한다.
③ 상대의 좋은 점을 찾아 칭찬한다.
④ 좋은 점을 너무 부풀리지 않고 칭찬한다.
⑤ 칭찬하는 점과 그 까닭이 드러나게 이야기한다.

18 다음에서 서윤이는 어떻게 조언했습니까?
( )

① 짧은 문장으로 말한다.
② 무조건 좋은 말만 해 준다.
③ 상대가 잘못한 점을 알려 준다.
④ 꾸며 주는 말을 사용하여 이야기한다.
⑤ 문제를 해결할 수 있는 방법을 말해 준다.

19 조언하는 방법으로 알맞지 <u>않은</u> 것은 어느 것입니까? ( )
① 걱정하는 마음을 담아 말한다.
② 상대를 존중하는 태도로 말한다.
③ 상대를 비난하며 행동을 지시한다.
④ 듣는 사람의 마음에 공감하며 말한다.
⑤ 듣는 사람이 고쳤으면 하는 습관을 알려 준다.

20 대화할 때 적절히 반응하는 방법으로 알맞지 <u>않은</u> 것은 어느 것입니까? ( )
① 상대의 말에 맞장구를 친다.
② 알맞은 몸짓을 하며 듣는다.
③ 상대의 말에 공감하며 듣는다.
④ 무조건 큰 소리로 반응해 준다.
⑤ 대화 내용에 어울리는 표정을 짓는다.

2
단원

진도 완료
체크

· 답안 입력하기   · 평가 분석표 받기

개념 강의

✱ 강의를 들으며 중요한 내용을 메모하세요!

● 글을 읽고 중심 내용을 찾는 방법

● 사물을 설명하는 방법

● 사물을 설명하는 글을 쓸 때 주의할 점

개념 확인하기   정답에 ✔표를 하시오.   정답 27쪽

1 글을 읽고 중심 내용을 찾는 방법으로 알맞은 것은 무엇입니까?

     ㉠ 경험한 일을 떠올려 본다. ☐

     ㉡ 제목을 보고 무엇에 대한 내용인지 짐작한다. ☐

2 빗자루에 대해서 설명하는 글을 쓸 때에 들어갈 내용은 무엇입니까?

     ㉠ 오늘날의 전기 생활 도구는 생활을 편리하게 해 준다. ☐

     ㉡ 빗자루는 먼지나 쓰레기를 쓸어 모으는 청소 도구이다. ☐

3 사물을 설명하는 글을 쓸 때에 주의할 점은 무엇입니까?

     ㉠ 사물의 특징이 잘 드러나게 쓴다. ☐

     ㉡ 읽는 사람이 이해하기 어렵게 쓴다. ☐

4 떡볶이에 대하여 설명하는 글을 쓸 때에 쓸 내용으로 가장 알맞지 <u>않은</u> 것은 무엇입니까?

     ㉠ 맛 ☐

     ㉡ 가격 ☐

     ㉢ 재료 ☐

[1~5] 다음 글을 읽고 물음에 답하시오.

가 누구나 잘못을 했을 때 상대에게 사과를 꼭 해야 해. 마음속으로만 잘못했다고 생각하면 상대는 알 수가 없잖아. 내 마음을 읽을 수 없으니까 말이야. 또 중요한 한 가지! 사과할 때는 왜 미안한지도 말해야 해. 무엇을 잘못해서 뉘우치고 있다는 것을 알려 주어야 상대도 사과하는 사람의 진심을 느끼고 받아들여 주거든. 그리고 다시는 그런 일을 하지 않을 거라는 약속도 해야 한단다.

나 "내 사과를 받아 줄래?"라고 정중하게 물어봐야 해. 진심으로 사과하면 받아 주지 않는 사람은 없을 거야.

다 "나도 잘못했지만 너도 잘못했어." 이렇게 끝에 토를 달기 때문이야. 사과를 하면서 이렇게 따진다면 차라리 사과를 하지 않는 편이 더 나아. 다시 다투게 될지도 모르거든.
 "미안해. 하지만……." 이런 식으로 이유를 대거나 변명을 하는 것도 좋지 않아. 변명을 하다 보면 상대를 탓하게 되거든. 사과를 하려고 마음먹었으면 정말 딱 사과만 하는 거야. 깨끗하게 자신의 잘못을 인정하고 진심으로 사과하고 화해한다면 더 좋은 친구가 될 수 있어.

1 이 글의 제목으로 알맞은 것은 무엇입니까?
( )

① 진심으로 사과하는 법을 알아 둬
② 나라마다 사과할 때 하는 말이 달라
③ 날씨가 좋으면 사과를 더 잘 받아 줄까?
④ 사과를 하지 않아서 멀어진 친구가 있니?
⑤ 미안하다는 말보다는 고맙다는 말이 더 좋아

2 글 **가**에서 알 수 있는 것은 무엇입니까?
( )

① 사과를 하는 장소
② 사과할 때 주는 물건
③ 사과를 받을 때의 표정
④ 사과를 하지 않아도 괜찮은 사람
⑤ 사과해야 하는 까닭과 사과하는 방법

3 이 글에서 알 수 있는 '진심으로 사과하는 법'으로 알맞지 <u>않은</u> 것은 무엇입니까? ( )

① 미안한 이유에 대해서 말한다.
② 변명을 하지 않고 딱 사과만 한다.
③ 사과를 받아 줄 것인지 정중하게 물어본다.
④ 미안한 표정만으로 사과하는 마음을 전한다.
⑤ 다시는 같은 잘못을 하지 않을 것이라는 약속을 한다.

4 이 글에서 사과할 때 토를 달면 어떤 일이 생길 수 있다고 하였습니까? ( )

① 다시 다투게 될 수도 있다.
② 사과하는 시간이 길어진다.
③ 사과하는 마음이 더 잘 전달된다.
④ 무엇을 잘못했는지 더 잘 알 수 있다.
⑤ 상대가 잘못한 점을 깨우쳐 줄 수 있다.

5 이 글에서 사과하고 화해했을 때의 좋은 점은 무엇이라고 하였습니까? ( )

① 더 좋은 친구가 될 수 있다.
② 비슷한 잘못을 하지 않게 된다.
③ 잘못한 이유를 말하지 않아도 된다.
④ 사과하는 곳을 마음대로 정할 수 있다.
⑤ 사과를 받아 주지 않는 친구가 생기지 않는다.

[6~10] 다음 글을 읽고 물음에 답하시오.

> 가 빗자루는 먼지나 쓰레기를 쓸어 모으는 청소 도구야.
>
> 나 먼저 갈대나 수수 줄기를 소금물에 삶는데, 이렇게 하면 줄기가 질겨져. 그런 다음에 그늘에 말려서 납작한 칼로 줄기에 묻은 나락이나 꽃가루 들을 깨끗이 긁어내. 그러고는 줄기를 가지런히 정리해서 어른 엄지손가락 굵기만큼씩 묶어. 그 묶음을 쓰임새에 따라 한두 개나 수십 개를 뭉쳐 끈으로 동여매지. 이제 묶은 자루 끝을 가지런히 잘라 주면 빗자루가 되는 거야.
>
> 다 빗자루는 만든 재료나 생김새에 따라 ㉠ 도 가지가지야. 싸리 줄기로 만들어 흔히 마당비로 쓰는 빗자루를 '싸리비'라고 하지. 수수로 만든 빗자루는 '장목비'라고 하고 갈대 이삭을 묶어 만든 빗자루는 '갈목비'라고 해. 대나무를 끼워 손잡이를 길게 한 빗자루는 '대장비', 솔가지나 솔잎으로 만들어 사랑방이나 작은 방이나 화로 둘레를 치우는 데 쓰던 빗자루는 '솔비', 방비 자루에 고운 수를 놓은 빗자루는 '꽃비'야.
>
> 라 심심한 오후에는 이 빗자루로 인형 놀이도 했어. 얼굴도 팔도 없는 빗자루 인형이었지만 말이야.

6 글 가를 읽고 알 수 있는 것은 무엇입니까?
( )

① 빗자루의 쓰임새
② 빗자루를 만드는 시간
③ 빗자루의 여러 가지 이름
④ 빗자루로 할 수 있는 놀이
⑤ 우리나라 빗자루와 다른 나라 빗자루의 다른 점

7 '질기다'와 뜻이 반대인 낱말은 무엇입니까?
( )

① 풀다   ② 모으다   ③ 억세다
④ 즐겁다   ⑤ 연하다

8 ㉠ 에 알맞은 말은 무엇입니까? ( )

① 무게   ② 길이
③ 이름   ④ 만드는 사람
⑤ 전해지는 이야기

9 글 라에서 빗자루로 어떤 놀이를 할 수 있다고 하였습니까? ( )

① 윷놀이   ② 소꿉놀이   ③ 숨바꼭질
④ 마술 놀이   ⑤ 인형 놀이

10 이 글을 읽고 더 찾아 읽고 싶은 글에 대하여 알맞게 말한 것은 무엇입니까? ( )

① 옛날 옷의 모습에 대해 설명하는 글을 읽고 싶어.
② 소금은 어떻게 만들어지는지 설명하는 글을 읽고 싶어.
③ 세탁기가 어떻게 발명되었는지 알려 주는 글을 읽고 싶어.
④ 쓰레기 분리배출 방법에 대해 설명하는 글을 읽고 싶어.
⑤ 빗자루가 도깨비로 변하는 우리나라의 옛 이야기를 찾아서 읽고 싶어.

[11~15] 다음 글을 읽고 물음에 답하시오.

가 ㉠우리는 날마다 여러 가지 옷을 볼 수 있습니다. ㉡친구들이 입는 옷에는 치마도 있고 바지도 있습니다. ㉢또 친구들이 입는 옷의 색이나 무늬도 다양합니다. ㉣거리에서 사람들을 만날 때면 저마다 다른 모습의 옷을 함께 볼 수 있습니다.

나 어떤 ㉮ 인지에 따라서 볼 수 있는 옷이 달라집니다. 수영장에서는 수영복을, 체육관이나 운동장에서는 활동하기 편한 운동복을 많이 볼 수 있습니다. 결혼식장에서 볼 수 있는 특별한 옷은 웨딩드레스입니다.

다 하는 일에 따라서도 옷차림이 달라집니다. 소방관은 뜨거운 불로부터 몸을 보호하려고 헬멧과 장갑, 열을 막을 수 있는 특별한 옷을 입습니다. 요리하는 사람은 음식을 청결하게 만들려고 요리용 모자를 쓰거나 앞치마를 두릅니다.

⊕

라 우리는 날마다 여러 가지 옷차림을 볼 수 있습니다. ㉤오늘 여러분은 어떤 옷을 입고 있나요? 그 옷을 고른 까닭은 무엇인가요? 우리 주변에서 볼 수 있는 여러 가지 옷차림을 자세히 살펴보세요.

11 이 글의 제목으로 가장 알맞은 것은 무엇입니까? (   )

① 여러 가지 옷차림
② 옷을 정리하는 방법
③ 아이들이 좋아하는 옷
④ 옷을 싸게 사는 방법은 무엇일까요?
⑤ 옷 빨기, 이렇게 하면 어렵지 않아요

12 글 **가**의 ㉠~㉣ 중에서 중요한 문장은 무엇입니까? (   )

① ㉠   ② ㉡   ③ ㉢
④ ㉣   ⑤ ㉡, ㉢

13 ㉮ 에 들어갈 말로 알맞은 것은 무엇입니까? (   )

① 시간   ② 장소   ③ 나라
④ 가격   ⑤ 나이

14 ⊕ 에 들어갈 문장으로 알맞은 것은 무엇입니까? (   )

① 옷을 기부할 수 있는 곳이 있습니다.
② 사람에 따라 어울리는 옷의 색깔이 다릅니다.
③ 검은색 옷은 더러운 것이 묻어도 잘 드러나지 않습니다.
④ 의사는 흰 가운을 입거나 수술할 때 입는 옷을 입습니다.
⑤ 요즈음에는 버려지는 옷이 많아서 옷 쓰레기가 큰 문제가 되고 있습니다.

15 ㉤와 같은 물음에 대한 대답으로 알맞지 않은 것은 무엇입니까? (   )

① 자려고 잠옷을 입었어요.
② 더워서 반바지를 입었어요.
③ 설날이라서 예쁘게 한복을 입었어요.
④ 가족과 함께 산에 가려고 등산복을 입고 운동화를 신었어요.
⑤ 여러 나라에서 전해 내려오는 옷은 그 나라의 날씨에 따라 달라요.

16 다음 글의 ☐ 안에 들어갈 문장으로 알맞은 것은 무엇입니까? (   )

> 날씨가 더울 때에는 두께가 얇고, 소매가 짧은 옷을 입습니다. 날씨가 추울 때에는 두께가 두껍고, 소매가 긴 옷을 입습니다.

① 입는 옷은 나이에 따라 달라집니다.
② 날씨에 따라서 입는 옷이 달라지기도 합니다.
③ 남자든 여자든 좋아하는 옷을 입을 수 있습니다.
④ 군인은 있는 곳에 따라 옷 색깔을 다르게 합니다.
⑤ 옛날에는 우산이 없어서 대나무로 만든 커다란 모자를 써서 비를 막았다고 합니다.

[17~18] 다음을 보고 물음에 답하시오.

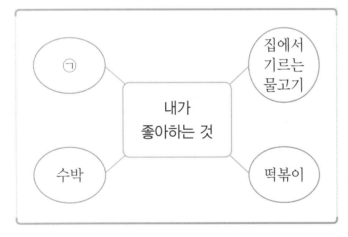

17 다음은 ㉠에 들어갈 대상을 떠올려서 말한 것입니다. 무엇이겠습니까? (   )

> • 바퀴가 두 개나 세 개 있는 탈것이다.
> • 페달을 밟아 바퀴를 돌려서 간다.

① 뗏목   ② 열기구   ③ 자동차
④ 자전거   ⑤ 오토바이

18 다음은 수박에 대해서 설명하는 내용입니다. 알맞지 않은 것은 무엇입니까? (   )

① 속살은 보통 붉다.
② 주로 여름에 먹는다.
③ 검은색 씨가 딱 한 개만 있다.
④ 속살에는 물이 많아서 목이 마를 때에 먹으면 좋다.
⑤ 둥근 모양이고, 겉은 주로 초록색 바탕에 줄무늬가 있다.

19 다음 글에서 설명하고 있는 것은 무엇입니까? (   )

> 말은 귀로 듣고 글은 눈으로 보아요. 가까이 있는 사람들이 서로 뜻을 주고받는 데에는 말이 편해요. 그렇지만 멀리 있는 사람이나 여러 사람한테 무언가를 알리는 데에는 글이 더 편하지요. 그래서 아주 옛날부터 사람들은 글자를 썼어요.

① 종이   ② 글자
③ 연필   ④ 귀와 눈
⑤ 여러 나라 말의 차이점

20 다음 (   ) 안에 들어갈 알맞은 낱말은 무엇입니까? (   )

> 옥수수를 (   ) 먹는다.

① 삶아서   ② 삶아서   ③ 삶아서
④ 삼마서   ⑤ 살마서

· 답안 입력하기   · 평가 분석표 받기

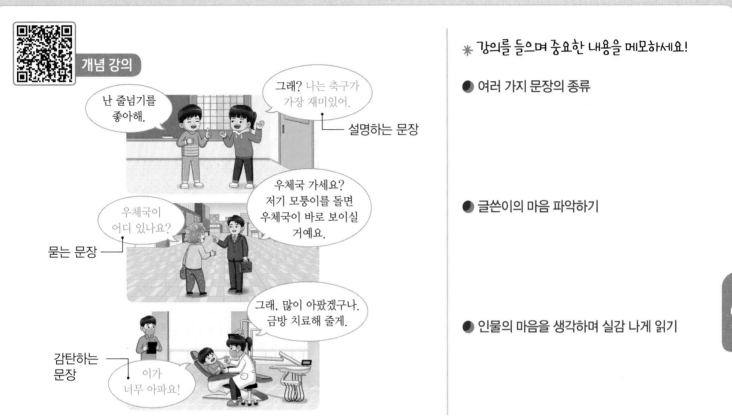

* 강의를 들으며 중요한 내용을 메모하세요!

● 여러 가지 문장의 종류

● 글쓴이의 마음 파악하기

● 인물의 마음을 생각하며 실감 나게 읽기

4단원

개념 확인하기 · 정답에 ✔표를 하시오.

정답 28쪽

1 설명하는 문장의 끝에 쓰는 문장 부호는 무엇입니까?

ⓐ .(마침표) ☐

ⓑ ?(물음표) ☐

ⓒ !(느낌표) ☐

2 '오늘 날씨가 정말 좋구나!'의 문장의 종류는 무엇입니까?

ⓐ 묻는 문장 ☐

ⓑ 설명하는 문장 ☐

ⓒ 감탄하는 문장 ☐

3 글쓴이의 마음을 파악하는 방법으로 알맞은 것은 어느 것입니까?

ⓐ 글을 쓴 장소가 어디인지 알아본다. ☐

ⓑ 문장의 종류와 문장을 쓴 까닭을 생각해 본다. ☐

4 이야기를 실감 나게 읽는 방법으로 알맞지 <u>않은</u> 것은 어느 것입니까?

ⓐ 무조건 큰 목소리로 읽는다. ☐

ⓑ 이야기의 내용이 잘 전달되도록 읽는다. ☐

ⓒ 인물의 마음에 어울리는 목소리로 읽는다. ☐

4
단원

[1~2] 다음 편지를 읽고 물음에 답하시오.

우리 미술관에서 본 작품들 가운데 어떤 작품이 가장 기억에 남았나요? 박수근 화가의 「공기놀이하는 아이들」을 기억하고 있는지 궁금하네요. 이 그림은 여자아이 세 명이 공기놀이하는 모습을 그린 것이에요. 육십 년 전, 가난으로 힘든 시기에도 행복한 한때를 보내는 아이들의 모습이 인상 깊은 작품입니다. 이렇게 의미 있는 작품을 오랫동안 기억해 주었으면 좋겠습니다.

우리 미술관에서는 11월에 어린이들이 그린 그림을 전시할 예정이에요. 어린이들이 20년 뒤에 자신의 모습을 상상하며 그린 그림들이죠. ㉠정말 멋진 작품들이에요! 여러분을 특별 전시회에 초대하고 싶어요. 꼭 와 주길 바라요.

1 이 편지를 쓴 까닭은 무엇입니까? (   )

① 장래 희망이 무엇인지 물어보려고
② 미술관 특별 전시회에 초대하려고
③ 옛날 사람들의 이야기를 들려주려고
④ 작품을 감상하는 방법을 알려 주려고
⑤ 가장 좋아하는 작품이 무엇인지 물어보려고

2 ㉠과 같은 문장 부호가 쓰인 문장은 어느 것입니까? (   )

① 우리들은 2학년입니다.
② 이 가방의 주인은 누구지?
③ 우리 집 강아지는 정말 귀여워!
④ 다음 쉬는 시간에 공기놀이할래?
⑤ 바다에 플라스틱 섬이 생겼습니다.

[3~4] 다음을 보고 물음에 답하시오.

3 ㉠은 어떻게 쓰인 문장입니까? (   )

① 무엇을 설명할 때
② 무엇인가를 물어볼 때
③ 강한 느낌을 나타낼 때
④ 무엇을 하라고 시킬 때
⑤ 무엇을 함께하자고 할 때

4 ㉡ 문장의 종류는 무엇입니까? (   )

① 묻는 문장   ② 시키는 문장
③ 설명하는 문장   ④ 감탄하는 문장
⑤ 권유하는 문장

5 다음 그림에서 ㉠에 대한 설명으로 알맞지 않은 것은 어느 것입니까? (   )

① 감탄하는 문장이다.
② 느낌표가 사용되었다.
③ 아픈 느낌을 나타낸다.
④ 이가 아픈지 묻는 문장이다.
⑤ 치과에서 의사 선생님께 한 말이다.

[6~8] 다음을 보고 물음에 답하시오.

가 공연은 몇 시에 시작하나요?

나 2시 30분에 시작합니다.

다 여기 상추 씨앗이 있어.

라 씨앗이 참 작구나!

마 주인공이 병에 걸려서 너무 슬펐어!

바 그 뒤에 주인공은 어떻게 되었을까?

사 색종이 가장자리를 모두 안으로 접으면 강아지 모양이 된단다.

아 우아, 신기해요!

자 나랑 공놀이할래?

차 그래, 좋아.

6 가와 문장의 종류가 같은 것은 어느 것입니까? (   )

① 나   ② 라   ③ 바

④ 아   ⑤ 차

7 사 문장을 쓴 까닭으로 알맞은 것은 어느 것입니까? (   )

① 종이 접는 방법을 물으려고

② 종이접기를 하라고 시키려고

③ 종이 접는 방법을 설명하려고

④ 종이접기에 대한 느낌을 표현하려고

⑤ 종이접기에 대한 생각을 표현하려고

8 다음 중 문장의 종류가 나머지와 <u>다른</u> 하나는 무엇입니까? (   )

① 나   ② 다   ③ 라

④ 사   ⑤ 차

[9~11] 다음 편지를 읽고 물음에 답하시오.

지후에게

㉠지후야, 안녕? 나 민우야.

지후야, 어제 네가 내 가방을 들어 주어서 큰 도움이 되었어. 내가 손을 다쳐서 가방을 어떻게 들까 걱정했었거든. ㉡그때 네가 도와준다고 해서 정말 기뻤어! 그런데 고맙다는 말을 제대로 하지 못해서 이렇게 편지를 써.

9 편지에 들어갈 내용 중 ㉠은 무엇에 해당합니까? (   )

① 첫인사   ② 끝인사

③ 쓴 날짜   ④ 받는 사람

⑤ 전하고 싶은 말

4
단원

10 민우는 왜 가방을 들기 힘들었습니까? (   )

① 손을 다쳐서

② 다리를 다쳐서

③ 가방이 찢어져서

④ 가방이 너무 무거워서

⑤ 가방 지퍼가 고장 나서

11 ㉡에서 느껴지는 민우의 마음으로 알맞은 것은 어느 것입니까? (   )

① 지후를 도와주고 싶은 마음

② 지후가 도와준 까닭이 궁금한 마음

③ 지후가 도와준 방법이 궁금한 마음

④ 지후가 도와준다고 하여 기쁘고 고마운 마음

⑤ 지후가 도와주었다는 것을 설명하고 싶은 마음

[12~13] 다음 글을 읽고 물음에 답하시오.

"킁킁, 킁킁! 아, 국밥 냄새 참 훌륭하네! 얼른 집에 가서 밥 먹어야겠다."

최 서방은 코를 벌름거리며 감탄했어요. 그리고 주린 배를 잡으며 얼른 집으로 가려고 돌아섰어요. 그때 누군가 최 서방을 붙잡았어요.

㉠"예끼, 나쁜 사람 같으니! 왜 그냥 가려는 거야?"

구두쇠 영감이 눈을 부릅뜨고 말했어요.

"아, 국밥 냄새를 맡았으면 값을 치르고 가야지."

최 서방은 기가 막혔지요.

㉡"냄새 맡은 값이라니요? 이 무슨 말도 안 되는 소리요?"

12 ㉠을 실감 나게 읽는 방법으로 알맞은 것은 어느 것입니까? (   )

① 작게 웅얼거린다.
② 웃음을 참으며 읽는다.
③ 화난 듯이 크게 읽는다.
④ 기운 없는 목소리로 읽는다.
⑤ 작고 떨리는 목소리로 읽는다.

13 ㉡과 같이 말할 때 최 서방의 마음은 어떠하겠습니까? (   )

① 고맙다.   ② 시원하다.
③ 미안하다.   ④ 고소하다.
⑤ 황당하다.

[14~15] 다음 글을 읽고 물음에 답하시오.

"이리 가까이 오시오. 냄새 맡은 값을 줄 테니……."

최 서방은 돈주머니를 꺼내어 구두쇠 영감의 귀에 대고 흔들었어요.

"자, 이 소리가 들리지요?"

"이것은 엽전 소리가 아닌가?"

구두쇠 영감은 눈을 동그랗게 뜨고 최 서방을 쳐다보았어요.

"분명히 엽전 소리를 들었지요?"

"틀림없이 들었네."

"그럼 됐어요."

최 서방은 웃음이 가득한 얼굴로 고개를 끄덕였어요. 구두쇠 영감이 어리둥절한 표정을 지었어요.

"㉠뭐가 됐다는 거야? 어서 국밥 냄새 맡은 값이나 내놔."

14 최 서방이 구두쇠 영감에게 엽전 소리를 들려준 까닭은 무엇입니까? (   )

① 냄새 맡은 값을 치르려고
② 돈이 많다는 것을 자랑하려고
③ 구두쇠 영감이 들려 달라고 부탁해서
④ 길에서 주운 돈주머니의 주인을 찾으려고
⑤ 국밥 사 먹을 돈이 있다는 것을 알려 주려고

15 ㉠과 같이 말할 때 구두쇠 영감의 마음은 어떠하겠습니까? (   )

① 신난다.   ② 고맙다.
③ 재미있다.   ④ 통쾌하다.
⑤ 어리둥절하다.

[16~18] 다음 글을 읽고 물음에 답하시오.

농부는 커다란 무를 뽑았습니다. 어찌나 커다란 무였던지, 온 힘을 다해 낑낑대다 간신히 뽑았습니다.

㉠"세상에나! 이렇게 커다랗다니!"

농부는 저도 모르게 소리쳤습니다. 농부는 신이 나서 어깨를 들썩거렸습니다.

"이렇게 귀한 무를 그냥 먹을 수 없지. 사또에게 바쳐야지."

"사또, 제가 평생 농사를 지었지만 이렇게 커다란 무는 처음 봅니다. 사또께 이 무를 바치고 싶습니다."

사또는 껄껄껄 웃었습니다.

"그래, 고맙구나."

16 ㉠과 같이 말할 때 농부의 마음으로 알맞은 것은 어느 것입니까? (　　　)

① 즐겁다.　　② 부럽다.
③ 두렵다.　　④ 샘난다.
⑤ 미안하다.

17 농부는 커다란 무를 어떻게 했습니까? (　　　)

① 사또께 바쳤다.
② 다시 밭에 묻었다.
③ 비싼 값에 팔았다.
④ 마을 사람들과 나누어 먹었다.
⑤ 다른 사람이 못 보도록 숨겨 두었다.

18 이 글에서 짐작할 수 있는 사또의 마음으로 알맞지 <u>않은</u> 것은 어느 것입니까? (　　　)

① 기쁘다.　　② 고맙다.
③ 흐뭇하다.　　④ 기특하다.
⑤ 의심스럽다.

[19~20] 다음 글을 읽고 물음에 답하시오.

가 "사또께 송아지를 갖다 바치면 더 큰 선물을 받겠지?"

욕심꾸러기 농부는 송아지를 끌고 빠른 걸음으로 사또에게 갔습니다.

"사또, 제가 소를 많이 키워 보았지만 이렇게 살진 송아지는 처음 봅니다. 이 송아지를 사또께 드리고 싶습니다."

나 "이방, 보답해야겠는데, 요즈음 들어온 물건 가운데에서 귀한 것이 뭐가 있느냐?"

"며칠 전에 들어온 커다란 무가 있습니다."

사또는 손뼉을 쳤습니다.

"옳지! 그 무를 내어다가 농부에게 주어라."

"아이고, 아까운 내 송아지."

욕심꾸러기 농부는 울면서 집으로 돌아왔습니다.

진도 완료 체크

19 욕심꾸러기 농부가 사또에게 송아지를 바친 까닭은 무엇입니까? (　　　)

① 커다란 무를 받으려고
② 더 큰 선물을 받으려고
③ 살진 송아지가 무서워서
④ 사또가 송아지를 달라고 해서
⑤ 귀한 것을 사또께 선물하고 싶어서

20 집으로 돌아올 때 욕심꾸러기 농부의 마음은 어떠하겠습니까? (　　　)

① 신난다.　　② 행복하다.
③ 후회된다.　　④ 자랑스럽다.
⑤ 다행스럽다.

· 답안 입력하기　· 평가 분석표 받기

5 단원

개념 강의

가르치다

가리키다

작다

적다

✱ 강의를 들으며 중요한 내용을 메모하세요!

● 바른 말 사용하기

● 자신의 생각을 바른 말로 표현하기

● 일이 일어난 차례대로 이야기하는 방법

개념 확인하기 정답에 ✔표를 하시오.

정답 29쪽

1 다음 중 바른 문장은 무엇입니까?

　㉠ 딸기는 수박보다 작다. ☐
　㉡ 형이 나에게 공부를 가리키다. ☐

2 자신의 생각을 발표할 때의 태도로 알맞지 <u>않은</u> 것은 무엇입니까?

　㉠ 듣는 사람을 바라보며 작은 목소리로 말한다. ☐
　㉡ 중요한 내용을 생각하면서 바른 말로 발표한다. ☐

3 다음 중 시간을 나타내는 말은 무엇입니까?

　㉠ 작은 시골 마을 ☐
　㉡ 구수한 감자 냄새 ☐
　㉢ 일 년이 지난 가을날 ☐

4 일이 일어난 차례대로 말하는 방법으로 알맞지 <u>않은</u> 것은 무엇입니까?

　㉠ 일어난 일을 최대한 간단하게 말한다. ☐
　㉡ 시간을 나타내는 말을 사용하여 말할 수 있다. ☐

5
단원

[1~3] 다음을 보고 물음에 답하시오.

1 이 만화를 보고 알 수 있는 내용은 무엇입니까?
( )

① 윤재가 놀려서 지은이가 화가 났다.
② 지은이가 문장에 알맞지 않은 낱말을 사용했다.
③ 윤재가 작게 말해서 지은이가 알아듣지 못했다.
④ 지은이의 책가방이 너무 커서 윤재가 신기해했다.
⑤ 윤재가 지은이에게 책을 빌려줘서 지은이가 고마워했다.

2 ㉠의 뜻으로 알맞은 것은 어느 것입니까?
( )

① 색이 변했다.   ② 색이 진했다.
③ 색이 파랬다.   ④ 색이 빨갰다.
⑤ 색이 다양했다.

3 ㉡을 사용한 문장으로 알맞은 것은 무엇입니까? ( )

① 나는 형보다 용돈이 작다.
② 저녁에 먹은 밥의 양이 작다.
③ 내 옷이 엄마의 옷보다 작다.
④ 접시에 담긴 구슬의 개수가 작다.
⑤ 내 음료수의 양이 동생의 것보다 작다.

4 다음 문장의 빈칸에 들어갈 알맞은 말은 어느 것입니까? ( )

> 형이 시험에 합격하기를 _____.

① 바라다   ② 바래다   ③ 바러다
④ 바레다   ⑤ 바려다

5 다음 문장의 밑줄 그은 말을 바르게 고친 것은 무엇입니까? ( )

> 중요한 일이 있다는 사실을 잃어버렸다.

① 이러버렸다   ② 잊어버렸다
③ 잃어버렸다   ④ 이써버렸다
⑤ 잇어버렸다

6 다음 ( ) 안에 공통으로 들어갈 말은 무엇입니까? ( )

> • 나와 형은 생김새가 조금 ( ).
> • 농구와 축구는 하는 방법이 ( ).

① 다르다   ② 달르다   ③ 들리다
④ 틀이다   ⑤ 틀리다

7 다음 밑줄 그은 말이 바르지 <u>않은</u> 것은 무엇입니까? ( )

① 나는 너와 <u>다르다</u>.
② 두 아이의 키가 <u>다르다</u>.
③ '3 + 3 = 3'이라는 계산은 <u>틀리다</u>.
④ 나는 친구와 서로 <u>틀린</u> 음식을 먹었다.
⑤ 선생님께서 답이 <u>틀린</u> 문제를 확인하셨다.

8 다음 뜻에 알맞은 말은 무엇입니까? ( )

> 지식 따위를 알려 주다.

① 바래다 　② 다르다 　③ 가르치다
④ 가리키다 　⑤ 잊어버리다

9 다음 밑줄 그은 말이 바르게 사용된 것끼리 짝 지어진 것은 무엇입니까? ( )

> ㉠ 책의 색깔이 누렇게 <u>바랐다</u>.
> ㉡ 개미는 토끼보다 몸집이 <u>작다</u>.
> ㉢ 어제 약속이 있었던 것을 <u>잃어버렸다</u>.
> ㉣ 쥐가 코끼리보다 크다는 말은 <u>틀린</u> 말이다.

① ㉠, ㉡ 　② ㉠, ㉣ 　③ ㉡, ㉢
④ ㉡, ㉣ 　⑤ ㉢, ㉣

10 발표를 하거나 들을 때 주의할 점으로 알맞지 <u>않은</u> 것은 무엇입니까? ( )

① 바른 자세로 발표한다.
② 알맞은 목소리로 말한다.
③ 헷갈리는 말을 구분하며 듣는다.
④ 아래쪽을 바라보면서 말을 한다.
⑤ 바른 말을 사용하는지 확인하면서 듣는다.

[11~13] 다음 글을 읽고 물음에 답하시오.

> 가 일요일 아침, 아빠와 나는 ㉠시골에서 하는 '아빠와 함께 추억 만들기' 행사에 참여했습니다. 가장 먼저 할 일은 '감자 캐기'였습니다.
> 나 점심이 되자 우리는 직접 캔 감자를 물로 씻어 아궁이에 쪘습니다. 얼마 뒤 ㉡마당 가득 구수한 감자 냄새가 솔솔 풍겼습니다.
> 다 ㉢밤이 되어 집으로 돌아오는 ㉣버스 안에서 나는 아빠에게 이야기했습니다.
> "아빠 등에 업히니까 아주 따뜻하고 좋았어요."
> 라 오후가 되자 놀이 시간이 되었습니다. 아빠가 ㉤아이를 업고 달리는 놀이였습니다.
> "자, 세나야. 어서 업히렴."

11 세나가 아빠와 함께 한 일은 무엇입니까?
( )

① 감자 심기 　　② 사진 찍기
③ 집에서 놀기 　　④ 행사 참여하기
⑤ 장난감 만들기

12 ㉠~㉤ 중 시간을 나타내는 말은 무엇입니까?
( )

① ㉠ 　② ㉡ 　③ ㉢ 　④ ㉣ 　⑤ ㉤

13 글 나~라를 일이 일어난 차례대로 알맞게 늘어놓은 것은 무엇입니까? ( )

① 나 → 다 → 라 　　② 나 → 라 → 다
③ 다 → 나 → 라 　　④ 다 → 라 → 나
⑤ 라 → 다 → 나

5 단원
진도 완료 체크

[14~18] 다음 글을 읽고 물음에 답하시오.

가 ㉠가을의 어느 날, 우편집배원은 시골 마을 입구에 앉아 한숨을 내쉬며 중얼거렸습니다.

"평생 이 마을을 다녀야 하는데 ㉡마을로 오가는 길은 마치 사막처럼 _____. 하루하루가 너무 지겨워. 뭐 좋은 수가 없을까?"

나 ㉢다음 날, 그는 마을로 오는 길에 들꽃 씨앗을 뿌렸습니다. ㉣그다음 날에도 꽃씨를 뿌렸습니다. 그렇게 하루도 빠짐없이 계속 씨앗을 뿌렸습니다.

다 ㉤일 년이 지난 여름날, 꽃들은 더욱 만발했고 가을에도 여전히 아름다운 자태를 뽐내며 꽃 잔치는 계속되었습니다.

우편집배원은 꽃길을 오고 가는 게 마냥 행복했습니다. 절로 휘파람이 나왔습니다.

14 이 글의 제목을 정할 때 ( ) 안에 들어갈 말로 가장 알맞은 것은 무엇입니까? ( )

> 희망을 만든 ( )

① 농부 　② 어린이 　③ 이장님
④ 여행가 　⑤ 우편집배원

15 ㉠~㉤ 중 시간을 나타내는 말이 <u>아닌</u> 것은 무엇입니까? ( )

① ㉠ 　② ㉡ 　③ ㉢ 　④ ㉣ 　⑤ ㉤

16 _____에 들어갈 말로 알맞은 것은 무엇입니까? ( )

① 황량해 　② 즐거워 　③ 반가워
④ 행복해 　⑤ 아름다워

17 우편집배원에게 가장 나중에 일어난 일은 무엇입니까? ( )

① 마을에서 들꽃을 볼 수 없음.
② 마을로 오가는 길을 지겨워함.
③ 마을로 오가는 길에 꽃들이 만발함.
④ 마을로 오가는 길에 들꽃 씨앗을 뿌림.
⑤ 마을 사람들에게 우편물을 배달하지 않음.

18 다음 뜻에 알맞은 말은 무엇입니까? ( )

> 어떤 모습이나 모양.

① 우편 　② 한숨 　③ 마을 　④ 평생 　⑤ 자태

19 하루 동안의 겪은 일을 시간 순서대로 이야기할 때, 다음 빈칸에 알맞은 말은 어느 것입니까?

( )

> 토요일 아침에 공원에 가서 ( )에 도시락을 먹고 오후에 꽃을 구경했습니다.

① 밤 　　② 점심 　　③ 새벽
④ 어제 　　⑤ 내년

20 다음 중 시간을 나타내는 말은 모두 몇 개 있습니까? ( )

가족	주말	옛날	친구	목요일

① 1개 　② 2개 　③ 3개 　④ 4개 　⑤ 5개

· 답안 입력하기 　· 평가 분석표 받기

개념 강의

✳ 강의를 들으며 중요한 내용을 메모하세요!

● 매체와 매체 자료 알기

● 글과 그림으로 표현된 매체 읽기

● 자신의 경험을 매체와 연결 지어 표현하기

개념 확인하기 정답에 ✔표를 하시오.

정답 30쪽

1 다음 중 영상을 볼 때의 좋은 점으로 알맞은 것은 무엇입니까?

㉠ 종이를 직접 넘기면서 읽는 재미가 있다. ☐

㉡ 인물의 움직임을 보고 생생한 소리도 들을 수 있다. ☐

2 만화 속 인물이 산에서 내려오다가 다쳤을 때 어울리는 표정은 무엇입니까?

㉠ 지루한 표정 ☐

㉡ 아파하는 표정 ☐

3 인터넷의 박물관 누리집에서 알 수 있는 내용은 무엇입니까?

㉠ 진료 시간과 방법 ☐

㉡ 관람료와 관람 예약 현황 ☐

4 누리집에 게시물을 올릴 때의 방법으로 알맞은 것은 무엇입니까?

㉠ 다른 사람들이 관심 있을 만한 내용으로 올린다. ☐

㉡ 글의 내용과 상관없는 그림을 재미있게 올린다. ☐

1 매체와 매체 자료에 대한 설명으로 알맞지 않은 것은 무엇입니까? (   )

① 매체로 정보를 주고받을 수 있다.
② 매체 자료는 매체를 통해 소통된다.
③ 매체에 흥미와 관심을 가지는 것이 좋다.
④ 책, 컴퓨터, 인터넷 등을 매체로 볼 수 있다.
⑤ 자신이 좋아하는 매체와 매체 자료만 주로 이용해야 한다.

3 이 광고의 "엄마, 저 풀은 이름이 뭐예요?"에 대한 설명으로 알맞은 것은 무엇입니까?

(   )

① 비닐봉지가 크다는 말이다.
② 풀의 색깔이 싫다는 말이다.
③ 쓰레기를 흙으로 생각한 말이다.
④ 썩지 않는 쓰레기를 식물로 착각한 말이다.
⑤ 아이가 엄마의 이름을 알고 싶다는 말이다.

[2~5] 다음을 보고 물음에 답하시오.

엄마,
저 풀은 이름이 뭐예요?

땅속에 묻어도 썩지 않는 쓰레기들이 토양을 오염시키고 있습니다. 우리 아이들의 땅을 쓰레기만 자랄 수 있는 땅으로 만드시겠습니까?

2 이 광고에서 비닐봉지의 모습을 어떤 모습으로 표현하고 있습니까? (   )

① 열매가 맺힌 모습
② 풀이 땅에 묻힌 모습
③ 바위가 높게 쌓인 모습
④ 나뭇가지가 많이 달린 모습
⑤ 나뭇잎이 빨갛게 변하는 모습

4 이 광고를 살펴보는 방법으로 알맞은 것은 무엇입니까? (   )

① 인물들의 대화를 잘 들어 본다.
② 광고에 나타난 만화를 살펴본다.
③ 광고에 사용된 음악의 제목을 알아본다.
④ 글과 그림이 나타내는 뜻을 생각해 본다.
⑤ 그림에 나타난 인물의 움직임을 파악해 본다.

5 이 광고를 만든 목적으로 가장 알맞은 것은 무엇이겠습니까? (   )

① 비닐봉지를 사용하면 불이 잘 난다는 것을 말하기 위해
② 사람들에게 일회용품이 편리하다는 것을 알리기 위해
③ 일회용품 사용으로 나무가 많아진다는 것을 전하기 위해
④ 플라스틱 컵보다 비닐봉지가 건강에 좋지 않다는 것을 말하기 위해
⑤ 일회용품 사용을 줄이고 자연을 보호해야 한다는 것을 알리기 위해

[6~10] 다음을 보고 물음에 답하시오.

6 이 만화에 나타난 상황으로 알맞은 것은 무엇입니까? ( )

① 어머니가 산에서 다치셨다.
② 아버지가 영준이를 업어 주셨다.
③ 영준이가 신나게 휘파람을 불었다.
④ 아버지가 영준이에게 화를 내셨다.
⑤ 영준이가 산에서 내려오다가 넘어졌다.

7 장면 ②에서 영준이는 어떤 표정을 짓고 있습니까? ( )

① 화난 표정
② 신난 표정
③ 슬퍼하는 표정
④ 아파하는 표정
⑤ 걱정스러운 표정

8 장면 ③에 대한 설명으로 알맞지 않은 것은 무엇입니까? ( )

① 영준이는 "아야, 아파라!"라고 말한다.
② 영준이의 넘어진 행동이 나타나 있다.
③ 영준이는 아파하는 표정을 짓고 있다.
④ 영준이의 즐거운 마음을 짐작할 수 있다.
⑤ '꽈당'이라는 글자가 크게 표현되어 있다.

9 장면 ④에서 어머니의 표정으로 보아 ㉠에 알맞은 내용은 무엇이겠습니까? ( )

① 만나서 반가워.
② 영준아, 부럽다.
③ 즐거운 일이 생겼네.
④ 영준아, 많이 아프니?
⑤ 너 때문에 짜증이 난다.

10 이 만화에 대한 설명으로 알맞은 것끼리 짝 지어진 것은 무엇입니까? ( )

㉠ 글과 그림을 통해 내용을 생생하게 이해할 수 있다.
㉡ 글과 그림이 있는 장면에 나타난 소리를 재미있게 들을 수 있다.
㉢ 글과 그림을 보면서 만화에서 어떤 상황인지 자세하게 알 수 있다.
㉣ 글과 그림이 나타난 첫 장면만 보아도 내용을 정확하게 파악할 수 있다.

① ㉠, ㉡　　② ㉠, ㉢　　③ ㉡, ㉢
④ ㉡, ㉣　　⑤ ㉢, ㉣

11 다음 빈칸에 들어갈 알맞은 말은 무엇입니까?
( )

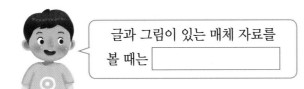

글과 그림이 있는 매체 자료를 볼 때는

① 글을 빠르게 읽어야 합니다.

② 그림을 중심으로 읽어야 합니다.

③ 글을 읽고 나서 그림을 보아야 합니다.

④ 인물의 표정과 말풍선만 보아야 합니다.

⑤ 글과 그림을 관련지으며 보아야 합니다.

[12~13] 다음을 보고 물음에 답하시오.

12 이 누리집에 대한 설명으로 알맞지 않은 것은 무엇입니까? ( )

① 박물관의 누리집이다.

② '오시는 길'이 표시되어 있다.

③ 관람 예약 현황을 알 수 있다.

④ 관람료에 대한 내용이 담겨 있다.

⑤ 관람 시간은 09:00~18:00으로 나타나 있다.

13 이 누리집을 찾아볼 때의 태도로 알맞은 것은 무엇입니까? ( )

① 누리집의 글들은 앞부분만 본다.

② 누리집의 내용은 자신만 아는 것이 좋다.

③ 누리집에서 큰 그림들을 중심으로 살펴본다.

④ 누리집에서 다른 사람들이 쓴 글은 보지 않는다.

⑤ 누리집이 알맞은 내용을 담고 있는지 생각해 본다.

6 단원

14 학교 누리집에 다음과 같은 내용이 있다고 할 때, ㉠에 가장 알맞은 것은 무엇입니까?
( )

학교 누리집
• 학교에 오는 방법
• 학교의 교가와 교훈
• ㉠

① 우리 집의 위치   ② 음식 배달 방법

③ 동네 주민 게시판   ④ 각 학급의 배치도

⑤ 가게에서 하는 일

15 다음 누리집에서 알 수 있는 정보로 보기 어려운 것은 무엇입니까? ( )

① 은행 누리집 – 진료 시간과 예약 방법

② 도서관 누리집 – 책 대출 권수 및 기간

③ 영화관 누리집 – 관람 방법 및 좌석 안내

④ 소방서 누리집 – 화재 예방 및 대피 방법

⑤ 체육관 누리집 – 농구 프로그램 신청 안내

[16~18] 다음을 보고 물음에 답하시오.

 학급 누리집에 우리 반을 소개하는 ㉠게시물의 내용을 친구들과 이야기하기

↓

 ❶에서 정한 주제에 알맞게 게시물에 들어갈 글의 내용을 생각해 보기

↓

❸ ❷에서 정한 글의 내용에 알맞게 게시물에 함께 들어갈 그림을 생각해 보기

↓

❹ 학급 누리집에 올릴 내용을 글과 그림으로 표현하기

16 ❶~❹를 통해 알 수 있는 것은 무엇입니까? ( )

① 학급 누리집을 소개하는 과정
② 누리집을 빠르게 만드는 과정
③ 학급 누리집을 찾아가는 과정
④ 친구들의 게시물을 지우는 과정
⑤ 학급 누리집의 게시물을 만드는 과정

17 ㉠에서 소개할 내용으로 알맞지 <u>않은</u> 것은 무엇입니까? ( )

① 우리 반이 참여했던 봉사 활동
② 우리 반 친구들이 좋아하는 수업
③ 우리 반 친구들이 자주 하는 놀이
④ 우리 반보다 다른 반 친구들이 잘하는 것
⑤ 우리 반 친구들이 정한 고운 말 쓰기 약속

18 ❷에서 다음과 같은 글의 내용을 생각할 때 이와 가장 잘 어울리는 그림은 무엇입니까?
( )

우리 반 친구들이 가장 좋아하는 학교 행사를 소개합니다.

① 친구들이 집에서 책을 읽는 그림
② 친구들이 맛있게 급식을 먹는 그림
③ 친구들이 방과 후에 축구하는 그림
④ 친구들이 쉬는 시간에 놀이하는 그림
⑤ 친구들이 운동회에서 달리기를 하는 그림

19 자신의 경험을 매체와 연결 지어 표현할 때의 방법으로 알맞은 것은 무엇입니까? ( )

① 줄임말로 간단히 글을 쓴다.
② 그림만 표현하는 것이 좋다.
③ 글의 내용을 최대한 길게 표현한다.
④ 글과 그림 등으로 알맞게 표현한다.
⑤ 글과 그림이 서로 관계가 없어야 한다.

20 다음 중에서 낱말을 소리 내어 읽었을 때 글자와 다르게 소리 나지 <u>않는</u> 것은 무엇입니까?
( )

① 않고　　② 그렇게　　③ 받아서
④ 터지게　　⑤ 깨끗이

· 답안 입력하기　· 평가 분석표 받기

개념 강의

➡ 그림의 상황에 대한 자신의 생각을 정리해 봅시다.

✳ 강의를 들으며 중요한 내용을 메모하세요!

● 생각을 표현하는 상황

● 글을 읽고 글쓴이의 생각 찾기

7
단원

● 자신의 생각을 글로 쓰기

개념 확인하기 정답에 ✔표를 하시오.

정답 31쪽

1 자신의 생각을 표현하는 상황은 무엇입니까?

㉠ 친구의 그림에 칭찬하는 글을 쓰는 상황 ☐

㉡ 수업 시간에 선생님의 말씀을 듣는 상황 ☐

2 생각을 표현한 글을 읽는 알맞은 방법은 무엇입니까?

㉠ 글쓴이의 나이를 알아본다. ☐

㉡ 글쓴이가 가장 좋아하는 글이 무엇인지 알아본다. ☐

㉢ 글쓴이의 생각을 나타낸 문장과 아닌 문장을 구분한다. ☐

3 글쓴이의 생각을 파악하며 글을 읽을 때 생각해야 할 점이 <u>아닌</u> 것은 무엇입니까?

㉠ 글의 제목이 무엇인지. ☐

㉡ 글을 읽은 사람이 몇 명인지. ☐

㉢ 글에 나타난 중심 생각이 무엇인지. ☐

4 자신의 생각을 글로 쓸 때 떠올려야 할 것은 무엇입니까?

㉠ 어떤 상황에 대하여 글을 쓰는지. ☐

㉡ 자신과 생각이 같은 친구가 누구인지. ☐

[1~7] 다음 글을 읽고 물음에 답하시오.

가 첫째, 반려견의 배설물은 주인이 치워야 한다. 반려견이 산책 중 변을 봤을 때 모르는 척 그냥 가 버리는 사람이 있다. 그러면 그 자리에서 냄새가 나고 다른 사람이 배설물을 밟을 수도 있다. 반려견과 함께 산책할 때에는 반려견의 배설물을 치울 수 있는 비닐봉지와 집게 같은 도구를 챙겨야 한다.

나 둘째, 반려견을 야외로 데리고 나갈 때에는 목줄을 채워야 한다. "우리 개는 사람을 물지 않아요."라고 말하며 당당히 목줄을 풀어 놓고 산책시키는 경우를 본 적이 있다. 하지만 개에게 물렸던 경험을 가진 사람이나 개를 무서워하는 어린이들은 개가 가까이 오는 것에 공포를 느낄 수 있다. 반려견을 목줄 없이 풀어놓는 것은 이들에게 ⟦ ㉠ ⟧ 행동이 될 수 있다.

다 셋째, 반려견의 출입이 금지된 곳에는 반려견을 데리고 가지 않아야 한다. 반려견의 짖는 소리나 움직임이 다른 사람에게 방해가 될 수 있는 장소들이 있다. 예를 들어 도서관 같은 곳에서 반려견이 짖게 되면 다른 사람에게 큰 피해를 줄 수 있다.

라 반려견을 진심으로 사랑한다면 자신의 반려견이 다른 사람으로부터 미움을 받거나 공포의 대상이 되지 않도록 해야 하지 않을까? 그것이 반려견의 가족으로서 지켜야 할 '책임'이라고 생각한다. 내 눈에는 예쁘고 착하기만 한 반려견일지라도 다른 사람에게 피해를 줄 수 있다는 것을 항상 생각하고 다른 사람과 내 반려견을 위해 에티켓을 꼭 지키도록 하자.

1 무엇에 관한 글입니까? (   )

① 반려견의 종류
② 개에게 물리지 않는 방법
③ 반려견에게 목줄을 채우는 방법
④ 반려견을 산책시키기 좋은 장소
⑤ 반려견과 야외로 나갈 때 지켜야 할 것

2 글 **가**의 중심 생각으로 알맞은 것은 무엇입니까? (   )

① 반려견의 배설물은 주인이 치워야 한다.
② 반려견의 배설물은 발견한 사람이 치우자.
③ 야외에는 비닐봉지와 집게를 가져다 두자.
④ 반려견의 배설물을 밟지 않도록 조심하자.
⑤ 반려견을 키우는 사람은 항상 비닐봉지와 집게를 들고 다니자.

3 글 **나**를 읽고 알 수 있는 것은 무엇입니까?
(   )

① 어린이들은 개를 싫어한다.
② 목줄을 채우지 않은 개는 사람을 문다.
③ 야외에서는 반려견에게 목줄을 채워야 한다.
④ 사람을 물지 않는 개는 목줄을 풀고 산책시켜도 된다.
⑤ 주인이 옆에 있다면 개의 목줄을 풀고 산책시켜도 된다.

4 ⟦ ㉠ ⟧에 들어갈 말로 알맞은 것은 무엇입니까? (   )

① 익숙한   ② 반가운
③ 고마운   ④ 신기한
⑤ 위협적인

5 도서관 같은 곳에 반려견을 데리고 가면 어떻게 될 수 있다고 하였습니까? (   )

① 반려견이 싫어할 수 있다.

② 반려견을 잃어버릴 수 있다.

③ 반려견이 물건을 망가뜨릴 수 있다.

④ 반려견의 이용 요금을 내야 할 수 있다.

⑤ 다른 사람이 반려견에게 피해를 입을 수 있다.

6 반려견을 진심으로 사랑한다면 어떻게 해야 한다고 했습니까? (   )

① 자신의 반려견과 놀아 준다.

② 자신의 반려견을 자유롭게 풀어 둔다.

③ 자신의 반려견을 최대한 많은 곳에 데려간다.

④ 자신의 반려견이 싫어하는 일은 하지 않는다.

⑤ 자신의 반려견이 공포의 대상이 되지 않도록 한다.

7 글쓴이가 전하려는 생각으로 알맞은 것은 무엇입니까? (   )

① 반려견을 키우자.

② 반려견 에티켓을 지키자.

③ 다른 사람의 반려견도 사랑하자.

④ 반려견 출입 금지 구역을 만들자.

⑤ 반려견을 키우는 사람을 배려하자.

[8~10] 다음 글을 읽고 물음에 답하시오.

> **가** 저는 아침에 다 같이 운동장에서 달리기를 하자는 생각을 전하고 싶어요. 아침에 운동장을 달리면 　　⊙　　 이 많기 때문이에요.
> **나** 아침에 운동장을 달리면 기분이 좋아져요. 이른 아침 운동장에는 시원한 공기가 가득해요. 시원한 아침 공기는 스트레스를 사라지게 해 줘요. 운동장을 달릴 때마다 기분이 상쾌해지는 걸 느껴요.

8 　⊙　 에 들어갈 말로 알맞은 것은 무엇입니까? (   )

① 좋은 점　　② 나쁜 점　　③ 힘든 점

④ 어려운 점　　⑤ 궁금한 점

9 글 **나**의 중심 생각은 무엇입니까? (   )

① 아침에 운동장을 달리면 시원해진다.

② 시원한 공기는 스트레스를 없애 준다.

③ 시원한 공기를 마시면 기분이 좋아진다.

④ 아침에 운동장을 달리면 기분이 좋아진다.

⑤ 아침 운동장에는 시원한 공기가 가득하다.

10 글의 제목으로 어울리는 것은 무엇입니까?

(   )

① 아침에 운동장을 달려요

② 아침 일찍 학교에 나와요

③ 학교 끝나고 운동을 해요

④ 시원한 날에는 달리기를 해요

⑤ 아침에 운동장을 깨끗이 사용해요

[11~13] 다음 글을 읽고 물음에 답하시오.

> **가** 아침에 운동장을 달리면 더 건강해져요. 아침에 운동장을 달리면 점점 체력이 좋아져요. 그리고 몸무게를 조절하는 데에도 도움이 된답니다. 꾸준히 아침에 운동장을 달리면 점점 더 오래, 더 빠르게 달릴 수 있어요.
>
> **나** 아침 일찍 운동장을 달리는 것이 처음에는 어려울 수 있어요. 저도 처음에는 ㉮ 는 생각을 했어요. 하지만 며칠 동안만 꾸준히 실천해 보세요. 아침에 운동장을 달리는 즐거움에 푹 빠지게 될 거예요.

11 글을 읽고 알 수 있는 아침에 운동장을 달리면 좋은 점이 <u>아닌</u> 것은 무엇입니까? (　　)

① 체력이 좋아진다.
② 점점 더 오래 달릴 수 있다.
③ 점점 더 빠르게 달릴 수 있다.
④ 아침에 더 빨리 일어날 수 있다.
⑤ 몸무게를 조절하는 데 도움이 된다.

12 ㉮ 에 들어갈 말은 무엇입니까? (　　)

① 즐겁다　　② 재미있다　　③ 상쾌하다
④ 기분이 좋다　⑤ 귀찮고 힘들다

13 글을 읽고 자신의 생각을 알맞게 말한 사람을 모두 고른 것은 무엇입니까? (　　)

> 윤서: 건강을 위해 아침에 운동장을 달려야겠어.
> 도현: 아침에 운동장을 달리면 좋은 점을 알 수 없어 아쉬워.
> 선주: 나도 꾸준히 아침에 운동장을 달리면 즐거운 마음이 들 것 같아.

① 윤서　　　② 도현　　　③ 선주
④ 윤서, 선주　⑤ 도현, 선주

[14~17] 다음 글을 읽고 물음에 답하시오.

> **가** "여러분, 교실 뒤쪽에 있는 ㉠공지 사항 읽어 보았나요?" / "네!"
> "교장 선생님께서 학교 뒤뜰을 자유롭게 꾸며 보라고 하셨어요. 자연을 느낄 수 있게 말이에요."
>
> **나** 병아리를 키우고 싶다던 다혜가 어쩐 일인지 손을 들지 않았어요.
> "학교 뒤뜰을 꾸미는 건 여러분 자유지만, 그에 따른 ㉡책임도 져야 해요. 고구마를 심고, 꽃을 심은 뒤 내버려 두면 어떻게 될까요?"
> "말라 죽어요." / 준수가 대답했어요.
> "맞아요. 식물도 생명이에요. 심고서 돌보지 않으면 죽고 말아요."

14 ㉠의 내용은 무엇이겠습니까? (　　)

① 학교 뒤뜰에 식물을 심어 보세요.
② 학교 뒤뜰을 자유롭게 꾸며 보세요.
③ 학교 뒤뜰을 꾸밀 반을 정해 보세요.
④ 좋아하는 식물이 무엇인지 알려 주세요.
⑤ 키우기 쉬운 식물이 무엇인지 알려 주세요.

15 다혜는 무엇을 키우고 싶어 했습니까? (　　)

① 꽃　　　　② 상추　　　③ 고구마
④ 병아리　　⑤ 토마토

16 ㉡'책임'을 지는 행동으로 알맞은 것은 무엇이겠습니까? (　　)

① 식물을 많이 심는다.
② 심은 식물을 돌본다.
③ 식물을 심고 내버려 둔다.
④ 잘 자라는 식물을 심는다.
⑤ 식물이 아닌 동물을 키운다.

17 글을 읽고 알 수 있는 ⓒ'책임'이 필요한 까닭은 무엇입니까? (   )

① 식물도 생명이기 때문에
② 친구들이 아끼는 것이라서
③ 식물은 물을 자주 주어야 해서
④ 친구들이 열매를 먹을 것이라서
⑤ 식물을 잘 키우지 못하면 혼이 나서

[18~20] 다음 글을 읽고 물음에 답하시오.

"규빈이는 어떤 동물을 키우고 싶나요?"
"병아리요!"
다혜가 깜짝 놀라 규빈이를 쳐다보았어요.
규빈이의 얼굴엔 자신감이 가득했어요.
선생님: 병아리를 키우면 잘 보살펴야 하는데 할 수 있겠니?
규빈: 당연하죠. 할 수 있어요!
선생님: 여러분의 생각은 어때요?
우철: 그럼 강아지 키워요!
규빈: 아니에요. 병아리 키워야 해요. 병아리를 키우면 닭이 되는 과정도 볼 수 있어요. 다른 반 아이들이 우리 반을 부러워할 거예요.
우철: 닭이 되면 알을 낳겠네? 병아리 키워요. 달걀 먹을 수 있잖아요.
선생님: 병아리를 키우는 것은 좋지만 책임지고 보살필 누군가가 필요해요.
규빈: 선생님, 제가 하겠습니다!
선생님: 혼자 하기 어려울 텐데.
규빈: 그럼 돌아가면서 돌볼게요. 매일매일 병아리를 책임지고 보살필 돌보미를 정해서요.
선생님: 좋아요. 여러분을 믿을게요.

18 규빈이의 생각에 대한 까닭은 무엇입니까? (   )

① 달걀을 먹을 수 있다.
② 닭이 되는 과정을 볼 수 있다.
③ 병아리는 키우기 쉬운 동물이다.
④ 다른 반 친구들이 병아리를 키운다.
⑤ 병아리는 돌보지 않아도 잘 자란다.

19 규빈이네 반은 병아리를 어떤 방법으로 키우기로 하였습니까? (   )

① 규빈이 혼자 키우기로 하였다.
② 선생님과 함께 키우기로 하였다.
③ 각자 한 마리씩 키우기로 하였다.
④ 돌보미를 정해서 키우기로 하였다.
⑤ 키우고 싶은 아이들만 키우기로 하였다.

20 다음 규빈이가 쓴 글을 읽고 알맞게 말하지 못한 것은 무엇입니까? (   )

㉠뒤뜰에서 병아리를 키웁시다. ㉡왜냐하면 병아리를 직접 키우면서 책임감을 기를 수 있기 때문입니다. ㉢병아리는 연약해서 잘 보살펴 주어야 한다는 것을 책에서 보았습니다. ㉣우리 반 친구들이 노력해서 병아리가 건강하게 자란다면 정말 뿌듯할 것 같습니다.

① 자신의 생각을 표현한 글이다.
② ㉠에는 글쓴이의 생각이 드러나 있다.
③ ㉡은 글쓴이의 생각에 대한 까닭이다.
④ ㉢은 자신이 알고 있던 것에 대하여 쓴 문장이다.
⑤ ㉣은 자신의 경험을 이야기하는 문장이다.

· 답안 입력하기   · 평가 분석표 받기

개념 강의

➡ 「함께 걸어 좋은 길」은 친구와 함께 걸었던 경험이 드러나 있는 노랫말입니다.

✴ 강의를 들으며 중요한 내용을 메모하세요!

● 경험이 드러난 시 읽기

● 자신의 경험을 떠올리며 노랫말 바꾸어 쓰기

● 이어질 이야기 상상하기

개념 확인하기 정답에 ✔표를 하시오.

정답 32쪽

1 시에 드러난 경험을 파악하는 방법으로 알맞은 것은 무엇입니까?

　㉠ 시의 길이를 살펴본다. ☐

　㉡ 시의 내용을 살펴본다. ☐

2 자신의 경험을 떠올리며 노랫말을 바꾸어 쓸 때 생각해야 할 점이 <u>아닌</u> 것은 무엇입니까?

　㉠ 어떤 경험을 노랫말로 쓸지. ☐

　㉡ 원래 노랫말을 쓴 사람이 누구인지. ☐

　㉢ 경험을 잘 표현할 수 있는 낱말이 무엇일지. ☐

3 이어질 이야기를 상상할 때 떠올려야 할 것은 무엇입니까?

　㉠ 등장하는 인물의 수 ☐

　㉡ 이야기를 읽은 날짜 ☐

　㉢ 이야기에서 일어난 일 ☐

4 이어질 이야기를 상상할 때 주의할 점으로 알맞은 것은 무엇입니까?

　㉠ 인물의 성격을 생각하며 상상한다. ☐

　㉡ 원래 이야기와 비슷하게 상상한다. ☐

[1~3] 다음 시를 읽고 물음에 답하시오.

뚱뚱하게 옷 껴입고
앞서가는 친구들도
꽥!
　꽥!
뒤따라오는 친구들도
꽥!
　꽥!

씰룩씰룩
궁둥이 흔들며 걷는 우린
한 줄로 선 살찐 오리들

뒤뚱뒤뚱 바쁜 걸음으로
교문 들어서면
눈 쌓인 운동장은
널따란 호수

1 시에서 말하는 사람은 '우리'가 걷는 모습이 무엇과 닮았다고 생각했습니까? (　　)

① 널따란 호수
② 눈 쌓인 운동장
③ 눈이 내리는 모습
④ 오리가 걷는 모습
⑤ 오리가 자는 모습

2 이 시를 몸으로 표현하는 방법으로 알맞은 것은 무엇입니까? (　　)

① 헤엄을 치는 흉내를 낸다.
② 오리처럼 먹는 흉내를 낸다.
③ 썰매를 타는 모습을 표현한다.
④ 뒤뚱뒤뚱 걷는 모습을 표현한다.
⑤ 눈을 뭉쳐서 던지는 흉내를 낸다.

3 이 시를 읽고 알맞게 말한 사람을 모두 고른 것은 무엇입니까? (　　)

경서: "꽥!"을 나란하지 않게 써서 발자국처럼 표현했어.
현우: 친구들과 눈길을 걸어 학교에 간 경험이 나타나 있어.
지호: 길이 미끄러워서 오리처럼 걷는 것이 부끄러운 마음이 드러나 있어.

① 경서　　　② 현우　　　③ 지호
④ 경서, 현우　⑤ 현우, 지호

[4~5] 다음 노랫말을 읽고 물음에 답하시오.

밤사이 눈이 내려 새하얀 들길
그 누가 이 길 따라 어디로 갔나
눈 위에 나란히 예쁜 발자국
예쁜 발자국 이른 아침 그 누가 어딜 갔을까

4 어떤 경험에 대하여 쓴 노랫말입니까? (　　)

① 눈을 맞은 경험
② 눈길을 걸어간 경험
③ 맑은 하늘을 본 경험
④ 눈 내리는 모습을 본 경험
⑤ 눈 위에 남은 발자국을 본 경험

5 시에서 말하는 사람이 떠올린 생각은 무엇입니까? (　　)

① 눈을 치워야겠다.
② 언제 눈이 내렸는지 궁금하다.
③ 친구와 눈길을 걸어가고 싶다.
④ 몇 명이 눈길을 지나갔는지 궁금하다.
⑤ 발자국의 주인은 어디로 갔는지 궁금하다.

8
단원

[6~8] 다음 노랫말을 읽고 물음에 답하시오.

> 문구점을 지나고 장난감집 지나서
> ㉠학교 가는 길 너랑 함께 가서 좋은 길
>
> 놀이터를 지나고 떡볶이집 지나서
> 집에 오는 길 너랑 함께 와서 좋은 길
>
> 도란도란 이야기하며 손잡고 가는 길
> 너랑 함께 걸어서 너무너무 좋은 길

6 노랫말을 읽고 알 수 있는 '나'의 경험은 무엇입니까? (　　　)

① 준비물을 산 경험
② 장난감을 산 경험
③ '너'와 학교에 간 경험
④ '너'와 떡볶이를 먹은 경험
⑤ 혼자 '너'의 집에 찾아간 경험

7 노랫말을 읽고 떠오르는 '나'의 모습으로 알맞은 것은 무엇입니까? (　　　)

① 학교에 늦어서 뛰어가는 모습
② 친구들과 운동장에서 노는 모습
③ 누군가와 손잡고 이야기하는 모습
④ 학교 앞에서 누군가를 기다리는 모습
⑤ 학교에서 친구들을 만나 인사하는 모습

8 함께 걸은 경험이 드러나게 ㉠을 바꾸어 쓴 것으로 알맞지 <u>않은</u> 것은 무엇입니까? (　　　)

① 도서관 가는 길 우리 같이 가서 기쁜 길
② 놀이터 가는 길 너를 만나러 가서 좋은 길
③ 시장 가는 길 언니와 함께 가서 즐거운 길
④ 서점 가는 길 친구와 둘이 가서 행복한 길
⑤ 공원 가는 길 동생과 같이 가서 재밌는 길

[9~11] 다음 글을 읽고 물음에 답하시오.

> 가 하늘이 어둑해지면서 강 쪽에서 거센 바람이 불어 왔습니다. 풍뎅이를 따라다니던 금방울은 주변을 둘러보았습니다. 동생들이 보이지 않았습니다. 빈집 앞에서 놀고 있었는데.
> 나 "설마 무슨 일이……."
>   금방울은 언덕에 있는 집으로 허겁지겁 달려갔습니다. 가슴이 두근거렸습니다. 금방울은 문을 벌꺽 열었습니다.
>   아! 은방울과 작은방울이 난롯가에서 몸을 말리고 있었습니다.
>   "무서워 죽는 줄 알았어. 빈집에서 언니 오기만 기다렸는데!"
>   은방울은 투덜댔지만 ㉮금방울은 밝게 웃었습니다. 마음이 놓였습니다.

9 금방울은 무엇을 하다가 동생들을 잃어버렸습니까? (　　　)

① 집을 찾아가다가.
② 빈집에서 놀다가.
③ 풍뎅이를 따라가다가.
④ 비가 올지 알아보다가.
⑤ 바람을 피할 곳을 찾다가.

10 은방울은 빈집에서 무엇을 하고 있었다고 말했습니까? (　　　)

① 금방울을 기다렸다.
② 작은방울을 찾고 있었다.
③ 작은방울과 놀고 있었다.
④ 난롯가에서 몸을 말리고 있었다.
⑤ 금방울에게 장난을 치려고 숨어 있었다.

11 ㉯에서 느껴지는 금방울의 마음으로 알맞은 것은 무엇입니까? (   )

① 놀랍다.   ② 무섭다.   ③ 긴장된다.
④ 궁금하다.   ⑤ 다행스럽다.

[12~15] 다음 글을 읽고 물음에 답하시오.

> **가** 그때 누군가 문을 두드렸습니다.
> 쿵쿵쿵. / 쿵쿵쿵.
> ㉠금방울과 은방울은 놀라서 마주 보았습니다.
> "누구지?" / "엄마다!"
> 금방울은 문 쪽으로 달려가는 작은방울을 얼른 잡았습니다.
>
> **나** 금방울은 살금살금 걸어서 문틈으로 내다보았습니다. 문 앞에 낯선 덩치가 서 있었습니다. 문틈으로는 다 볼 수도 없을 만큼 커다란 덩치였습니다.
>
> **다** 금방울은 숨죽인 채 문고리를 걸었습니다. 소리나지 않게 살그머니. / 쿵, 쿵, 쿵.
> 아까보다 더 큰 소리가 집 안을 울렸습니다. 소리가 날 때마다 금방울의 가슴도 덩달아 뛰었습니다.
>
> **라** 금방울은 동생들과 방으로 들어가서 문을 꼭 닫았습니다.
> 작은방울이 칭얼대기 시작했습니다.
> "졸려서 그럴 거야. 잘 때가 지났잖아."
> "아, 어떡하지? 담요를 빈집에 두고 왔어!"
> 은방울이 울상을 지었습니다. 작은방울은 담요를 만지작거려야만 잠이 드는데. 금방울은 작은방울을 업고 자장가를 불렀습니다. 작은방울은 잠들었다 깨곤 하면서 여전히 칭얼거렸습니다. / "돌아간 걸까?"
> 금방울은 살금살금 가서 문틈으로 밖을 보았습니다. 덩치는 없고 어둠뿐이었습니다.

12 ㉠의 까닭은 무엇입니까? (   )

① 누군가 문을 두드려서
② 누군가 문을 열고 들어와서
③ 문틈으로 낯선 덩치가 보여서
④ 엄마가 생각보다 일찍 오셔서
⑤ 작은방울이 문 쪽으로 달려가서

13 금방울이 문고리를 살그머니 건 까닭은 무엇이겠습니까? (   )

① 문고리가 무거워서
② 문고리가 부서질까 봐
③ 낯선 덩치가 모르게 하려고
④ 동생들 몰래 문을 잠그려고
⑤ 큰 소리가 나면 동생들이 놀라서

14 일이 일어난 차례대로 번호를 쓴 것은 무엇입니까? (   )

> ① 금방울이 문틈으로 낯선 덩치를 보았다.
> ② 금방울이 작은방울을 업고 자장가를 불렀다.
> ③ 금방울이 동생들을 데리고 방으로 들어갔다.

① ① → ② → ③   ② ① → ③ → ②
③ ② → ① → ③   ④ ③ → ① → ②
⑤ ③ → ② → ①

15 이어질 이야기를 상상한 것으로 알맞지 <u>않은</u> 것은 무엇입니까? (   )

① 낯선 덩치가 다시 찾아와 문을 두드렸다.
② 엄마께서 돌아오셔서 금방울은 안심했다.
③ 금방울은 담요를 가지러 빈집으로 향했다.
④ 문을 잠그지 않아 낯선 덩치가 집에 들어와 있었다.
⑤ 금방울은 다음 날 집 근처에서 낯선 덩치를 다시 보게 되었다.

8
단원

단원 평가

[16~20] 다음 글을 읽고 물음에 답하시오.

> 가 4월 3일 수요일에 미지는 어른이 됐다. 미지의 아홉 살 인생에 첫 택배가 도착했기 때문이다.
>
> 나 ㉠"정말 저한테 온 택배예요? 우리 엄마한테 온 거 아니고요? 우리 아빠한테 온 거 아니고요?"
>
> 다 정말 택배 상자에는 '오미지'라는 이름이 커다랗게 쾅 찍혀 있었다. 반대로 보낸 이의 이름은 얼룩지고 너덜너덜 찢겨 있어서 한 글자도 알아볼 수가 없었다.
> ㉡아마도 상자의 한쪽은 오다가 태풍, 허리케인, 사이클론을 다 만났나 보다.
> 뭘까? 미지의 마음속에서 작은 북소리가 울린다.
> 두구두구두구.
> 택배 상자가 활짝 벌어졌을 때, 미지는 보았다. 별 모양도 없고, 꽃 모양도 없고, 노란색도 아니고, 파란색도 아니고, 형광색도 아닌, 세상에서 가장 심심해 보이는 하얀색 끈 운동화를.
> "에이, 뭐야."
> 실망한 미지는 운동화를 다시 상자에 넣으려다가 노랗고 파란 형광 별, 형광 꽃이 콕콕 박힌 종이를 발견했다. 제품 설명서였다.

16 미지가 ㉠과 같이 말한 까닭은 무엇이겠습니까?
( )

① 택배 배송이 쉬는 날이라서
② 상자에 아무것도 쓰여 있지 않아서
③ 부모님께서 택배를 가져오라고 하셔서
④ 자신에게 택배가 온 것이 믿기지 않아서
⑤ 상자에 엄마, 아빠의 이름이 쓰여 있어서

17 미지는 왜 ㉡과 같이 생각하였겠습니까?
( )

① 오래된 택배라서
② 상자가 열려 있어서
③ 물건이 망가져 있어서
④ 택배가 먼 곳에서 와서
⑤ 보내는 사람의 이름을 알아볼 수 없어서

18 택배를 받은 미지의 마음은 어떠했겠습니까?
( )

① 설렌다. ② 무섭다. ③ 귀찮다.
④ 슬프다. ⑤ 짜증 난다.

19 미지가 운동화를 보고 실망한 까닭은 무엇입니까? ( )

① 낡은 운동화여서
② 운동화가 심심해 보여서
③ 운동화가 발에 맞지 않아서
④ 운동화에 장식이 너무 많아서
⑤ 가지고 있는 운동화가 너무 많아서

20 이어질 이야기를 상상한 것으로 알맞지 않은 것은 무엇입니까? ( )

① 미지는 운동화의 기능이 마음에 들어 운동화를 신기로 결심한다.
② 미지는 운동화가 수상해 보인다는 생각에 운동화를 신지 않는다.
③ 택배에 부모님의 이름이 쓰여 있어서 미지는 운동화를 부모님께 드린다.
④ 미지는 제품 설명서에 어려운 말이 너무 많아서 내용을 이해하지 못한다.
⑤ 미지는 운동화를 신으면 천국으로 갈 수 있다는 제품 설명서의 내용에 놀란다.

· 답안 입력하기 · 평가 분석표 받기

어떤 교과서를 쓰더라도 ALWAYS

우등생 시리즈

국어/수학 | 초 1~6(학기별), **사회/과학** | 초 3~6학년(학기별)

세트 구성 | 초 1~2(국/수), 초 3~6(국/사/과, 국/수/사/과)

POINT 1

동영상 강의와 스케줄표로
쉽고 빠른 홈스쿨링 학습서

POINT 2

모든 교과서의 개념과
문제 유형을 빠짐없이 수록

POINT 3

온라인 성적 피드백 &
오답노트 앱(수학) 제공

온라인
학습북

수학 전문 교재

● 연산 학습
빅터연산   예비초~6학년, 총 20권
창의융합 빅터연산   예비초~4학년, 총 16권

● 개념 학습
개념클릭 해법수학   1~6학년, 학기용

● 수준별 수학 전문서
해결의법칙(개념/유형/응용)   1~6학년, 학기용

● 단원평가 대비
수학 단원평가   1~6학년, 학기용
일등전략 초등 수학   1~6학년, 학기용

● 단기완성 학습
초등 수학전략   1~6학년, 학기용

● 상위권 학습
최고수준 S 수학   1~6학년, 학기용
최고수준 수학   1~6학년, 학기용
최강 TOT 수학   1~6학년, 학년용

● 경시대회 대비
해법 수학경시대회 기출문제   1~6학년, 학기용

예비 중등 교재

● **해법 반편성 배치고사 예상문제**   6학년
● **해법 신입생 시리즈(수학/영어)**   6학년

맞춤형 학교 시험대비 교재

● **열공 전과목 단원평가**   1~6학년, 학기용(1학기 2~6년)

한자 교재

● **한자능력검정시험 자격증 한번에 따기**   8~3급, 총 9권
● **씽씽 한자 자격시험**   8~5급, 총 4권
● **한자 전략**   8~5급Ⅱ, 총 12권

영어 알파벳 중에서 가장 위대한 세 철자는
N, O, W
곧 지금(NOW)이다.

The three greatest English alphabets are N, O, W,
which means now.

월터 스콧

언젠가는 해야지, 언젠가는 달라질 거야!
'언젠가'라는 말에 자신의 미래를 맡기지 마세요.
해야 할 일, 하고 싶은 일은 지금 당장 실행에 옮기세요.
가장 중요한 건 과거도 미래도 아닌 바로 지금이니까요.

先 見 之 明

먼저 볼 갈 밝을
선 견 지 명

어떤 일이 일어나기 전, 미리 아는 지혜를
'선견지명'이라고 해요.
일기예보를 보고 미리 우산을 챙겨놓는다거나,
늦잠 잘 때를 대비해서 전날 밤 가방을 미리 챙겨놓는 것도
넓은 의미로 '선견지명'이라 할 수 있어요.

정답은 정확하게, 풀이는 자세하게

꼼꼼 풀이집

초등
국어 2 2

천재교육

꼼꼼 풀이집

정답과 풀이

2-2

6 1. 장면을 상상하며

1 ①　　**2** ⑤　　**3** ③　　**4** 소율　　**5** ⑤

6 짜장　**7** ②　　**8** (2) ○　**9** ③　　**10** (2) ○

11 ⑤　　**12** ②　　**13** ⑤　　**14** (2) ○　**15** ①

16 즐거운　　　　**17** ⑤　　**18** ③

19 (1) ① (2) ②　　**20** (1) 멀쩡한 (2) 곰곰이

21 ①　　**22** ⑤　　**23** ①　　**24** (2) ○　**25** ①

26 빗자루　　　　**27** 지우　**28** 예 어른들이 물건을 고치지 않았으면 좋겠다고 생각하였다. 그러면 훨씬 더 재미있을 것 같기 때문이다.　　**29** ②

30 ④　　**31** ⑤　　**32** ⑤

1 아이들은 학교가 끝나서 신난 마음입니다.

2 '두두두두두 두두두두'는 헬리콥터의 프로펠러(회전 날개)가 돌아가는 소리를 흉내 내는 말입니다.

3 시의 장면을 떠올리며 어울리는 몸짓으로 표현할 수 있지만 이 시에서는 기어가는 몸짓은 어울리지 않습니다.

4 시에 나오는 표현을 바탕으로 장면을 상상하여 알맞게 말한 사람은 소율입니다.

5 짜장면을 한 입 먹고 나면 콧잔등에 짜장 점이 일곱 개 생긴다고 하였습니다.

6 입가에 짜장 양념이 수염처럼 묻어서 짜장 수염 두 가닥이 생겼습니다.

7 오늘 급식에 짜장면이 나오기 때문에 제목을 '짜장 요일'이라고 하였습니다.

8 시를 읽고 생각이나 느낌을 말할 때에는 시의 내용, 인상 깊은 표현, 시의 내용과 비슷한 자신의 경험 등을 떠올려 말하는 것이 좋습니다.

9 할머니는 새들이 들어와 똥을 싸서 하얀 집을 더럽힐까 봐 걱정하였습니다.

10 할머니는 하얀 집이 더러워지는 것을 걱정해서 집에 누가 오는 것을 싫어하였습니다.

11 할머니는 하얀 고양이가 사라진 것도 걱정이고 하얀 고양이를 찾으러 나간 사이에 집이 망가질까 봐 불안하였습니다.

12 '가슴을 쓸어내리다.'는 '어려운 일이나 걱정이 없어져서 마음을 놓다.'라는 뜻입니다.

13 새끼 고양이들이 태어나면서 하얀 집은 난장판이 되었습니다.

14 할머니가 지쳐서 곯아떨어졌다는 것에서 힘들다는 것을 알 수 있습니다.

15 할머니는 새끼 고양이들을 보는 것이 즐거웠습니다.

16 할머니의 집은 더 이상 깨끗하지 않았지만 새끼 고양이들이 하는 행동을 보면서 즐거움을 느낀 할머니는 집이 눈처럼 하얗지 않은 것을 신경 쓰지 않게 되었습니다.

17 소이는 친구들과 날이 어두워지는 것도 모르고 깔깔거리면서 놀았습니다.

18 '수리'에는 '고장 난 곳을 손보아 고침.'이라는 뜻이 있습니다.

19 아저씨는 의자가 삐거덕거려서 고쳐야 한다고 생각하고, 소이는 의자가 삐거덕거리기는 하지만 재미있어서 고칠 필요가 없다고 생각합니다.

20 뜻을 생각하며 문장에 알맞은 낱말을 찾아봅니다.

21 소이는 옷장 안에 넣은 물건을 도무지 찾을 수 없다는 말을 듣고 숨바꼭질할 때 숨으면 좋겠다고 대답하였습니다.

22 아주머니는 강아지풀이 자라는 화분을 고치고 싶어 합니다.

23 아저씨는 유령 때문에 잠을 한숨도 못 자서 다시는 유령이 침대 밑으로 들어가지 못하게 할 것이라고 말하였지만, 소이는 유령이 친구라고 생각합니다.

24 '책을 보고 도로 책꽂이에 꽂아 두었다.'라고 써야 문장의 뜻이 알맞습니다. '도로'는 '먼저와 다름없이. 또는 본래의 상태대로.'라는 뜻입니다.

25 어른은 '박공룡'이라는 이름을 고치고 싶어 하지만 소이는 멋진 이름이라고 생각합니다.

26 소이는 빗자루를 타고 구름 위를 날아 보고 싶다고 하였습니다.

27 소이는 빗자루를 하늘을 날 수 있도록 재미있게 고치고 싶어 하였지만 수리점 아저씨는 청소하기 좋은 튼튼한 빗자루로 고쳐 준다고 하였습니다.
이야기 「엉뚱한 수리점」에 나오는 어른들은 물건을 쓸모 있게 고치거나 이름을 멋지게 고치고 싶어 합니다. 그렇지만 소이는 재미있거나 멋진 점을 생각하면서 고치지 않아도 좋다고 생각합니다.

28 이야기의 내용, 인물의 말이나 행동 등을 바탕으로 떠오르는 생각이나 느낌을 알맞게 씁니다.

평가	답안 내용
상	예 어른들이 물건을 고치지 않았으면 좋겠다고 생각하였다. 그러면 훨씬 더 재미있을 것 같기 때문이다. / 소이가 보기에는 고치지 않아도 되는 물건을 어른들이 자꾸 고치니까 이야기의 제목을 '엉뚱한 수리점'이라고 한 것 같다. → 이야기를 읽고 떠오르는 생각이나 느낌을 이야기의 내용이나 인물의 말이나 행동, 마음 등을 바탕으로 알맞게 씀.
중	예 물건에 대한 어른들과 소이의 생각이 다른 것 같다. → 떠오르는 생각이나 느낌을 간단하게 씀.
하	예 소이는 물건을 재미있게 고치고 싶어 하는 것 같다. → 생각이나 느낌을 쓰지 못하고 인물의 마음을 상상하여 씀.

29 밤새 장대비가 내렸다는 것을 알 수 있습니다.

30 해바라기는 채송화가 장대비에 쓸려 갈까 봐 걱정이 되어서 밤새 눈을 뜨고 지켜보았습니다.

31 채송화는 해바라기가 장대비에 쓰러질까 봐 밤새 눈을 감고 마음을 졸였습니다.

32 시에는 장대비가 내리는 밤에 서로를 걱정하는 해바라기와 채송화의 마음이 담겨 있으므로 이에 대한 생각이나 느낌을 말하는 것이 알맞습니다.

문해력 쑥쑥 교과서 진도북 **19~21**쪽

1 (1) 산들바람 (2) 가닥
2 (1) ㉡ (2) ㉢ (3) ㉠
3 (1) 가닥 (2) 난장판
4 (1) 호로록 (2) 휙
5 (1) 장대비 (2) 소동
6 (1) 절대 (2) 유령 (3) 모험
7 (1) ㉡ (2) ㉢ (3) ㉠

4 '휙'은 '갑자기 재빨리 움직이거나 스치는 모양.'을 뜻하는 흉내 내는 말입니다.

6 (1)의 '절대'는 '절대로'와 뜻이 같습니다.

7 (1) 나무를 팔아서 먹고 살아야 하는 나무꾼이 도끼를 연못에 빠뜨렸을 때에는 당황스럽고 속상하였을 것입니다.
(2) 게으름뱅이는 소가 된 자신의 모습을 보고 당황스러웠을 것입니다.
(3) 곳간 밖으로 나가기만 하면 고양이에게 잡힐 것 같아서 쥐들은 무서웠을 것입니다.

쪽지 평가 교과서 진도북 **22**쪽

1 내용 **2** 윤우 **3** (1) ○ **4** ① **5** ①
6 ②

1 시의 내용을 생각하며 장면을 상상하였습니다.

2 짜장면과 같이 무엇을 먹었던 경험이나 어떤 일을 하면서 신나고 재미있었던 경험을 떠올리는 것이 알맞습니다.

3 '무럭무럭'은 '아무 탈 없이 힘차게 잘 자라는 모양.'을 흉내 내는 말입니다.

4 할머니는 하얗고 예쁜 집을 자랑스러워하며 고양이와 함께 살았습니다. 그런데 새끼 고양이들이 태어나자 하얀 집은 난장판이 되었습니다.

5 할머니는 새끼 고양이들이 난장판으로 만든 집 안을 정리하느라 지쳐서 곯아떨어졌습니다. '곯아떨어지다'는 '몹시 피곤해서 정신을 잃고 자다.'라는 뜻입니다.

6 '깔깔거리면서 놀았죠'라는 표현에서 소이의 마음이 재미있다는 것을 상상할 수 있습니다.

단원 평가
교과서 진도북 **23~26**쪽

1 (2) ○   **2** ①   **3** ④, ⑤   **4** ②   **5** 도윤
6 ①, ⑤   **7** ⑤   **8** (1) ○   **9** 고양이   **10** ④
11 ③   **12** 예 새끼 고양이들이 어질러도 괜찮고, 새끼 고양이들을 보는 것이 즐거웠을 것이다.
13 ①   **14** (2) ○   **15** 삐거덕삐거덕
16 (1) ① (2) ②   **17** ⑤   **18** 박공룡 **19** 청소
20 정우

---

1 '오버'라는 말을 사용해서 학교가 끝난 상황을 재미있게 표현하였습니다.

2 발이 땅에서 떠오른 아이들은 모두 다 헬리콥터가 되었습니다.

3 '난다'라는 말이 되풀이되었고, 아이들이 나는 장면이 떠오르고 신난 마음이 느껴집니다.

4 이 시를 읽으면 학교가 끝나서 즐거워하는 아이들의 모습이 떠오릅니다.

5 생각이나 느낌을 말할 때에는 시의 내용과 관련 지어야 합니다.

6 점심시간에 짜장면을 먹으면서 신이 난 아이들의 모습, 짜장 양념이 코와 입가에 묻은 모습 등이 떠오릅니다.

7 '호로록호로록'은 적은 양의 액체나 국수를 가볍고 빠르게 들이마시는 소리나 모양을 흉내 내는 말이므로 이런 느낌을 살려서 낭송하는 것이 좋습니다.

8 할머니는 하얀 집을 늘 하얗게 만들려고 노력했고, 집이 더러워질까 봐 걱정하였습니다.

9 할머니네 집에 새끼 고양이들이 태어났습니다.

10 할머니는 갑자기 새끼 고양이들이 태어나자 당황스러웠을 것입니다.

11 새끼 고양이들이 집 안을 어지르자 할머니는 계속 집 안을 정리하고 치우고 닦았습니다.

12 이야기의 상황과 할머니의 말이나 행동을 바탕으로 마음을 알맞게 상상하여 씁니다.

채점 기준	
평가	답안 내용
상	예 새끼 고양이들이 어질러도 괜찮고, 새끼 고양이들을 보는 것이 즐거웠을 것이다. → 이야기에서 할머니의 마음을 표현하는 말을 찾아보거나 할머니의 말이나 행동을 바탕으로 마음을 상상하여 알맞게 씀.
중	예 새끼 고양이들이 하는 행동이 귀여웠을 것이다. → 할머니의 마음을 상상하여 간단하게 씀.
하	예 할머니는 걱정하지도 않고 화내지도 않았다. → 할머니의 마음을 상상하여 쓰지 못하고 글에 나타난 표현을 바탕으로 할머니가 어떤지만 씀.

13 어른들은 고칠 물건을 들고 엉뚱한 수리점 앞에 줄을 섰습니다.

14 '친구는 눈이 유난히 크다.'라고 해야 알맞습니다. '유난히'는 '보통과 아주 다르게.'라는 뜻입니다.

15 소이는 삐거덕거리는 의자가 재미있다고 생각합니다.

16 어른은 옷장의 나쁜 점을 생각하고 소이는 옷장의 좋은 점을 생각합니다.

17 아저씨는 침대 밑에 유령이 들어가지 못하게 침대를 고치려고 합니다.

18 어른은 박공룡이라는 이름을 다른 이름으로 고치고 싶어 하지만, 소이는 박공룡이라는 이름이 멋지다고 생각합니다.

19 소이가 빗자루를 새처럼 날 수 있게 고쳐 달라고 하였지만 아저씨는 청소할 때 쓰는 빗자루로 튼튼하게 고쳐 주겠다고 하였습니다.

20 이야기의 내용과 관련지어 생각이나 느낌을 알맞게 말한 사람은 정우입니다.

2. 서로 존중해요

1 (1) ① (2) ②   **2** (3) ○   **3** ①   **4** ①
5 (2) ○   **6** ①   **7** ④   **8** 지아
9 ㉡, ㉢, ㉤   **10** (1) ② ○ (2) ① ○
11 (1) ③ (2) ② (3) ①   **12** ⑤   **13** ⑤
14 ①   **15** ③   **16** 예 해결 방법을 알게 되어
서 기쁠 것이다.   **17** 열심히 노력하는   **18** ⑤
19 지유   **20** ⑤   **21** ③   **22** (3) ○   **23** ②
24 해진   **25** (3) ○   **26** ⑤   **27** ②
28 예 진우가 말하는데 말하는 사람을 쳐다보지 않고
딴생각을 하였다.   **29** (2) ×   **30** 하린
31 ⑤   **32** (2) ×   **33** ④   **34** (2) ○
35 (1) 안고 (2) 짖는

1 민서가 하늘이의 말을 잘 듣고 공감해 주었을 때 하늘이는 기분이 좋았을 것이고, 하영이가 하늘 이의 말에 집중하지 않았을 때에는 기분이 나빴 을 것입니다.

2 정현이가 자신의 상황을 고운 말로 잘 설명하면 하늘이의 기분이 상하지 않을 것입니다.

3 준혁이는 지은이의 기분을 살펴 말하였고, 지은 이는 준혁이가 자신의 기분을 살펴 준 것에 고마 움을 나타내었습니다.

6 생일을 축하해 주시는 할머니께 고마운 마음을 표현하는 말을 해야 합니다.

7 함께 놀자고 하는 말에 호응하는 것이 좋습니다.

8 전학 가는 친구와 인사할 때에는 고운 말로 서운 한 마음을 표현하는 것이 좋습니다.

10 상대의 기분을 생각하며 말한 사람을 찾아봅니다.

11 상황에 알맞게 상대를 존중하는 마음으로 할 수 있는 말을 생각해 봅니다.

12 부드러운 말투로 앞으로 늦지 말라는 내용의 말 을 하는 것이 좋습니다.

13 크니프는 아무도 자기와 이야기하지 않고 놀지 도 않는 것이 고민이라고 하였습니다.

14 크니프의 목소리가 커서 멋있다고 말하였습니다.

15 속삭이는 크니프에게 친구를 만나면 먼저 반갑 게 인사해 보라고 하였습니다.

16

채점 기준	
평가	답안 내용
상	예 해결 방법을 알게 되어서 기쁘다. / 속삭이에게 고맙다.
	→ 해결 방법을 알게 되어 기쁘고 고맙다는 내용을 씀.
하	→ 조언하는 말을 들었을 때의 기분을 쓰지 못함.

17 미술 작품을 완성하려고 끝까지 노력하는 점을 칭찬하였습니다.

18 잘못한 점과 칭찬하는 말을 함께 말하면 칭찬으 로 생각되지 않습니다.

19 좋은 점을 너무 부풀리지 않고 진심으로 칭찬해 야 합니다.

20 칭찬하는 까닭을 이야기하지 않으면 진심으로 느껴지지 않을 수 있습니다.

21 걱정하는 마음을 담아 조언하는 것이 좋습니다.

22 줄넘기를 잘할 수 있는 방법을 이야기해 주는 것 이 알맞습니다.

23 듣는 사람의 마음에 공감하며 격려해 주는 것이 좋습니다.

24 상대가 자신을 도와주려는 마음으로 말한 조언 을 긍정적으로 받아들여야 합니다.

27 선우가 적절하게 반응하지 않아서 서운하고 화 가 났을 것입니다.

28

채점 기준	
평가	답안 내용
상	예 진우가 하는 말에 집중하지 않았다.
	→ 말하는 사람을 쳐다보며 대화 내용에 집중하지 못하였다는 내용을 씀.
하	예 적절하게 대답하지 않았다.
	→ 적절히 반응하지 못한 점을 구체적으로 밝혀서 쓰지 못함.

30 표정과 몸짓을 너무 과장되게 하지 않는 것이 좋 습니다.

31 상대의 말을 끝까지 듣고 말해야 합니다.

32 전학 온 친구의 마음을 생각하며 고운 말로 말해야 합니다.

33 책이 쓰러지지 않게 사물함을 정리하는 방법을 조언하였습니다.

34 부드러운 표정과 말투로 말하는 것이 좋습니다.

35 낱말의 뜻을 알아 둡니다.

> **더 알아보기**
> • 안다: 두 팔을 벌려 가슴 쪽으로 끌어당기거나 그렇게 하여 품 안에 있게 하다.
> • 앉다: 사람이나 동물이 윗몸을 바로 한 상태에서 엉덩이에 몸무게를 실어 다른 물건이나 바닥에 몸을 올려놓다.
> • 짓다: 재료를 들여 밥, 옷, 집 따위를 만들다.
> • 짖다: 개가 목청으로 소리를 내다.

문해력 쑥쑥 　　　　　교과서 진도북 **38~39**쪽

1 (1) 상황 (2) 격려 (3) 공감

2 (1) ② (2) ①

3 (1) 상황 (2) 조언 (3) 공감

4 (1) 습관 (2) 집중 (3) 반응 (4) 말투

쪽지 평가 　　　　　　　교과서 진도북 **40**쪽

1 ① ○　　**2** 예 목소리가 큰 점　**3** 예 먼저 반갑게 인사해 봐!　**4** ② ○　　**5** (1) ② ○ (2) ② ○

단원 평가 　　　　　　교과서 진도북 **41~44**쪽

1 쉬는 시간　　**2** ①　　**3** (1) ○

4 (1) ① (2) ②　　**5** 예 다치지 않았니? 내가 급하게 가느라 못 봤어. 미안해.　**6** ⑤　　**7** (1) ②
(2) ④　　**8** ①　　**9** ③　　**10** (2) ○ **11** ①

12 ⑤　　**13** (2) ○　　　　　**14** 친절한

15 ⑤　　**16** ○　　　　　**17** (1) ② (2) ①

18 ④, ⑤ **19** ④　　**20** 예 물통을 잃어버렸구나. 어디에 두었는지 차근차근 생각해 보면 생각이 날 거야.

---

1 장면 ❶에 나타나 있습니다.

2 정현이가 짜증을 내며 말해 당황스러웠을 것입니다.

3 하영이는 하늘이의 말을 집중해서 듣지 않았습니다.

5
채점 기준	
평가	답안 내용
상	예 괜찮아? 미안해. 내가 잘 못 봤어.
	→ 복도에서 친구와 부딪친 상황에서 상대를 배려하는 고운 말을 씀.
하	→ 상황에 알맞게 상대를 배려하는 말을 쓰지 못함.

8 아쉬운 마음을 표현하는 지아에게 고마운 마음이 들 것입니다.

9 고운 말을 사용하면 서로 기분 좋게 대화할 수 있습니다.

10 친구가 상을 받은 것을 축하하는 말을 하는 것이 알맞습니다.

11 크니프에게 칭찬하는 말을 들은 속삭이는 기쁘고 고마웠을 것입니다.

13 너무 부풀려서 칭찬하면 진심으로 느껴지지 않을 수 있습니다.

14 윤아는 "너는 참 친절해."라고 칭찬하였습니다.

15 칭찬하는 까닭을 이야기하지 않으면 진심으로 느껴지지 않을 수 있습니다.

16 걱정하는 마음을 담아 듣는 사람이 고쳤으면 하는 습관을 알려 주는 것이 알맞습니다.

18 수빈이는 말하는 사람을 쳐다보지 않고 딴생각을 하였습니다.

20
채점 기준	
평가	답안 내용
상	예 물통을 잃어버려서 속상하겠구나. 같이 찾아보자.
	→ 상황에 알맞게 부드러운 말투로 반응하는 말을 씀.
하	→ 상황에 알맞게 부드러운 말투로 반응하는 말을 쓰지 못함.

3. 내용을 살펴요

1 잘못   **2** ③   **3** (1) ○   **4** ㉣   **5** ⑤
6 ⑤   **7** ㉡, ㉣, ㉢, ㉠   **8** (1) 풀어
(2) 연해져   **9** ㉠   **10** ②
11 (1) 청소 도구 (2) 이름   **12 예** 옛날과 오늘
날의 생활 도구가 어떻게 다른지 설명하는 글을 읽고
싶다.   **13** ①, ⑤   **14** ③   **15** (1) 날씨 (2) 얇고
(3) 짧은 (4) 두께 (5) 긴 (6) 비옷   **16** ⑤
17 수박   **18** ④   **19** 윷놀이 **20** 이름, 색깔, 맛,
요리 방법, 생김새   **21** 말   **22** ⑤
23 ①, ②, ⑤   **24** ②   **25** (2) ○   **26** ②

1 상대가 내 마음을 읽을 수 없으므로 마음속으로
만 잘못했다고 생각하면 안 된다고 하였습니다.

2 사과를 받아 주는 상대에게 "내 사과를 받아 줄
래?"라고 정중하게 물어봐야 한다고 하였습
니다.

3 사과를 할 때에는 정말 딱 사과만 하는 것이 좋
다고 하였습니다.

4 글의 중심 내용을 정리할 때에는 사과해야 하는
까닭과 사과하는 방법, 사과할 때 주의할 점 등
에 대하여 정리합니다.

더 알아보기

글 「진심으로 사과하는 법을 알아 둬」에서 중심 내용을
정리하기

사과해야 하는 까닭	마음속으로만 잘못했다고 생각하면 상대는 알 수 없으므로 사과를 해야 한다.
사과하는 방법	왜 미안한지 말하고, 다시는 그런 일을 하지 않을 것이라는 약속을 한다. 그리고 "내 사과를 받아 줄래?"라고 정중하게 물어본다.
사과할 때 주의할 점	사과를 하면서 토를 달거나 이유를 대거나 변명을 하지 않는다.

5 '빗자루는 먼지나 쓰레기를 쓸어 모으는 청소 도
구야.'가 글 **1**에서 중요한 문장입니다.

6 빗자루는 수수, 갈대, 댑싸리, 쇱싸리, 대나무
같은 것을 묶어서 만듭니다.

7 글 **2**에 빗자루를 만드는 방법이 나와 있습니다.

8 '풀다'는 '묶인 것을 그렇지 않은 상태로 되게 하
다.'라는 뜻이고, '연하다'는 '무르고 부드럽다.'
라는 뜻입니다.

9 글 **3**의 중요한 내용은 빗자루는 만든 재료나
생김새에 따라 이름이 달라진다는 것입니다.

10 글 **4**에 빗자루로 인형 놀이를 하며 놀기도 했
다는 내용이 나옵니다.

11 설명하려는 대상의 특징을 생각하며 중심 내용
을 정리해 봅니다.

12 글의 내용과 관련지어 더 찾아 읽고 싶은 글을
알맞게 씁니다.

채점 기준

평가	답안 내용
상	**예** 빗자루를 타고 하늘을 날아다니는 모습이 담긴 이야기를 읽고 싶다. / 옛날과 오늘날의 생활 도구가 어떻게 다른지 설명하는 글을 읽고 싶다. / 다른 나라의 생활 도구에 대한 글을 읽고 싶다. / 빗자루가 도깨비로 변하는 우리나라의 옛이야기를 읽고 싶다. → 빗자루와 같은 생활 도구나 빗자루와 관련된 이야기 등을 읽고 싶다는 내용을 알맞게 씀.
중	**예** 생활 도구에 대한 글을 읽고 싶다. → 글과 관련된 내용이기는 하지만 자세하지 않게 씀.
하	**예** 빗자루를 만드는 방법에 대한 글을 읽고 싶다. → 글에서 이미 설명한 내용이나 글과 관련 없는 내용의 글을 읽고 싶다고 씀.

13 장소와 하는 일에 따라 옷차림이 달라진다고 하
였습니다.

14 결혼식장에서는 웨딩드레스를 볼 수 있습니다.

15 날씨에 따라 입는 옷이 달라진다는 것이 중심 내
용입니다.

더 알아보기

글 「여러 가지 옷차림」에서 중심 내용 정리하기

　우리는 날마다 여러 가지 옷을 볼 수 있습니다. 어떤 장소인지에 따라서 볼 수 있는 옷이 달라집니다. 하는 일에 따라서도 옷차림이 달라집니다.

16 사용 방법은 물건에 대하여 설명할 때 알맞은 특징입니다.

17 수박에 대하여 설명하는 내용입니다.

18 자전거의 특징을 살펴봅니다.

19 윷놀이에 대해서 설명하는 내용입니다.

20 옥수수의 이름, 색깔, 맛, 요리 방법, 생김새 등에 대하여 설명합니다.

21 말에 대한 설명입니다.

22 글자는 멀리 있는 사람이나 여러 사람에게 무언가를 알리기 편하다고 하였습니다.

더 알아보기

글 「글자」의 내용 살펴보기

	말	글자
받아 들이는 곳	귀	눈
편한 때	가까이 있는 사람들이 서로 뜻을 주고받을 때	멀리 있는 사람이나 여러 사람한테 무언가를 알릴 때

23 사물의 특징은 여러 가지를 쓰는 것이 좋습니다.

24 '삶다'는 '물에 넣고 끓이다.'라는 뜻입니다.

25 '핥다'는 '혀가 어떤 것의 겉에 살짝 닿으면서 지나가게 하다.'라는 뜻입니다.

26 '잃어버리다'는 '가졌던 물건이 자신도 모르게 없어져 그것을 아주 갖지 않게 되다.'라는 뜻입니다. 겹받침에 주의해서 쓰고, '한번 알았던 것을 모두 기억하지 못하거나 전혀 기억하여 내지 못하다.'라는 뜻의 '잊어버리다'와 헷갈려서 쓰지 않도록 주의합니다.

문해력 쑥쑥 교과서 진도북 54~55쪽

1 (1) 사과 (2) 배
2 (1) 가지런히 (2) 변명
3 (1) 늘다 (2) 얇다
4 (1) ㉡ (2) ㉠ (3) ㉠

1 글자는 같지만 뜻이 다른 낱말은 문장 안에서 어떤 뜻인지 생각하며 읽습니다.
　(2) '배'에는 문제에 나온 뜻 외에도 '배나무의 열매.', '어떤 수나 양을 두 번 합한 만큼.'이라는 뜻이 있습니다.

3 (1) 줄다: 본디보다 작아지다.
　　 늘다: 본디보다 커지다.
　(2) 두껍다: 두께가 보통의 정도보다 크다.
　　 얇다: 두께가 두껍지 않다.

4 제목은 글에서 알려 주려고 하는 내용을 나타내야 합니다. 또 읽는 사람들의 관심을 끌 수 있도록 정하는 것이 좋습니다.

쪽지 평가 교과서 진도북 56쪽

1 ① 　　**2** ① 　　**3** ② 　　**4** (1) 대상 (2) 특징
(3) 궁금해할 내용 　　**5** 모자 　　**6** 긁다

1 글 「진심으로 사과하는 법을 알아 둬」에서는 사과를 받아 줄 것인지 정중하게 물어봐야 하고, 사과를 하면서 끝에 토를 달거나 변명을 하지 않아야 한다고 하였습니다.

2 이어지는 내용에서 싸리비, 꽃비와 같은 빗자루의 이름이 나옵니다. 그러므로 '빗자루는 만든 재료나 생김새에 따라 이름도 가지가지야.'라는 내용이 앞에 나와야 합니다.

3 글 「여러 가지 옷차림」에서는 장소와 하는 일에 따라서 옷차림이 달라진다고 하였습니다.

4 사물을 설명할 때에는 여러 가지 특징을 떠올리는 것이 좋습니다.

5 '머리에 쓰는 물건'이라는 설명에서 모자라는 것을 알 수 있습니다.

6 '긁다'는 '손톱이나 뾰족한 기구로 바닥이나 거죽을 문지르다.'라는 뜻입니다.

11 빗자루는 만든 재료나 생김새에 따라 이름이 붙여집니다.

12 빗자루와 관련된 이야기에 대한 내용이므로 글 **나**에 들어가는 것이 알맞습니다.

13 사람이나 장소에 따라 달라지는 옷에 대해 설명하는 글입니다.

14 중심 내용을 담은 문장이 중요한 문장입니다. 그리고 그 중요한 문장을 쉽게 이해할 수 있도록 예를 들거나 이유를 설명하는 문장이 덜 중요한 문장입니다.

15 장소에 따라서 입는 옷이 어떻게 달라지는지 자세히 알 수 있게 설명하는 문장이 들어가는 것이 알맞습니다.

16 소방관과 요리하는 사람을 예로 들어서 설명하였으므로 하는 일에 따라 옷차림이 달라진다는 것을 알 수 있습니다.

17 날씨에 따라서 입는 옷이 어떻게 달라지는지 알 수 있게 씁니다.

단원 평가 교과서 진도북 **57~60** 쪽

1 ③	**2** 시계	**3** ④	**4** ⑤	**5** ⑤
6 ①, ④	**7** ①	**8** ②	**9** (1) 소금물	
(2) 자루	**10** 들쭉날쭉	**11** ①, ②		
12 나	**13** ①	**14** (1) ㉠, ㉡ (2) ㉢	**15** (1) ○	
16 ④	**17** 예 날씨가 추울 때에는 두께가 두껍고 소매가 긴 옷을 입습니다.		**18** ④	**19** ㉢
20 (1) ㉡ (2) ㉡				

1 막대자는 길쭉한 모양입니다.

2 설명을 할 때에는 특징 여러 가지를 자세하게 설명해야 무엇에 대한 설명인지 쉽게 알 수 있습니다.

3 설명하는 글을 쓸 때에는 읽는 사람이 궁금해할 내용을 씁니다.

4 글의 제목과 내용을 보면 사과해야 하는 까닭과 사과하는 방법, 사과할 때 주의할 점 등에 대해 알려 주는 글이라는 것을 알 수 있습니다.

5 '없다'는 겹받침이 들어가는 낱말로 주의해서 씁니다.

6 사과할 때에는 토를 달면서 따지지 않고, 이유를 대거나 변명을 하지 않아야 합니다.

7 깨끗하게 자신의 잘못을 인정하고 사과를 받아 줄 것인지 정중하게 물어봐야 합니다.

8 빗자루의 쓰임새에 대하여 설명하는 내용입니다.

9 빗자루를 만드는 방법을 정리해 봅니다.

10 '가지런히'는 '여럿이 들쭉날쭉하지 않고 고르게.'라는 뜻입니다.

채점 기준

평가	답안 내용
상	예 비가 오는 날에는 비옷을 입고 장화를 신기도 합니다. / 눈이 오는 날에는 솜이나 털을 넣은 옷을 입고 목도리를 하거나 장갑을 낍니다.
	→ 날씨에 따라서 입는 옷이 어떻게 달라지는지 자세히 설명하여 주거나 예를 들어 주는 문장을 알맞게 씀.
중	예 날씨가 추울 때에는 긴 옷을 입습니다.
	→ 날씨에 따라서 입는 옷이 어떻게 달라지는지 간단하게 씀.
하	예 날씨에 따라 옷차림이 다릅니다.
	→ 날씨에 따라 옷차림이 어떻게 다른지 알 수 없게 씀.

18 연주 방법은 악기에 대해 설명하는 글을 쓸 때에 들어가야 할 내용입니다.

19 글자가 왜 편리한지 설명하는 문장이 중요한 문장입니다.

20 겹받침이 있는 낱말을 소리 나는 대로 쓰지 않도록 주의합니다.

6
4. 마음을 전해요

1 (1) ○○미술관 관장 (2) ○○초등학교 2학년 어린이들   **2** ①   **3** (1) ○   **4** (1) ③ (2) ① (3) ②   **5** (1) ② (2) ① (3) ③   **6** (1) ○
7 바, 자   **8** (1) 사 (2) 가 (3) 마   **9** ④
10 (1) ① (2) ③ (3) ②
11 (1) 설명하는 문장 (2) 예 가방을 들어 준 지후에게 고마움을 전하고 싶은 마음   **12** (3) ○   **13** ①
14 냄새 맡은   **15** ⑤   **16** ①   **17** ③
18 (2) ○   **19** ①   **20** 근하   **21** ①   **22** (1) ○
23 ①   **24** 예 소중한 것을 다른 사람에게 선물하는 모습이 대단해요.   **25** ④   **26** (1) 송아지
(2) 커다란 무   **27** ④   **28** ④, ⑤
29 예 불만스럽다. / 억울하다.   **30** 나이가 많은
31 (2) ○   **32** 두꺼비   **33** (1) ① (2) ①
(3) ②   **34** 두꺼비   **35** 기수   **36** 떡

1 ○○미술관 관장님이 ○○초등학교 2학년 어린이들에게 보낸 편지입니다.

2 11월에 열리는 특별 전시회에 초대하기 위하여 쓴 편지입니다.

3 ㉠에서는 ?(물음표)가 쓰였습니다.

4 각 문장이 어떤 뜻을 나타내는지 생각해 봅니다.

더 알아보기

여러 가지 문장의 종류

문장의 종류	사용하는 때	문장 부호
설명하는 문장	무엇을 설명하거나 생각을 나타낼 때	.(마침표)
묻는 문장	무엇인가를 물어볼 때	?(물음표)
감탄하는 문장	기쁨, 슬픔, 놀람처럼 강한 느낌을 나타낼 때	!(느낌표)

5 문장이 쓰인 상황을 살펴봅니다.

6 감탄하는 문장을 찾아봅니다.

7 가는 묻는 문장입니다.

8 문장의 종류를 생각하며 각 문장을 쓴 까닭은 무엇일지 생각해 봅니다.

9 민우는 지후가 가방을 들어 주었는데 고맙다는 말을 제대로 하지 못해서 편지를 썼습니다.

10 편지에 들어가는 내용 중 무엇인지 생각해 봅니다.

11 ㉠은 지후에게 고마운 까닭을 설명하는 문장입니다.

채점 기준

평가	답안 내용
상	(1) 설명하는 문장 (2) 예 지후에게 고마운 마음 → (1)에 '설명하는 문장'을 쓰고, (2)에 지후에게 고마운 마음이라는 내용을 씀.
중	→ (1)에 '설명하는 문장'을 썼지만, (2)에 지후에게 고마운 마음이라는 내용을 구체적으로 나타내어 쓰지 못함.
하	→ (1)에 '설명하는 문장'을 쓰지 못함.

12 ㉡은 감탄하는 문장으로, 지후가 도와준다고 하여 기쁜 느낌을 표현하기 위해 썼습니다.

13 최 서방은 국밥 냄새에 감탄하였지만 집에 가서 밥을 먹으려고 얼른 돌아섰습니다.

14 구두쇠 영감은 최 서방에게 국밥 냄새를 맡았으니 값을 치르고 가라고 하였습니다.

15 구두쇠 영감이 냄새 맡은 값을 내라고 해서 어이없고 황당했을 것입니다.

16 황당한 마음에 어울리는 목소리로 읽어야 합니다.

17 최 서방은 엽전 소리를 들려주는 것으로 국밥 냄새 맡은 값을 치렀습니다.

18 구두쇠 영감은 눈이 휘둥그레졌습니다.

19 구두쇠 영감의 얼굴이 빨개지고 쥐구멍에라도 숨고 싶은 듯 주변을 두리번거리는 것으로 보아 부끄러웠을 것입니다.

20 글쓴이의 목소리를 흉내 내면서 읽는 것은 이야기를 실감 나게 읽는 방법이 아닙니다.

21 농부는 이렇게 귀한 무를 그냥 먹을 수 없다며 사또께 바쳤습니다.

22 커다란 무를 보고 깜짝 놀란 마음이 드러나도록 읽는 것이 좋습니다.

23 농부가 귀한 것을 자기에게 바쳐서 기쁘고 흐뭇할 것입니다.

24 농부에게 하고 싶은 말을 생각해 봅니다.

평가	답안 내용
상	예 커다란 무를 사또에게 바칠 때 아까운 마음이 들지 않았나요? → 커다란 무를 사또에게 바친 농부의 행동과 관련하여 농부에게 하고 싶은 말을 씀.
하	→ 농부에게 하고 싶은 말이지만 이야기의 내용과 관련이 없는 내용을 씀.

채점 기준

25 남이 잘되어 심술이 난다는 뜻의 '배 아파'라고 말한 것으로 보아 욕심꾸러기 농부는 착한 농부가 송아지를 얻은 이야기를 듣고 샘이 났습니다.

26 욕심꾸러기 농부는 사또에게 송아지를 바치고 커다란 무를 받았습니다.

27 사또는 욕심꾸러기 농부에게 커다란 무를 주는 것이 좋은 생각이라는 듯이 말하였습니다.

28 욕심꾸러기 농부는 더 큰 선물을 받을 것을 기대하였지만 커다란 무를 받고 울면서 집으로 돌아갔다고 하였으므로 후회되고 실망스러울 것입니다.

29 두꺼비가 입을 삐죽이며 말한 것으로 보아 불만스러운 마음을 짐작할 수 있습니다.

30 호랑이는 셋 중에서 나이가 가장 많은 어르신이 떡을 다 먹기로 하자고 하였습니다.

31 토끼는 자기가 더 어르신이라는 확신을 가지고 말을 하였습니다.

32 두꺼비가 가장 나이가 많아서 떡은 두꺼비 차지가 되었습니다.

33 달리기에 자신이 있는 호랑이와 재빠른 토끼는 기대되었지만 가장 느린 두꺼비는 불만스러웠습니다.

34 떡시루가 굴러가다가 떡만 빠져나오는 바람에 두꺼비가 떡을 먹게 되었습니다.

35 혼자서 떡을 실컷 먹고 남은 떡을 가지고 온 두꺼비의 마음에 어울리는 목소리를 생각해 봅니다.

36 두꺼비 등에 떡이 들러붙어서 두꺼비의 등이 울퉁불퉁하게 되었다고 하였습니다.

문해력 쑥쑥 교과서 진도북 **73~74**쪽

1 (1) 실감 (2) 짐작 (3) 전달 (4) 안부
2 (1) ㉡ (2) ㉠
3 (1) 짐작 (2) 실감 (3) 전달
4 (1) ① ○ (2) ② ○ (3) ③ ○ (4) ① ○ (5) ② ○

쪽지 평가 교과서 진도북 **75**쪽

1 (1) 묻는 (2) 감탄하는 (3) 설명하는
2 '쓴 장소'에 ×표 **3** 고마운 **4** 국밥
5 예 부끄럽다. / 창피하다.
6 예 즐겁다. / 뿌듯하다.

1 문장이 쓰인 까닭을 생각하며 문장의 종류를 생각해 봅니다.

2 편지는 '받는 사람 – 첫인사 – 전하고 싶은 말 – 끝인사 – 쓴 날짜 – 쓴 사람'의 형식으로 이루어집니다.

3 민우는 지후가 어제 가방을 들어 주어서 고마운 마음을 전하였습니다.

4 구두쇠 영감은 최 서방에게 국밥 냄새 맡은 값을 내놓으라고 하였습니다.

5 말이나 행동으로 보아 부끄럽고 창피한 마음을 짐작할 수 있습니다.

6 농부는 커다란 무를 뽑고 신이 나서 어깨를 들썩거렸습니다.

단원 평가

교과서 진도북 **76~78**쪽

1 ③	**2** (3) ○	**3** 끝인사	**4** ⑤	**5** ⑤
6 감탄하는		**7** 예 우리들은 2학년입니다.		
8 (1) 민우 (2) 지후		**9** ④	**10** ③	
11 감탄하는 문장		**12** (3) ○	**13** ⑤	**14** 황당
15 ②	**16** (3) ○	**17** ④	**18** ②	
19 커다란 무		**20** 예 다음에는 좋은 마음으로 선물하는 것이 좋겠어요.		

1 어린이들이 20년 뒤에 자신의 모습을 상상하며 그린 그림이 전시됩니다.

2 !(느낌표)가 쓰인 문장으로, 기쁨, 슬픔, 놀람처럼 강한 느낌을 나타내는 문장입니다.

3 편지의 형식을 알아 둡니다.

> **더 알아보기**
> **편지의 형식**
> 받는 사람 – 첫인사 – 전하고 싶은 말 – 끝인사 – 쓴 날짜 – 쓴 사람

4 묻는 문장은 **가**, **바**, **자**입니다.

> **더 알아보기**
> **문장의 종류**
> **가**: 묻는 문장　　　　**나**: 설명하는 문장
> **다**: 설명하는 문장　　**라**: 감탄하는 문장
> **마**: 감탄하는 문장　　**바**: 묻는 문장
> **사**: 설명하는 문장　　**아**: 감탄하는 문장
> **자**: 묻는 문장　　　　**차**: 설명하는 문장

5 상추 씨앗이 여기에 있다는 것을 설명하는 문장입니다.

6 !(느낌표)를 써서 기쁨, 슬픔, 놀람처럼 강한 느낌을 나타낸 문장입니다.

7 설명하는 문장의 끝에는 .(마침표)를 씁니다.

채점 기준	
평가	**답안 내용**
상	예 바다에 플라스틱 섬이 생겼습니다.
	→ .(마침표)를 써서 설명하는 문장을 알맞게 씀.
하	→ 설명하는 문장을 썼지만 문장 부호를 알맞게 쓰지 못함.

8 편지의 처음에 받는 사람과 쓴 사람이 나타나 있습니다.

9 지후는 손을 다친 민우의 가방을 들어 주었습니다.

10 가방을 들어 준 지후에게 고마운 마음이 나타나 있습니다.

11 지후가 도와준다고 하여 기쁜 느낌을 표현하는 문장입니다.

12 냄새 맡은 값을 내지 않은 최 서방에게 화난 목소리로 읽는 것이 어울립니다.

13 최 서방은 냄새 맡은 값을 달라는 말을 듣고 기가 막혔습니다.

14 기가 막혔다고 하였으므로 황당한 마음을 담아 물어보듯이 끝을 올려 읽을 수 있습니다.

15 엽전이 들어 있는 돈주머니를 흔들면 '짤랑짤랑' 소리가 날 것입니다.

16 최 서방이 엽전 소리를 들려주어 어리둥절한 마음이 드러나게 읽는 것이 좋습니다.

> **더 알아보기**
> **인물의 마음을 생각하며 실감 나게 읽는 방법**
> ① 인물이 처한 상황을 살펴봅니다.
> ② 인물의 말과 행동을 살펴봅니다.
> ③ 인물의 마음을 짐작해 봅니다.
> ④ 인물의 마음에 어울리는 목소리로 실감 나게 읽어 봅니다.

17 구두쇠 영감은 부끄럽고 창피할 것입니다.

18 욕심꾸러기 농부는 송아지를 갖다 바치고 더 큰 선물을 받을 것을 기대하였습니다.

19 사또는 욕심꾸러기 농부에게 커다란 무를 보답으로 주었습니다.

20 욕심꾸러기 농부에게 전하고 싶은 말을 씁니다.

채점 기준	
평가	**답안 내용**
상	예 욕심꾸러기 농부님, 송아지를 주고 어떤 선물을 기대하였나요?
	→ 글의 내용과 관련지어 욕심꾸러기 농부에게 전하고 싶은 말을 씀.
하	→ 욕심꾸러기 농부에게 전하고 싶은 말을 썼지만 글의 내용과 관련이 없는 내용을 씀.

5. 바른 말로 이야기 나누어요

진도 학습

교과서 진도북 **81~87**쪽

1 ⑤ **2** ① **3** (1) 틀립니다 (2) 다릅니다
(3) 다른 (4) 틀린 **4** ② **5** (1) 예 언니가 동생
에게 공부를 가르치다. (2) 예 형이 손가락으로 북쪽을
가리키다. **6** ⑤ **7** (2) ○ **8** ③
9 (1) 갔습니다 (2) 다른 (3) 같아서
10 (1) 적어요 (2) 작아요 (3) 바라고 (4) 바래고
11 (1) 가르쳐 (2) 잊어버렸어요 **12** (1) ① (2) ②
13 ⑤ **14** ① **15** ⑤ **16** ② **17** ⑤
18 ① **19** ① **20** ⑤ **21** ⑤
22 우편물 **23** ④ **24** (1) ○ **25** ①
26 (1) 만발 (2) 훗날 (3) 자태 **27** ⑤
28 예 일 년이 지난 여름날이 되어 마을로 오가는 길
에 꽃들이 더욱 만발하였다.

1 이 만화에서 지은이는 사진첩을 보면서 "사진첩이
바랐네."라고 말합니다. 사진첩의 색이 흐려졌을
때는 '바랐네'가 아니라 '바랬네'라고 말해야 하는
데 지은이가 문장에 어울리지 않는 낱말을 사용해
서 윤재가 어리둥절한 것입니다.

2 낱말의 뜻에 맞게 문장에서 낱말을 바르게 사용해
야 합니다. '바래다'는 볕이나 습기를 받아 색이 변
하는 것, '작다'는 크기가 보통보다 덜한 것을 말합
니다. ㉠에는 '바랬다', ㉡에는 '작다'가 들어가는
것이 알맞습니다.

더 알아보기

헷갈리기 쉬운 낱말
• 바래다: 볕이나 습기를 받아 색이 변하다.
  바라다: 생각이나 바람대로 어떤 일이나 상태가 이루
  어지거나 그렇게 되었으면 하고 생각하다.
• 작다: 크기가 보통보다 덜하다.
  적다: 수나 양이 부족하다.

3 '다르다'와 '틀리다'의 뜻을 바르게 구분해 봅니다.
'다르다'는 비교가 되는 두 대상이 서로 같지 않은
것, '틀리다'는 셈이나 사실 따위가 그르게 되거나
어긋난 것을 말합니다.

4 축구하는 방법을 기억하지 못하는 상황에서는 '잊
어버렸다'로 쓰는 것이 알맞습니다.

5 '가르치다'와 '가리키다'의 뜻에 맞게 문장을 써 봅
니다.

채점 기준

평가	답안 내용
상	(1) 예 언니가 동생에게 공부를 가르치다. (2) 예 형이 손가락으로 북쪽을 가리키다. → (1)에 '가르치다', (2)에 '가리키다'의 뜻에 맞게 문장을 알맞게 씀.
중	→ (1)에 '가르치다', (2)에 '가리키다'의 뜻에 맞게 문장을 썼지만 어색한 부분이 있거나 (1)과 (2) 중 한 가지만 알맞게 씀.
하	→ (1)과 (2) 모두 문장을 알맞게 쓰지 못함.

6 즐거운 학교생활을 위해 우리 반 친구들이 지켜야
할 일로 알맞은 것을 생각해 봅니다. 생각이 다른
친구의 말을 존중하고 서로 기분이 상하지 않게
이야기하는 것은 반 친구들이 지켜야 할 일의 내
용으로 알맞습니다.

7 발표 연습을 할 때는 바른 말로 표현했는지 생각해
보고 어색하거나 잘못된 표현을 바르게 고칩니다.

8 친구가 발표하는 것을 들을 때는 헷갈리는 말들을
구분하고 바른 말을 사용하는지 확인하면서 듣는
것이 좋습니다.

9 '가다'는 이동하는 것, '같다'는 서로 다르지 않은
것, '다르다'는 서로 같지 않은 것, '틀리다'는 셈이
나 사실 따위가 어긋난 것을 말합니다.

10 '작다'와 '적다', '바라다'와 '바래다'의 뜻을 생각하
며 문장에 어울리는 말을 찾아 씁니다.

11 '가리키다'와 '가르치다', '잊어버리다'와 '잃어버리
다'의 뜻을 생각하며 그림의 상황과 문장의 내용에
어울리는 말을 골라 봅니다.

12 (1)은 약속에 늦어서 빨리 움직였다는 의미이므로
'갔다', (2)는 밥을 부족하게 먹어서 배가 고프다는
의미이므로 '적게'가 바른 표현입니다.

13 '나'와 아빠는 시골에서 하는 '아빠와 함께 추억 만
들기' 행사에 참여하였습니다.

14 '나'가 아빠와 행사에 참여해서 가장 먼저 한 일은 감자 캐기였습니다.

15 '나'는 직접 캔 감자를 물로 씻어 아궁이에 쪄서 맛있게 먹었다고 하였습니다.

16 '일요일 아침', '점심'이 시간을 나타내는 말로 알맞습니다.

17 오후가 되자 놀이 시간에 아빠가 아이를 업고 달리는 놀이를 하였습니다.

18 '나'는 놀이에서 이겨 펄쩍펄쩍 뛰며 좋아서 어쩔 줄을 몰랐다고 하였습니다.

19 '밤'이라는 시간을 나타내는 말이 나와 있습니다.

20 '나'는 집으로 돌아오는 버스 안에서 아빠 등에 업히니까 아주 따뜻하고 좋았다고 말했습니다.

> **더 알아보기**
>
> 「아빠와 함께 추억 만들기」의 내용을 차례대로 정리하기
>
> | 일요일 아침 | '아빠와 함께 추억 만들기' 행사에 참여해서 감자를 캤다. |
> | --- | --- |
>
> ↓
>
> | 점심 | 감자를 물로 씻어 아궁이에 쪘다. |
> | --- | --- |
>
> ↓
>
> | 오후 | 아빠와 함께 놀이 시간에 참여했다. |
> | --- | --- |
>
> ↓
>
> | 밤 | 집으로 돌아오는 버스에서 아빠와 이야기를 하며 잠이 들었다. |
> | --- | --- |

21 시골 마을로 가는 길은 뿌연 모래 먼지만 날릴 뿐 그 흔한 들꽃조차도 없어서 우편집배원의 마음도 쓸쓸했던 것입니다.

22 우편집배원은 우편물을 기다리는 마을 사람들 때문에 자신의 일을 거부할 수 없었습니다.

23 가을의 어느 날, 우편집배원은 시골 마을로 오가는 길이 지겹다고 느꼈습니다.

24 우편집배원은 마을로 오는 길에 들꽃 씨앗을 뿌렸다고 하였습니다.

25 '봄날'은 시간을 나타내는 말입니다.

26 문장의 내용을 파악한 후 알맞은 낱말을 찾아 씁니다.

27 우편집배원은 마을로 가는 길가에 가로수를 조성하고 싶은 욕심이 생겼다고 하였습니다.

28 글 ❹의 중심 내용을 생각하면서 시간을 나타내는 말을 찾고 그때에 일어난 일을 정리해 봅니다.

> **채점 기준**
>
> | 평가 | 답안 내용 |
> | --- | --- |
> | 상 | 예 일 년이 지난 여름날이 되어 마을로 오가는 길에 꽃들이 더욱 만발하였다.
→ 글 ❹의 내용을 바탕으로 시간을 나타내는 말을 사용하여 구체적으로 알맞게 씀. |
> | 중 | → 어떤 일이 일어났는지에 대한 내용을 썼으나, 일부 바르지 않은 부분이 있거나 시간을 나타내는 말을 사용하지 않음. |
> | 하 | → 글 ❹에 있었던 일과 관련 없는 내용을 씀. |

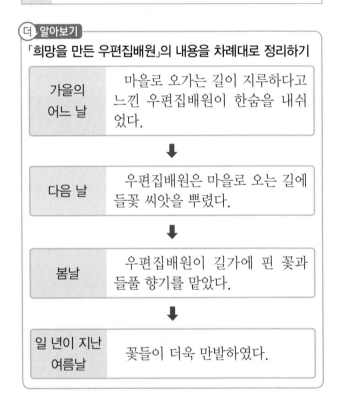

> **더 알아보기**
>
> 「희망을 만든 우편집배원」의 내용을 차례대로 정리하기
>
> | 가을의 어느 날 | 마을로 오가는 길이 지루하다고 느낀 우편집배원이 한숨을 내쉬었다. |
> | --- | --- |
>
> ↓
>
> | 다음 날 | 우편집배원은 마을로 오는 길에 들꽃 씨앗을 뿌렸다. |
> | --- | --- |
>
> ↓
>
> | 봄날 | 우편집배원이 길가에 핀 꽃과 들풀 향기를 맡았다. |
> | --- | --- |
>
> ↓
>
> | 일 년이 지난 여름날 | 꽃들이 더욱 만발하였다. |
> | --- | --- |

> **문해력 쑥쑥**　　　　교과서 진도북 **89~90**쪽
>
> **1** (1) 자태 (2) 아궁이 (3) 집배원
>
> **2** (1) ㉡ (2) ㉠
>
> **3** (1) 자태 (2) 기약 (3) 아궁이 (4) 집배원
>
> **4** (1) ㉢ (2) ㉢ (3) ㉢ (4) ㉠ (5) ㉢

1 주어진 뜻에 알맞은 낱말을 찾아봅니다.

2 낱말의 뜻에 어울리는 말을 바르게 이어 봅니다.

3 첫소리를 참고하여 알맞은 낱말을 써 봅니다.

4 글의 내용과 흐름을 살펴본 후 시간을 나타내는 말이 무엇인지 찾아봅니다.

쪽지 평가　　　　　　　　　교과서 진도북 **91**쪽

1 작다　　**2** 다른　　**3** 가르치다　　**4** 일요일

5 감자　　**6** 우편집배원

---

1 '적다'는 수나 양이 부족할 때 사용합니다.

2 서로 좋아하는 과일이 같지 않다는 의미이므로 '다른'으로 쓰는 것이 알맞습니다.

3 '가리키다'는 '손가락 따위로 어떤 방향이나 대상을 알리다.'라는 뜻입니다.

4 '일요일'이 시간을 나타내는 말입니다.

5 점심에 세나는 직접 캔 감자를 씻어 아궁이에 쪄서 맛있게 먹었다고 하였습니다.

6 우편집배원이 마을로 가는 길에 들꽃 씨앗을 뿌리고 나서 사막처럼 황량했던 마을로 가는 길이 꽃길로 변했습니다.

단원 평가　　　　　　　　　교과서 진도북 **92~94**쪽

1 ①　　　　**2** (1) ○　　**3** ①　　　　**4** (1) ② (2) ①

5 ③　　　　**6** 잊어버려서　　**7** ①

8 (1) 다른 (2) 틀린　　**9** (1) 예 내가 가지고 있는 컵이 작다. (2) 예 식탁에 놓인 밥의 양이 적다.　　**10** ㉡

11 ①　　**12** 아빠　**13** ⑤　　**14** (1) ○　**15** ②

16 ①　　**17** (1) 2 (2) 3 (3) 1　　**18** 꽃길　**19** 만발

20 ㉢ → ㉠ → ㉣ → ㉡

---

1 ㉠은 햇볕 때문에 옷의 색이 변했을 때 사용할 수 있습니다.

2 ㉡은 크기가 보통보다 덜하다는 의미로 사용되었습니다.

3 나이가 서로 다르지 않다는 뜻이므로 '같다'가 알맞습니다.

4 '다르다'는 두 대상이 서로 같지 않은 것, '틀리다'는 셈이나 사실 따위가 어긋난 것을 말합니다.

5 언니가 동생에게 공부를 알려 주는 것은 '가르치다'를 사용하는 것이 알맞습니다.

6 기억이 잘 나지 않는 상황을 나타내므로 '잃어버려서'가 아니라 '잊어버려서'가 바른 표현입니다.

7 크기가 크지 않을 때는 '작다', 수나 양이 부족할 때는 '적다'를 사용합니다.

8 '다르다'와 '틀리다'의 뜻을 생각하며 문장에 어울리는 말을 골라 봅니다.

9 '작다'와 '적다'의 뜻에 맞게 문장을 알맞게 씁니다.

채점 기준

평가	답안 내용
상	(1) 예 내가 가지고 있는 컵이 작다.
	(2) 예 식탁에 놓인 밥의 양이 적다.
	→ 주어진 낱말의 뜻에 맞게 (1)에 '작다', (2)에 '적다'를 이용하여 문장을 알맞게 씀.
중	→ (1)과 (2) 중에서 한 가지만 알맞게 씀.
하	→ (1)과 (2) 모두 알맞게 쓰지 못함.

10 연필을 기억하지 못한 상황에서는 '잊어버리고'로 쓰는 것이 알맞습니다.

11 발표할 때는 알맞은 목소리로 말해야 합니다.

12 세나는 '아빠와 함께 추억 만들기' 행사에 참여한 일에 대해 말하고 있습니다.

13 '아침, 점심, 오후, 밤'이 시간을 나타내는 말입니다.

14 세나가 가장 먼저 할 일은 '감자 캐기'였습니다.

15 '가을의 어느 날', '일 년이 지난 여름날' 등이 시간을 나타내는 말입니다.

16 황량한 느낌과 가장 잘 어울리는 말을 찾아봅니다.

17 글에서 시간을 나타내는 말을 보고 일이 일어난 순서대로 정리해 봅니다.

18 우편집배원이 들꽃 씨앗을 뿌리고 나서 마을로 가는 길이 꽃길로 변해 즐거운 길이 되었습니다.

19 주어진 뜻에 알맞은 낱말을 글에서 찾아 씁니다.

20 '오전, 오후, 토요일 아침, 점심'과 같은 시간을 나타내는 말을 참고하여 일의 차례대로 정리해 봅니다.

6. 매체를 경험해요

1 영재   **2** ④   **3** ③   **4** 예 영준이는 "아야, 아파라!"라고 말하고 아파하는 표정을 지었다.
5 (1) ○   **6** ⑤   **7** ④   **8** ②   **9** (1) ②
(2) ①   **10** ⑤   **11** ⑤   **12** (1) ○   **13** 동환
14 ③   **15** ④   **16** (2) ○   **17** ㉡   **18** ③
19 예 우리 반 친구들이 가장 좋아하는 수업은 글쓰기 수업입니다.   **20** ③   **21** (1) ○ (3) ○
22 규진   **23** ⑤

1 이 공익 광고에서는 "엄마, 저 풀은 이름이 뭐예요?"와 같은 문장과 초록색 비닐봉지가 풀처럼 땅에 묻혀 있는 모습의 그림이 나타납니다.

2 이 공익 광고에 나타난 글과 그림을 관련지으며 그 뜻을 생각해 보면 일회용품 사용을 줄이고 자연을 보호하자는 내용을 전달하고 있음을 알 수 있습니다.

> **더 알아보기**
>
> **공익 광고를 보는 방법**
> • 글과 그림을 관련지어 봅니다.
> • 글과 그림이 나타내는 뜻을 생각해 봅니다.
> • 글과 그림을 통해 광고에서 전하고자 하는 내용을 파악해 봅니다.

3 이 만화에서 영준이는 산에서 빨리 내려오다가 넘어졌습니다.

4 장면 ❸의 상황을 파악하면서 영준이의 말과 표정을 살펴봅니다.

채점 기준

평가	답안 내용
상	예 영준이는 "아야, 아파라!"라고 말하고 아파하는 표정을 지었다. → 장면 ❸에 나타난 영준이의 말과 표정을 모두 알맞게 씀.
중	→ 영준이의 말과 표정 중에서 한 가지의 내용만 알맞게 씀.
하	→ 영준이의 말과 표정 모두 알맞게 쓰지 못함.

5 어머니께서 산에서 내려오다가 넘어진 영준이에게 걱정스러운 표정을 지으시며 "많이 아프니?"라고 말씀하시는 것이 자연스럽습니다. "야호, 내려가는 건 정말 신나!"라는 말은 영준이가 산에서 신나게 내려올 때의 상황에 어울립니다.

> **더 알아보기**
>
> **만화를 재미있게 읽기**
> • 글과 그림을 함께 읽습니다.
> • 만화에 나오는 말풍선과 그림을 함께 봅니다.
> • 인물의 표정을 보면서 어떤 말을 했는지 알아봅니다.

6 아침 식사 시간에 철이는 꿈 때문에 마음이 뒤숭숭해서 음식을 남기지 않고 다 먹었다고 하였습니다.

7 먹다 남긴 우유를 싱크대에 몰래 부은 것은 영이가 한 행동입니다.

8 아빠는 세탁물을 한 번, 두 번, 세 번이나 나누어 돌리고, 엄마는 샴푸를 많이 쓰고 물을 튼 채로 욕실 청소를 하셨습니다.

9 '뒤숭숭한'과 '채'가 쓰인 부분의 앞뒤 내용을 보고 각 낱말의 뜻을 짐작해 봅니다.

> **더 알아보기**
>
> **'뒤숭숭하다'의 의미**
> ① 느낌이나 마음이 어수선하고 불안하다.
>   예 그 일 때문에 기분이 뒤숭숭하고 언짢았다.
> ② 일이나 물건이 어수선하게 뒤섞이거나 흩어져 있다.
>   예 집 안이 풀어 헤친 물건들로 뒤숭숭했다.

10 철이는 꿈이 사실인지 확인하기 위해 양쪽 두 볼을 꼬집은 것입니다.

11 철이는 오염물이 터지는 꿈을 꾸고 나서 물 오염과 낭비를 막는 행동을 하겠다고 마음먹었습니다.

12 글과 그림의 내용을 바탕으로 철이에게 오염물이 터지는 꿈을 꾸었을 때 기분이 어땠는지를 물어볼 수 있습니다. 먹다 남긴 우유를 싱크대에 몰래 버린 사람은 영이이므로 (2)는 알맞지 않습니다.

13 글과 그림이 있는 그림책을 볼 때는 글과 그림을 관련지으며 그 의미를 생각하면서 읽어야 내용을 제대로 읽을 수 있습니다. 글만 빠르게 읽으면 내용을 제대로 파악하기가 어렵습니다.

글과 그림이 있는 매체 자료를 읽을 때 좋은 점

• 글과 그림을 통해 내용을 더욱 생생하게 이해할 수 있습니다.

• 글과 그림을 보면서 어떤 상황인지 더 자세히 알 수 있습니다.

14 이 누리집은 박물관에 대한 정보를 담고 있는 누리집입니다.

15 이 누리집에 관람료, 오시는 길, 관람 시간, 관람 예약 현황 등 박물관에 대한 내용은 나와 있으나 음식 주문 방법은 나와 있지 않습니다.

16 인터넷 누리집을 찾아본 경험에 대한 것이 무엇인지 알아봅니다. 도서관 누리집을 찾아보고 도서관의 모습을 본 것은 누리집을 찾아본 경험에 대한 것입니다.

17 학교 누리집의 '학교 소개'에 학교의 교실 배치도, 학교의 위치와 오는 방법에 대한 내용이 들어갈 수 있습니다. 그러나 학교 선생님이 사는 곳에 대한 것은 '학교 소개'에 들어갈 내용으로 알맞지 않습니다.

18 학급 누리집에 우리 반을 소개하는 게시물의 내용으로 우리 반에서 참여했던 친구 사랑 행사를 소개하는 내용을 말하는 것이 알맞습니다.

19 학급 누리집에 우리 반을 소개하는 게시물로 알맞은 글의 내용을 떠올려서 써 봅니다.

채점 기준

평가	답안 내용
상	예 우리 반 친구들이 가장 좋아하는 수업은 글쓰기 수업입니다. → 학급 누리집에 우리 반을 소개하는 글의 내용을 알맞게 쓰고 문장 표현도 자연스러움.
중	예 우리 반이 자랑스럽습니다. → 우리 반을 소개하는 글의 내용을 썼으나 일부 부족한 부분이 있음.
하	예 우리 가족이 좋아하는 음식은 김밥입니다. → 우리 반을 소개하는 내용과 관계가 없는 내용으로 씀.

20 학급 누리집에 올릴 게시물이 다른 사람들이 궁금해할 만한 내용인지, 전하려는 내용이 글과 그림에 잘 드러나는지 확인합니다.

학급 누리집에 올릴 게시물의 내용을 글과 그림으로 표현하는 방법

• 자신이 표현하고 싶은 글이나 그림을 구체적이고 정확하게 표현합니다.

• 재미와 흥미를 느끼면서 글과 그림을 즐겁게 표현합니다.

21 인터넷 누리집에 게시물을 올리는 것과 관련하여 바른 태도를 찾아봅니다.

22 제시된 공익 광고는 글과 그림을 통해 사람들에게 바다에 쓰레기를 버리지 말자는 내용을 전달하고 있습니다.

23 만화는 인물들의 표정과 다양한 효과를 통해 재미있게 읽을 수 있습니다.

문해력 쑥쑥 교과서 진도북 **104~105**쪽

1 (1) 오염 (2) 낭비 (3) 관람

2 (1) ㉡ (2) ㉠

3 (1) 낭비 (2) 관람 (3) 오염 (4) 점검

4 (1) ㉡ (2) ㉡ (3) ㉢ (4) ㉢

1 낱말의 뜻을 파악하고 알맞은 낱말을 찾아봅니다.

2 주어진 뜻에 맞는 낱말을 찾아 바르게 이어 봅니다.

3 첫소리를 참고하여 문장에 어울리는 낱말을 써 봅니다.

4 글의 내용을 파악한 후 가리키는 말이 무엇인지 글의 앞부분에서 찾아봅니다.

쪽지 평가 교과서 진도북 **106**쪽

1 공익 광고   **2** ㉡   **3** 만화   **4** 철이

5 ㉠   **6** 우리 반 친구들

1 공익 광고는 여러 사람의 이익을 목적으로 만들어집니다.

2 산에서 내려오다가 다친 상황이므로 아프다고 말하는 것이 알맞습니다.

3 제시된 설명은 만화를 재미있게 읽는 방법에 대한 것입니다.

4 철이는 오염물이 터지는 꿈을 꾸고 나서 오염물이 터지는 것을 막기 위한 행동을 시작합니다.

5 박물관 누리집은 박물관에 대한 정보를 담고 있습니다.

6 우리 반을 소개하는 게시물이므로 우리 반 친구들이 좋아하는 놀이에 대한 글과 그림이 어울립니다.

단원 평가
교과서 진도북 **107~110**쪽

1 ② **2** ① **3** ⑤ **4** ③
5 예 이 공익 광고에서 땅속에 묻어도 썩지 않는 쓰레기의 모습을 풀처럼 표현하고 있는 것이 인상 깊었다.
6 ⑤ **7** ④ **8** ② **9** (2) ○
10 ㉠, ㉢ **11** ① **12** ① **13** ③ **14** ③
15 ⑤ **16** (1) ○ (3) ○ **17** ① **18** ⑤
19 ㉡ **20** ①

1 책이나 컴퓨터와 같은 도구를 매체라고 합니다.

더 알아보기
매체와 매체 자료
- 매체: 정보를 주고받는 데 쓰이는 도구
  - 책, 텔레비전, 스마트폰, 컴퓨터, 태블릿, 인터넷 등
- 매체 자료: 매체를 통해 소통되는 자료
  - 그림책, 만화, 뉴스, 광고, 웹툰, 애니메이션, 영화 등

2 이 공익 광고에는 "엄마, 저 풀은 이름이 뭐예요?"라는 문장이 나타나 있습니다.

3 이 공익 광고에서는 일회용품인 비닐봉지의 모습을 식물처럼 표현하고 있습니다.

4 이 공익 광고는 글과 그림을 통해 일회용품 사용을 줄이자는 내용을 전달하고 있습니다.

5 이 공익 광고에 나타난 글과 그림을 참고하여 인상 깊은 점을 알맞게 써 봅니다.

채점 기준

평가	답안 내용
상	예 이 공익 광고에서 땅속에 묻어도 썩지 않는 쓰레기의 모습을 풀처럼 표현하고 있는 것이 인상 깊었다.
	→ 공익 광고의 내용을 바탕으로 인상 깊은 점을 알맞게 씀.
중	→ 공익 광고와 관련하여 인상 깊은 점을 썼으나 일부 어색한 부분이 있음.
하	→ 공익 광고의 내용과 관계없는 말로 씀.

6 영준이는 산에서 신나게 내려오다가 넘어졌습니다.

7 영준이는 장면 ❷에서 산에서 신나게 내려가고, 장면 ❸에서는 넘어져서 아파하고 있습니다.

8 영준이에게 어머니께서 신이 난다고 말씀하시는 것은 알맞지 않습니다.

9 만화에 나타난 글과 그림을 보면서 좀 더 내용과 상황을 잘 알 수 있습니다.

10 글과 그림이 있는 만화나 그림책을 볼 때는 글과 그림, 등장인물의 표정, 말 등을 살피며 읽습니다.

11 종이를 직접 넘길 수 있는 것은 '책'입니다.

12 이 누리집에는 박물관의 정보가 나타나 있습니다.

13 박물관 관람료는 '무료'라고 나와 있습니다.

14 소방서 누리집에서는 소방서와 화재에 관한 정보를 확인할 수 있습니다.

15 학교 누리집의 '학교 소개'에 학생들의 가족 관계에 대한 내용은 알맞지 않습니다.

16 매체와 매체 자료에 흥미와 관심을 가지는 것이 좋지만, 모든 매체와 매체 자료를 사용할 수 있어야 하는 것은 아닙니다.

17 ❶~❹는 학급 누리집에 우리 반을 소개하는 내용의 게시물을 올리는 과정을 보여 주고 있습니다.

18 어제 동생과 집에서 놀았던 것은 우리 반을 소개하는 내용으로 알맞지 않습니다.

19 학급 누리집에 올릴 게시물을 점검할 때는 전하려는 내용이 글과 그림에 잘 드러나는지 확인합니다.

20 '깨끄시'는 '깨끗이', '씨섰습니다'는 '씻었습니다'로 고치는 것이 알맞습니다.

7. 내 생각은 이래요

진도 학습　　　　　교과서 진도북 **113~119**쪽

1 (1) ○　**2** ⑤　**3** 움직임　**4** 동우　**5** ③
6 ⑤　**7** ③　**8** 예 아침에 운동장을 달리면
건강해질 수 있으므로 좋다고 생각한다.　**9** ①
10 ①, ④　**11** ②　**12** 생명　**13** (2) ○
14 (1) 규빈 (2) 선생님　**15** (1) 생각 (2) 생각
에 대한 까닭 (3) 경험이나 알고 있는 것 (4) 느낌
16 ②　**17** 효은　**18** (2) ○　**19** ㉡
20 예 학교 계단에서는 걸어 다녀야 합니다. 급하게
뛰다가 다른 친구와 부딪쳐 다칠 수 있기 때문입니다.
21 ㉢, ㉣　**22** ②　**23** ㉠　**24** ③　**25** ①
26 민주　**27** (1) ① ○ (2) ② ○

1 반려견의 배설물을 치우지 않으면 그 자리에서 냄
새가 나고 다른 사람이 배설물을 밟을 수도 있다
고 말하며 반려견의 배설물을 치울 수 있는 도구
를 챙겨야 한다고 하였습니다.

더 알아보기
글 ❹는 반려견의 배설물은 주인이 치워야 한다는 중
심 생각과 중심 생각을 설명해 주는 문장들로 이루어져
있습니다.

2 개에게 물렸던 사람이나 개를 무서워하는 어린이
들은 개가 가까이 오는 것에 공포를 느낄 수 있다
고 하였습니다.

3 반려견의 출입이 금지된 곳에는 반려견을 데리고
가지 않아야 한다고 말하며 반려견의 짖는 소리나
움직임이 다른 사람에게 방해가 될 수 있는 장소
가 있다고 하였습니다.

4 반려견을 진심으로 사랑한다면 자신의 반려견이
다른 사람으로부터 미움을 받거나 공포의 대상이
되지 않도록 여러 가지 에티켓을 지키자고 말하는
글입니다.

5 아침에 다 같이 운동장에서 달리기를 하자는 생각
을 전하고 싶다고 하였습니다.

6 이른 아침 운동장에 가득한 시원한 공기가 스트레
스를 사라지게 해 준다고 하였습니다.

7 글 **다**의 중심 생각은 아침에 운동장을 달리면 더
건강해진다는 것입니다.

8 아침에 운동장에서 다 같이 달리기를 하자는 글쓴
이의 생각에 대한 자신의 생각을 떠올려 봅니다.

채점 기준

평가	답안 내용
상	예 아침에 운동장을 달리면 건강해질 수 있으므로 좋다고 생각한다.
	→ 글쓴이의 생각과 생각에 대한 까닭을 파악하여 이에 대한 자신의 생각을 자세히 씀.
중	예 아침에 운동장을 달리는 것은 좋다.
	→ 글쓴이의 생각을 알맞게 파악하였으나 자신의 생각을 자세히 쓰지 못함.
하	→ 글쓴이의 생각을 알맞게 파악하여 쓰지 못함.

9 교장 선생님께서 학교 뒤뜰을 자유롭게 꾸며 보라
고 하셨다는 선생님의 말을 듣고 아이들이 학교
뒤뜰에 키울 것에 대한 생각을 말하는 상황입니다.

10 적극적으로 손을 들고 키우고 싶은 것을 말하는
아이들의 모습에서 신나고 기대하는 마음을 느낄
수 있습니다.

11 규빈이는 다혜가 병아리를 키우고 싶어 했지만 손
을 들고 자신의 생각을 말하지 않았기 때문에 다
혜를 보았습니다.

12 이어지는 선생님의 말을 통해, 식물도 생명이므로
학교 뒤뜰에 식물을 심어 놓기만 하고 돌보지 않
으면 죽기 때문임을 알 수 있습니다.

13 규빈이는 병아리가 자라며 닭이 되는 과정을 볼
수 있다는 까닭을 이야기하며 병아리를 키우자고
하였습니다.

14 선생님은 병아리를 키우자는 규빈이의 말에 병아
리를 키우는 것은 좋지만 책임지고 보살필 사람이
필요하다고 하였고, 규빈이는 돌보미를 정해 돌아
가면서 병아리를 돌보겠다고 하였습니다.

15 책에서 본 내용은 경험이나 알고 있는 것, 뿌듯할
것 같다는 내용은 글쓴이의 느낌입니다. 글쓴이의
생각을 파악하며 글을 읽을 때는 각 문장이 어떤
내용인지 살펴보아야 합니다.

16 민서와 효은, 진수 모두 '문을 잘 닫고 다니자'는 생각을 내고 있습니다.

17 상대방을 존중하는 표현을 사용하며 자신의 생각을 바르게 표현한 사람은 효은입니다.

18 자신의 생각을 표현할 때는 상대방을 존중하는 표현을 사용하며 생각과 그에 대한 까닭이 드러나게 써야 합니다.

19 자신의 생각을 표현하는 글을 쓸 때는 읽는 사람이 이해할 수 있도록 글을 써야 합니다.

20 그림에는 아이들이 계단에서 뛰는 상황이 나타나 있습니다.

채점 기준	
평가	답안 내용
상	예 학교 계단에서는 걸어 다녀야 합니다. 급하게 뛰다가 다른 친구와 부딪혀 다칠 수 있기 때문입니다.
	→ 그림에 나타난 상황이 무엇인지 파악하고 자신의 생각을 까닭을 들어 알맞게 씀.
중	예 학교 계단에서는 걸어 다녀야 합니다.
	→ 그림의 상황을 파악하여 자신의 생각을 썼으나 그에 대한 알맞은 까닭을 쓰지 못함.
하	예 학교 계단에서 뛰어다닌다.
	→ 그림에 드러난 상황이 무엇인지 파악하였으나 그에 대한 자신의 생각과 까닭을 밝히어 쓰지 못함.

21 자신의 생각을 글로 나타낸다고 해서 생각을 빠르게 표현하거나 자신의 생각만이 옳다고 말할 수는 없습니다.

22 글쓴이는 교실에서 다육 식물을 키우자는 생각을 전하기 위해 글을 썼습니다.

23 다육 식물은 키우기 쉽기 때문이라고 말하며 예전에 다육 식물을 키웠던 자신의 경험을 이야기하였습니다.

24 다육 식물은 귀엽게 생겼으므로 교실의 분위기를 더 밝게 만들어 줄 것이라고 했습니다.

25 '지금 다섯 시야.'는 알고 있는 사실을 나타내는 문장입니다.

26 '이 아이스크림은 오백 원이야.'는 알고 있는 사실을 이야기한 문장입니다.

27 보기의 '맑네'는 'ㄺ' 뒤에 'ㄴ'이 왔으므로 'ㄺ'이 'ㅇ'으로 바뀌어 소리 납니다.
(1) '괜'의 모음에 주의하며 낱말을 바르게 읽어 봅니다.
(2) '숲' 뒤에 'ㅇ'으로 시작되는 글자가 왔으므로 받침에 쓰인 'ㅍ'이 뒤로 넘어가 소리 납니다.

문해력 쑥쑥   교과서 진도북 **120~121** 쪽

1 (1) 반려견 (2) 에티켓 (3) 야외
2 (1) ② (2) ①
3 (1) 야외 (2) 실천 (3) 반려견 (4) 책임 (5) 에티켓
4 (1) 그러므로 급식을 먹을 만큼만 받아야 합니다.
    (2) 일찍 자는 습관을 길러야 합니다.
    (3) 친구에게는 고운 말을 사용하는 것이 좋습니다.
5 (1) ② ○ (2) ① ○

4 글의 중심 생각을 나타내는 문장과 중심생각을 뒷받침하는 문장을 구분하며 글을 읽어야 합니다.

5 생각을 표현하는 글을 쓸 때는 생각을 뒷받침해 줄 수 있는 알맞은 까닭을 들어야 합니다.

쪽지 평가   교과서 진도북 **122** 쪽

1 ㉡   **2** (1) ○   **3** 서형   **4** (1) 미움 (2) 에티켓
5 (2) ○   **6** (2) ○

1 생각을 표현하는 글을 쓸 때는 생각과 생각에 대한 까닭, 경험이나 알고 있는 것, 느낌 등을 씁니다.

2 생각을 떠올린 장소는 생각을 표현하는 글에 꼭 들어가야 하는 내용이 아닙니다.

3 야외에서는 반려견의 배설물을 치울 수 있는 도구를 챙기자고 하였습니다.

4 다른 사람과 내 반려견을 위해 에티켓을 꼭 지키자고 하였습니다.

5 다른 운동에 관한 이야기는 나와 있지 않습니다.

6 규빈이는 병아리를 키우자고 하였습니다.

단원 평가

교과서 진도북 **123~126**쪽

1 ③ **2** 목줄 **3** (3) ○ **4** ④
5 예 반려견을 키울 때 지켜야 할 에티켓을 알려
주는 광고를 만드는 것이 좋겠다. **6** (1) ○
7 ①, ② **8** ② **9** ㉠ **10** 재은 **11** 뒤뜰
12 ④ **13** ④ **14** ③ **15** 예 커다란 나무
를 심는다. 나무 그늘에서 쉴 수 있기 때문이다.
16 ⑤ **17** ④ **18** (1) ○ **19** 정민 **20** ①

1 반려견의 배설물은 반려견의 주인이 치워야 한다
고 하였습니다.

2 반려견을 야외로 데리고 나갈 때는 목줄을 채워야
한다고 하였습니다.

3 반려견의 짖는 소리나 움직임이 다른 사람에게 방
해가 될 수 있는 장소들이 있다고 하며 반려견의
출입이 금지된 곳에는 반려견을 데리고 가지 말자
고 하였습니다.

4 반려견을 진심으로 사랑한다면 자신의 반려견이
다른 사람으로부터 미움을 받거나 공포의 대상이
되지 않도록 하는 것이 반려견 가족으로 지켜야
할 책임이라고 생각한다고 하였습니다.

5 글쓴이의 생각은 반려견을 진심으로 사랑한다면
여러 가지 반려견 에티켓을 꼭 지키자는 것입니다.

평가	답안 내용
상	예 반려견을 키울 때 지켜야 할 에티켓을 알려주는 광고를 만드는 것이 좋겠다.
	→ 글쓴이의 생각이 무엇인지 파악하여 그에 대한 자신의 생각을 알맞게 씀.
중	예 반려견을 키울 때 에티켓을 지키자.
	→ 글쓴이의 생각이 무엇인지 파악하였으나 그에 대한 자신의 생각을 자세히 쓰지 못함.
하	→ 글쓴이의 생각이 무엇인지 파악하지 못하여 그에 대한 자신의 생각을 쓰지 못함.

채점 기준

6 글쓴이는 아침에 다 같이 운동장을 달리자는 자신
의 생각을 전하기 위하여 글을 썼습니다.

7 아침에 운동장을 달리면 기분이 좋아지고 더 건강
해진다고 하였습니다.

8 아침에 운동장을 달리면 점점 체력이 좋아진다고
하였습니다.

9 글쓴이는 며칠 동안만 꾸준히 실천하면 아침에 운
동장을 달리는 즐거움에 푹 빠지게 될 것이라고 하
였습니다.

10 글쓴이의 생각과 관련이 있는 자신의 생각을 말한
사람은 재은입니다.

11 선생님의 말을 통해 자연을 느낄 수 있게 학교 뒤
뜰을 꾸며 보라는 내용임을 알 수 있습니다.

12 책임에 대해 이야기하며 식물을 심고서 돌보지 않
으면 죽는다고 하였습니다.

13 식물도 생명이므로 돌보지 않으면 죽기 때문입니다.

14 다혜는 전부터 병아리를 키우고 싶어 했기 때문에
규빈이가 병아리를 키우자고 말하자 깜짝 놀라 규
빈이를 보았습니다.

15 학교 뒤뜰이 어떤 공간일지 상상하며 자신의 생각
을 자유롭게 써 봅니다.

평가	답안 내용
상	예 커다란 나무를 심는다. 나무 그늘에서 쉴 수 있기 때문이다.
	→ 자신의 생각을 까닭을 들어 알맞게 씀.
중	예 커다란 나무를 심는다.
	→ 자신의 생각을 썼으나 그 까닭을 밝히어 쓰지 못함.
하	예 나는 나무를 좋아한다.
	→ 자신의 생각을 알맞은 형태로 까닭을 들어 쓰지 못함.

채점 기준

16 병아리를 잘 보살필 수 있겠느냐는 선생님의 말에
대한 규빈이의 대답을 살펴봅니다.

17 닭이 되면 달걀을 낳을 것이므로 달걀을 먹기 위
해서 병아리를 키우자고 하였습니다.

18 돌아가면서 병아리를 돌보겠다고 하였습니다.

19 병아리를 키우면 잘 보살펴야 한다며 책임지고 보
살필 누군가가 필요하다는 말을 통해 선생님의 생
각을 알 수 있습니다.

20 친구의 생각에 대한 내 생각을 글로 쓸 때는 친구
의 생각에 대하여 궁금한 점 등을 쓸 수 있습니다.

8. 나도 작가

1 ②   **2** ⑤   **3** 윤서   **4** 학교   **5** ③
6 (1) ○   **7** 예 친구와 함께 끝말잇기를 하면서 집으로 돌아갔다.   **8** ③   **9** (3) ○   **10** ⑤
11 ①   **12** ⑤   **13** (1) ○   **14** 재현
15 예 금방울은 빈집으로 작은방울의 담요를 찾으러 갔다가 낯선 덩치를 다시 만나게 된다.   **16** ④
17 (1) ○   **18** ③   **19** ㉢   **20** (1) ○   **21** ③
22 ②   **23** (2) ×   **24** ②   **25** (1) ② (2) ④ (3) ③ (4) ①   **26** 유진   **27** (1) ○

1 쌓인 눈을 밟을 때마다 오리 우는 소리가 난다고 하였습니다.

2 궁둥이를 흔들며 눈길 위를 걷는 모습이 오리가 걸어가는 것과 비슷해 보인다는 말하는 사람의 생각이 드러난 시입니다.

3 「눈 온 아침」은 눈길 위에 난 발자국을 보고 발자국의 주인이 어디로 갔을지 궁금해하는 마음이 나타난 노랫말입니다.

4 '나'가 '너'와 함께 학교와 집을 오고 간 경험이 드러난 노랫말입니다.

5 '너'와 함께 도란도란 이야기하며 손잡고 걸어서 즐거운 마음이 들어 학교 가는 길을 좋은 길이라고 표현하였습니다.

6 경험을 노랫말로 쓰면 길이가 더 짧아지고, 빠지는 내용이 생길 수 있습니다.

7 노랫말 속 말하는 사람은 '너'와 함께 걸어 즐거웠던 경험을 이야기하였습니다.

채점 기준	
평가	**답안 내용**
상	예 친구와 함께 끝말잇기를 하면서 집으로 돌아갔다.
	→ 누군가와 함께 걸어 즐거웠던 일을 알맞게 떠올려 씀.
하	예 공원에 놀러 갔다.
	→ 누군가와 함께 걸은 경험이 드러나지 않게 씀.

8 풍뎅이를 따라다니던 금방울은 주변을 둘러보고 빈집 앞에서 놀던 동생들이 보이지 않는다는 것을 알게 되었습니다.

9 금방울은 빈집으로 가면 동생들을 찾을 수 있을 것이라고 생각하였습니다.

10 빈집에서 금방울을 기다리다 집으로 돌아온 은방울과 작은방울은 난롯가에서 몸을 말리고 있었습니다.

11 빈집에 동생들이 없어서 동생들에게 무슨 일이 생겼을까 봐 걱정했던 금방울은 은방울과 작은방울이 무사히 집에 있는 것을 확인하자 마음이 놓여 웃었습니다.

> **더 알아보기**
> 빈집에서 동생들을 찾지 못한 금방울이 한 말과 언덕에 있는 집으로 허겁지겁 달려간 행동을 통해 금방울의 마음을 상상할 수 있습니다.

12 금방울은 문 쪽으로 달려가는 작은방울을 얼른 잡으며 자신이 먼저 알아보아야 한다고 말하였습니다.

13 문틈으로 내다본 금방울은 문 앞에 문틈으로는 다 볼 수도 없을 만큼 커다란 낯선 덩치가 서 있는 것을 알게 되었습니다.

14 작은방울은 잘 때 만지작거리는 담요가 없어서 잘 잠들지 못했고, 금방울은 책임감 있게 동생들을 돌보았습니다.

> **더 알아보기**
> 「빈집에 온 손님」에서 문 두드리는 소리를 들은 금방울이 한 일
>
> | 문틈으로 확인하였다. |
> |---|
>
> ↓
>
> | 숨죽인 채 문고리를 걸었다. |
> |---|
>
> ↓
>
> | 동생들과 방으로 들어가서 문을 꼭 닫았다. |
> |---|
>
> ↓
>
> | 작은방울에게 자장가를 불러 주고 문틈으로 다시 밖을 확인하였다. |
> |---|

15 인물의 성격과 일어난 일을 떠올리며 이어질 이야기를 자유롭게 상상해 봅니다.

평가	답안 내용
상	예 금방울은 빈집으로 작은방울의 담요를 찾으러 갔다가 낯선 덩치를 다시 만나게 된다.
	→ 인물의 성격과 일어난 일에 알맞은 이어질 이야기를 상상하여 자세히 씀.
중	예 다음 날, 빈집에 놀러 갔다.
	→ 인물의 성격이나 일어난 일에 어긋나지 않은 이야기를 썼으나 자세히 쓰지 못함.
하	예 문고리를 걸지 않아서 낯선 덩치가 집에 들어왔다.
	→ 인물의 성격이나 일어난 일에 알맞게 상상하여 쓰지 못함.

채점 기준

16 미지의 아홉 살 인생에 첫 택배가 도착하여 미지가 생각하는 어른이 되는 때가 되었기 때문입니다.

17 미지는 처음으로 자기 앞으로 온 택배를 받게 되어 설레는 마음이 들었을 것입니다.

18 택배 상자 안에는 세상에서 가장 심심해 보이는 하얀색 끈 운동화가 들어 있었다고 하였습니다.

19 낱말이 쓰인 문장을 읽어 보며 낱말의 뜻을 생각해 봅니다.

20 운동화 상자에 들어 있던 제품 설명서에는 주의 사항이 적혀 있었는데 천국에는 30분 동안 머물수 있다고 하였습니다.

21 미지는 운동화를 신고 하늘나라에 있는 누군가를 만나러 가기 위하여 세 번 폴짝폴짝 뛰었습니다.

22 미지는 운동화를 신고 세 번 폴짝폴짝 뛰었다고 하였으므로 미지의 발이 운동화에 들어가지 않는다는 내용은 이어질 이야기로 알맞지 않습니다.

23 노래를 바꾸어 쓸 때는 원래 노래를 떠올리며 표현하려는 내용과 노래에 어울리는 말을 사용해 바꾸어 써야 합니다.

24 이어질 이야기를 상상할 때는 앞에 나온 이야기의 흐름과 인물의 성격 등을 살펴보아야 합니다.

25 토박이말의 뜻이 문장과 어울리는지 살펴봅니다.

26 '너울'은 '바다의 크고 사나운 물결.'이라는 뜻을 가지고 있으므로 너울이 일어서 조용했다는 문장은 알맞지 않습니다.

27 '갈무리'는 '물건 따위를 잘 정리하거나 간수함.'이라는 뜻이므로 이어지는 내용과 어울리지 않습니다.

문해력 쑥쑥　　　교과서 진도북 **138~139** 쪽

1 (1) 울상 (2) 등굣길 (3) 택배

2 (1) ② (2) ①

3 (1) 시늉 (2) 울상 (3) 등굣길 (4) 택배 (5) 미지

4 (1) ② ○ (2) ② ○

5 ㉠ → ㉢ → ㉡

4 (1) '나'가 친구들과 축구를 한 경험이 나타난 글입니다. 민성이가 골을 넣을까 봐 조마조마했다는 말만으로 민성이와 싸웠다고 볼 수 없습니다.

　 (2) 할머니 댁에 갔던 경험이 드러난 글입니다.

5 민지는 하굣길에 사 온 색종이로 동생과 함께 종이꽃을 접은 뒤 부모님께 편지를 썼습니다. 글에서 일이 이야기된 순서와 일이 일어난 순서는 다를 수 있습니다.

쪽지 평가　　　교과서 진도북 **140** 쪽

1 (1) ○　**2** 호수　**3** (1) ○　**4** 담요　**5** ㉡
6 천국(하늘나라)

1 쌓인 눈을 밟는 소리가 오리 우는 소리 같다고 표현하였습니다.

2 눈 쌓인 운동장을 널따란 호수라고 하였습니다.

3 빈집에서 동생들을 찾지 못했기 때문에 집에 가서 동생들이 있는지 확인하려고 했습니다.

4 은방울은 빈집에 담요를 두고 왔다고 하였습니다.

5 택배를 처음 받아 보았기 때문입니다.

6 천국으로 데려다준다고 하였습니다.

1 학교   **2** (1) ○   **3** 예 동생과 함께 눈 위에 발자국을 남기며 놀았다.   **4** ①   **5** ②
6 ⑤   **7** ②   **8** 윤호   **9** 빈집   **10** (3) ○
11 예 동생들에게 무슨 일이 생겼을까 봐 걱정된다.
12 ③ → ① → ②   **13** ①   **14** ⑤   **15** 지혜
16 ①   **17** ③   **18** (1) ○   **19** 민재
20 ③ → ① → ②

1 시를 읽고 쌓인 눈을 밟으며 친구들과 학교에 간 말하는 사람의 경험을 파악할 수 있습니다.

2 발자국처럼 시에 표현하기 위해서 글자를 나란하지 않게 썼습니다.

3 시의 말하는 사람처럼 눈 오는 날과 관련된 자신의 경험이 무엇인지 떠올려봅니다.

채점 기준

평가	답안 내용
상	예 동생과 함께 눈 위에 발자국을 남기며 놀았다. → 눈 오는 날과 관련된 자신의 경험을 밝히어 자세히 씀.
중	예 눈을 밟았다. → 눈 오는 날과 관련된 자신의 경험을 떠올려 썼으나 자세히 쓰지 못함.
하	→ 눈 오는 날과 관련된 자신의 경험을 쓰지 못함.

4 밤사이 눈이 내려 들길이 새하얘졌다고 이야기하였습니다.

5 눈 위에 나란히 난 예쁜 발자국에 대하여 이야기하였습니다.

6 노랫말을 읽으며 말하는 사람이 지난 곳을 하나씩 정리해 봅니다.

7 '도란도란'은 여러 사람이 크지 않은 목소리로 정답게 이야기하는 소리나 모양을 뜻하는 말이므로 싸운다는 내용은 어울리지 않습니다.

8 윤호는 길을 걸으며 '너'와 웃었다고 하였습니다.

9 금방울은 주변을 둘러보다가 동생들이 보이지 않는다는 것을 알게 되었고, 동생들이 빈집 앞에서 놀고 있었다고 떠올렸습니다.

10 빈집은 낚시꾼의 오두막이지만 낚시꾼이 없을 때에는 여우 남매의 놀이터라고 하였으므로 낚시꾼이 오두막을 비울 때가 있음을 알 수 있습니다.

11 금방울은 잃어버린 동생들을 찾지 못하자 걱정이 되었습니다.

채점 기준

평가	답안 내용
상	예 동생들에게 무슨 일이 생겼을까 봐 걱정된다. → 금방울의 말과 상황을 통해 금방울의 마음을 알맞게 짐작하여 씀.
중	예 걱정된다. / 불안하다. → 금방울의 마음을 알맞게 짐작하여 썼으나 까닭을 밝히어 적지 못함.
하	예 동생들에게 화가 난다. → 금방울의 말과 상황에 알맞은 마음을 짐작하여 쓰지 못함.

12 금방울은 작은방울을 붙잡고 자신이 먼저 문틈으로 밖을 확인한 뒤 숨죽인 채 문고리를 걸었습니다.

13 작은방울이 졸려서 칭얼대는데 작은방울이 잘 때 필요한 담요를 빈집에 두고 왔기 때문입니다.

14 금방울은 작은방울을 재우려고 작은방울을 업고 자장가를 불러 주었습니다.

15 금방울은 낯선 덩치를 보고 깜짝 놀라서 물러났습니다. 빗소리 때문에 문 두드리는 소리가 더 무섭게 느껴진다고 하였습니다.

16 미지는 껌을 씹을 때 딱딱 소리가 나거나, 큰길에서 손을 흔들면 택시가 설 때, 스마트폰을 아무리 많이 해도 엄마 아빠가 본체만체할 때, 자기 앞으로 온 택배를 받을 때 어른이 된다고 정해 두었습니다.

17 미지의 말을 통해 미지가 상자에서 나온 심심해 보이는 하얀색 끈 운동화를 보고 실망하였음을 알 수 있습니다.

18 미지의 말을 통해 운동화가 천국으로 데려다주는 물건임을 알 수 있습니다.

19 미지는 제품 설명서의 내용이 너무 놀라웠기 때문에 혼란스러워했습니다.

20 미지는 자기 앞으로 온 택배를 받아 상자 속에서 흰 운동화와 제품 설명서를 꺼냈습니다. 제품 설명서를 읽은 미지는 운동화를 신고 세 번 뛰었습니다.

1. 장면을 상상하며

온라인 학습북 **3**쪽

개념 확인하기

1 ㉠　　　　　　2 ㉡
3 ㉡　　　　　　4 ㉠

정답을 확인하기 전에 자기가 푼 단원 평가의 정답을 큐알을 찍어 올려 보세요.

단원 평가

온라인 학습북 **4~7**쪽

문항 번호	정답	평가 내용	난이도
1	②	시의 내용 알기	쉬움
2	⑤	시에서 말하는 사람의 마음 파악하기	어려움
3	③	시를 낭송하는 방법 알기	보통
4	②	시의 내용 알기	쉬움
5	⑤	시에서 말하는 사람의 경험 파악하기	보통
6	④	인물의 성격이나 특징 알기	어려움
7	⑤	인물의 마음 파악하기	어려움
8	①	인물의 행동 알기	쉬움
9	⑤	이야기에서 일어난 일 파악하기	보통
10	①	인물의 행동 알기	쉬움
11	④	인물의 생각 파악하기	보통
12	①	인물의 생각 짐작하기	어려움
13	⑤	인물의 행동 알기	보통
14	②	낱말의 뜻 파악하기	어려움
15	⑤	인물의 행동 알기	보통
16	⑤	인물이 그렇게 말한 까닭 알기	보통
17	①	인물의 생각 파악하기	보통
18	②	인물의 생각 파악하기	어려움
19	①	시에서 일어난 일 알기	보통
20	②	시에 나타난 마음 파악하기	어려움

온라인 학습북 **3~7**쪽

1 시에서 어떤 계절인지는 알 수 없습니다.

2 아이들은 학교가 끝나서 신난 마음에 헬리콥터처럼 날 듯이 가고 있습니다.

3 목소리의 크기나 높낮이 등을 다르게 합니다.

4 짜장면을 먹는 것이 너무 신나서 친구가 웃는 소리도 짜장짜장 들린다고 표현하였습니다.

5 음식을 먹었던 일이나 어떤 일을 했을 때 신났던 경험을 말하는 것이 알맞습니다.

6 할머니는 하얀 집을 늘 하얗게 만들려고 노력했고, 집이 더러워질까 봐 걱정하였습니다.

7 할머니는 고양이가 없어져서 어디로 갔을지 궁금하기도 하고 걱정도 되었을 것입니다.

8 하얀 고양이가 새끼들을 낳자 할머니는 깜짝 놀랐습니다.

9 이야기에서 어떤 상황이 펼쳐지는지 살펴봅니다.

10~11 할머니는 새끼 고양이들을 보는 것이 즐거워서 새끼 고양이들이 집 안을 어질러도 화내지 않았습니다.

12 소이의 질문을 보면 알 수 있습니다.

13 아저씨는 의자의 어느 부분이 삐거덕거리는지 알아야 엉뚱한 수리점 주인에게 고칠 부분을 말해 줄 수 있습니다.

14 ②는 '친구와 멀찍이 떨어져 있었다.'와 같이 써야 뜻이 알맞습니다.

15 어른은 옷장 안에 물건을 넣으면 절대로 찾을 수 없다고 말하였습니다.

16 소이는 강아지풀로 간지럼을 태우면 재미있어서 화분을 고치지 않아야 한다고 생각합니다.

17 어른이 유령이 침대 밑에 들어가지 못하게 침대를 고칠 것이라고 하자 소이는 유령이 친구라고 하였습니다.

18 소이는 어른들이 고치려는 것이 지금 그대로도 재미있거나 괜찮다고 생각합니다.

19 장대비는 빗줄기가 굵고 거세게 쫙쫙 내리는 비입니다.

20 장대비를 맞고 채송화가 쓸려 갈까 봐, 해바라기가 쓰러질까 봐 서로를 걱정하고 있습니다.

2. 서로 존중해요

개념 확인하기
온라인 학습북 8쪽

1 ㉡		2 ㉠	
3 ㉠		4 ㉡	

정답을 확인하기 전에 자기가 푼 단원 평가의 정답을 큐알을 찍어 올려 보세요.

단원 평가
온라인 학습북 9~11쪽

문항 번호	정답	평가 내용	난이도
1	③	그림의 내용 파악하기	쉬움
2	⑤	대화할 때 인물의 기분 파악하기	보통
3	④	대화할 때 인물의 기분 파악하기	보통
4	④	고운 말로 대화하는 방법 알기	보통
5	④	고운 말로 대화하는 방법 알기	보통
6	①	고운 말로 대화하기	보통
7	③	고운 말로 대화하는 방법 알기	보통
8	④	고운 말로 대화하기	어려움
9	④	고운 말로 대화하면 좋은 점 알기	보통
10	③	글의 내용 파악하기	쉬움
11	①	칭찬하는 말을 하면 좋은 점 알기	보통
12	⑤	글의 내용 파악하기	보통
13	②	글의 내용 파악하기	보통
14	①	조언에 대하여 알기	보통
15	⑤	그림의 내용 파악하기	쉬움
16	④	인물의 기분 짐작하기	보통
17	②	칭찬하는 방법 알기	어려움
18	⑤	조언하는 방법 알기	보통
19	③	조언하는 방법 알기	보통
20	④	대화할 때 적절히 반응하는 방법 알기	어려움

1 **1**의 하늘이의 말에 나타나 있습니다.

2 민서가 하늘이의 말을 잘 듣고 공감해 주어서 기분이 좋을 것입니다.

3 정현이가 짜증을 내며 말해서 당황스럽고 기분이 나쁠 것입니다.

4 하늘이의 말을 집중하여 듣지 않았습니다.

5 준혁이는 지은이의 기분을 살펴 기분이 안 좋아 보인다고 말하였습니다.

6 준혁이가 자신의 기분을 살펴 주어서 고마운 마음을 전하는 것이 알맞습니다.

7 비속어를 사용하면 안 됩니다.

8 복도에서 친구와 부딪쳤을 때 할 수 있는 고운 말이 아닌 것을 찾습니다.

9 고운 말로 대화한다고 해서 어려운 낱말의 뜻을 쉽게 알 수 있는 것은 아닙니다.

10 크니프는 속삭이의 목소리가 예쁘다고 칭찬하였습니다.

11 칭찬을 들은 속삭이는 기쁘고 크니프에게 고마울 것입니다.

12 크니프는 아무도 자신을 좋아하지 않는다고 말했습니다.

13 속삭이는 크니프에게 친구를 만나면 먼저 반갑게 인사해 보라고 하였습니다.

14 조언에 대한 설명입니다.

15 미술 작품을 완성하려고 끝까지 노력한 점을 칭찬하였습니다.

16 칭찬하는 말을 들은 선우는 고맙고 기분이 좋을 것입니다.

17 잘못한 점과 함께 말하면 칭찬으로 생각되지 않습니다.

18 서윤이는 친구에게 줄넘기를 잘하지 못하는 문제를 해결할 수 있는 방법을 말하였습니다.

19 상대를 비난하면서 행동을 지시하면 상대를 위하는 마음이 느껴지지 않고 명령하는 것처럼 느껴질 수 있습니다.

20 대화할 때 적절히 반응하려면 상황에 알맞은 목소리로 말하는 것이 좋습니다.

3. 내용을 살펴요

개념 확인하기　온라인 학습북 **12**쪽

1 ㉡　　　　**2** ㉡
3 ㉠　　　　**4** ㉡

정답을 확인하기 전에 자기가 푼 단원 평가의 정답을 큐알을 찍어 올려 보세요.

단원 평가　온라인 학습북 **13~16**쪽

문항 번호	정답	평가 내용	난이도
1	①	글의 제목 짐작하기	어려움
2	⑤	글의 내용 파악하기	어려움
3	④	글의 내용 알기	보통
4	①	글의 내용 알기	쉬움
5	①	글의 내용 파악하기	보통
6	①	중심 내용 알기	보통
7	⑤	뜻이 반대인 낱말 알기	어려움
8	③	중심 내용 파악하기	보통
9	⑤	글의 내용 알기	쉬움
10	⑤	글의 내용과 관련된 글 파악하기	어려움
11	①	글의 제목 짐작하기	보통
12	①	중요한 문장 알기	보통
13	②	중심 내용 파악하기	어려움
14	④	중심 내용을 뒷받침하는 내용 파악하기	어려움
15	⑤	물음에 대한 대답 알기	쉬움
16	②	중심 내용 파악하기	보통
17	④	어떤 대상의 특징인지 파악하기	보통
18	③	대상의 특징 알기	보통
19	②	글에서 설명하는 것 파악하기	보통
20	①	겹받침이 있는 낱말 알기	어려움

1 글의 제목은 글쓴이가 무엇에 대해 이야기하려고 하는지 읽는 사람이 생각해 볼 수 있도록 정하는 것이 좋습니다.

2 사과해야 하는 까닭과 사과하는 방법에 대하여 알 수 있습니다.

3 말이나 글로 사과를 전해야 한다는 것을 알 수 있습니다.

4 사과할 때 따지면 다시 다투게 될 수 있다고 하였습니다.

5 더 좋은 친구가 될 수 있다고 하였습니다.

6 빗자루의 쓰임새에 대하여 알 수 있습니다.

7 '질기다'는 '물건이 쉽게 해지거나 끊어지지 않고 견디는 힘이 세다.'라는 뜻이고, '연하다'는 '무르고 부드럽다.'라는 뜻입니다.

8 빗자루의 이름이 재료나 생김새에 따라 정해진다는 것을 알 수 있습니다.

9 빗자루로 인형 놀이를 하였습니다.

10 빗자루와 관련된 이야기나 빗자루 같은 생활 도구에 대한 글을 더 찾아 읽는 것이 알맞습니다.

11 글에서는 여러 가지 옷차림에 대해서 설명하고 있습니다.

12 ㉠이 중요한 문장이고, ㉡, ㉢, ㉣이 예를 들어서 자세히 설명해 주는 문장입니다.

13 장소에 따라서 옷차림이 달라진다는 것을 알 수 있습니다.

14 하는 일에 따라 옷차림이 달라지는 것을 자세히 알 수 있도록 해 주는 문장이 들어가는 것이 알맞습니다.

15 ⑤는 여러 나라에서 전해 내려오는 옷이 그 나라 날씨의 영향을 받는다는 내용을 설명한 것입니다.

16 날씨에 따라서 입는 옷이 달라진다는 내용이 중요한 내용이라는 것을 짐작할 수 있습니다.

17 페달을 밟아 바퀴를 돌리는 탈것이라는 설명에서 자전거라는 것을 알 수 있습니다.

18 수박은 검은색 씨가 많고, 씨가 없는 수박도 있습니다.

19 글자에 대하여 설명하는 글입니다.

4. 마음을 전해요

개념 확인하기

온라인 학습북 **17**쪽

1 ㉠	2 ㉢
3 ㉡	4 ㉠

정답을 확인하기 전에 자기가 푼 단원 평가의 정답을 큐알을 찍어 올려 보세요.

단원 평가

온라인 학습북 **18~21**쪽

문항 번호	정답	평가 내용	난이도
1	②	편지를 쓴 까닭 알기	쉬움
2	③	문장 부호가 같은 문장 찾기	보통
3	②	문장이 쓰인 상황 파악하기	보통
4	③	문장의 종류 알기	보통
5	④	문장의 종류와 문장을 쓴 까닭 알기	보통
6	③	문장의 종류 알기	보통
7	③	문장을 쓴 까닭 파악하기	보통
8	③	문장의 종류 구별하기	어려움
9	①	편지에 들어갈 내용 알기	쉬움
10	①	편지의 내용 파악하기	보통
11	④	글쓴이의 마음 파악하기	보통
12	③	인물의 마음을 생각하며 실감 나게 읽기	어려움
13	⑤	이야기에서 인물의 마음 짐작하기	어려움
14	①	이야기의 내용 파악하기	보통
15	⑤	이야기에서 인물의 마음 짐작하기	보통
16	①	이야기에서 인물의 마음 짐작하기	보통
17	①	이야기의 내용 파악하기	쉬움
18	⑤	이야기에서 인물의 마음 짐작하기	보통
19	②	이야기의 내용 파악하기	어려움
20	③	이야기에서 인물의 마음 짐작하기	보통

1 11월 특별 전시회에 초대하고 있습니다.

2 !(느낌표)가 쓰인 문장을 찾아봅니다.

3 우체국이 어디 있는지 물어보는 문장입니다.

4 우체국이 있는 곳을 설명하는 문장입니다.

5 이가 아픈 느낌을 강하게 나타내는 문장입니다.

6 **가**는 묻는 문장으로, **바**, **자**와 문장의 종류가 같습니다.

7 종이를 접어서 강아지를 만드는 방법을 설명하려고 쓴 문장입니다.

8 **나**, **다**, **사**, **차**는 설명하는 문장이고, **라**는 감탄하는 문장입니다.

9 편지는 '받는 사람 – 첫인사 – 전하고 싶은 말 – 끝인사 – 쓴 날짜 – 쓴 사람'으로 구성됩니다.

10 민우가 손을 다쳐서 가방을 어떻게 들까 걱정하고 있었는데 지후가 도와준다고 했습니다.

11 지후가 도와준다고 해서 기쁜 느낌을 표현하였으므로 기쁘고 고마운 마음을 짐작할 수 있습니다.

12 구두쇠 영감이 눈을 부릅뜨고 말했으므로 화난 목소리가 어울립니다.

13 구두쇠 영감이 냄새 맡은 값을 내라고 해서 놀라고 황당했을 것입니다.

14 최 서방은 냄새 맡은 값을 준다고 하며 구두쇠 영감의 귀에 대고 엽전 소리를 들려주었습니다.

15 최 서방이 국밥 냄새 맡은 값은 내지 않고 엽전 소리를 들려주어 어리둥절할 것입니다.

16 커다란 무를 뽑아서 즐겁고 뿌듯할 것입니다.

17 농부는 이렇게 귀한 무를 그냥 먹을 수 없다며 사또께 바쳤습니다.

18 사또는 껄껄껄 웃으며 농부에게 고맙다고 말하였습니다.

19 욕심꾸러기 농부는 사또께 송아지를 갖다 바치면 더 큰 선물을 받을 것이라고 기대하였습니다.

20 욕심꾸러기 농부는 "아이고, 아까운 내 송아지." 라고 말하며 울면서 집으로 돌아왔습니다.

5. 바른 말로 이야기 나누어요

개념 확인하기

온라인 학습북 **22**쪽

1 ㉠	**2** ㉠
3 ㉢	**4** ㉠

정답을 확인하기 전에 자기가 푼 단원 평가의 정답을 큐알을 찍어 올려
보세요.

단원 평가

온라인 학습북 **23~25**쪽

문항 번호	정답	평가 내용	난이도
1	②	만화의 내용 파악하기	보통
2	①	낱말의 뜻 알기	쉬움
3	③	낱말을 바르게 사용하기	어려움
4	①	문장에 알맞은 낱말 찾기	보통
5	②	낱말을 바르게 고치기	보통
6	①	문장에 알맞은 낱말 찾기	보통
7	④	낱말을 바르게 사용하기	보통
8	③	낱말의 뜻 알기	쉬움
9	④	낱말을 바르게 사용하기	어려움
10	④	발표를 하거나 들을 때의 방법 알기	보통
11	④	글의 내용 파악하기	쉬움
12	③	시간을 나타내는 말 알기	보통
13	②	일이 일어난 차례 파악하기	어려움
14	⑤	글의 제목 짐작하기	보통
15	②	시간을 나타내는 말 알기	보통
16	①	글의 내용 파악하기	보통
17	③	일이 일어난 차례 파악하기	보통
18	⑤	낱말의 뜻 알기	보통
19	②	시간을 나타내는 말 알기	쉬움
20	③	시간을 나타내는 말 알기	어려움

온라인 학습북 **17~25**쪽

1 지은이가 사용한 낱말 '바랐네'와 '적네'가 문장에 어울리지 않습니다.

2 윤재의 말을 참고할 때 ㉠은 색이 변하는 것임을 알 수 있습니다.

3 ㉡의 '작다'는 내 옷의 크기가 작은 상황에서 사용할 수 있습니다.

4 생각이나 바람대로 어떤 일이나 상태가 이루어지거나 그렇게 되었으면 하고 생각하는 것은 '바라다'가 알맞습니다.

5 중요한 일이 있다는 것을 기억하지 못하는 것이므로 '잊어버렸다'가 바른 표현입니다.

6 비교가 되는 두 대상이 서로 같지 않을 때는 '다르다'를 써야 합니다.

7 '다르다'와 '틀리다'의 뜻을 구분해 보고 알맞지 않은 문장을 찾아봅니다.

8 '가르치다'는 지식 따위를 알려 주는 것을 뜻합니다.

9 ㉠의 '바랐다'는 '바랐다', ㉡의 '잃어버렸다'는 '잊어버렸다'로 쓰는 것이 알맞습니다.

10 발표할 때는 듣는 사람을 바라보며 자신의 생각을 바른 말로 표현해야 합니다.

11 세나와 아빠는 '아빠와 함께 추억 만들기' 행사에 참여하였습니다.

12 '밤'은 시간을 나타내는 말입니다.

13 시간을 나타내는 말을 중심으로 일이 일어난 차례대로 정리해 봅니다.

14 이 글에서 우편집배원은 마을로 오가는 황량한 길을 꽃길로 만듭니다.

15 '마을로 오가는 길'은 장소를 나타내는 말입니다.

16 우편집배원은 마을로 오가는 길을 사막처럼 황량하게 느끼고 있습니다.

17 우편집배원이 마을로 오가는 길에 꽃씨를 뿌려 꽃들이 만발하게 되었습니다.

18 '어떤 모습이나 모양.'을 뜻하는 말은 '자태'입니다.

19 일의 차례대로 이야기할 때는 시간을 나타내는 말을 사용해서 말하면 좋습니다. '아침'과 '오후' 사이에 들어갈 수 있는 말은 '점심'입니다.

20 '주말, 옛날, 목요일'이 시간을 나타내는 말입니다.

6. 매체를 경험해요

개념 확인하기
온라인 학습북 26쪽

1 ㉡		**2** ㉡	
3 ㉡		**4** ㉠	

정답을 확인하기 전에 자기가 푼 단원 평가의 정답을 큐알을 찍어 올려 보세요.

단원 평가
온라인 학습북 27~30쪽

문항 번호	정답	평가 내용	난이도
1	⑤	매체와 매체 자료 알기	보통
2	②	광고에 나타난 그림 파악하기	보통
3	④	광고에 나타난 글 파악하기	쉬움
4	④	광고를 보는 방법 알기	보통
5	⑤	광고 이해하기	어려움
6	⑤	만화의 상황 파악하기	보통
7	②	인물의 표정 알기	쉬움
8	④	장면 이해하기	보통
9	④	인물의 말 짐작하기	보통
10	②	만화의 좋은 점 파악하기	어려움
11	⑤	매체 자료를 보는 방법 알기	보통
12	⑤	누리집의 내용 파악하기	쉬움
13	⑤	누리집을 보는 방법 알기	어려움
14	④	누리집의 내용 파악하기	보통
15	①	누리집의 정보 연결하기	어려움
16	⑤	게시물을 만드는 과정 이해하기	쉬움
17	④	게시물의 내용 파악하기	보통
18	⑤	그림의 내용 파악하기	보통
19	④	매체와 연결 짓는 방법 알기	보통
20	④	낱말을 소리 내어 읽기	보통

1 다양한 매체와 매체 자료에 흥미와 관심을 가지고 사용하는 것이 바람직합니다.

2 이 공익 광고에서는 일회용품인 비닐봉지의 모습을 풀이 땅에 묻힌 모습처럼 표현하고 있습니다.

3 일회용품인 비닐봉지를 풀처럼 착각한 말입니다.

4 이 공익 광고를 볼 때는 글과 그림이 나타내는 뜻을 생각해 보는 것이 좋습니다.

5 이 공익 광고는 글과 그림을 통해 일회용품 사용을 줄여 자연을 보호해야 한다는 내용을 전달하고 있습니다.

6 영준이는 산에서 빠르게 내려오다가 넘어졌습니다.

7 산에서 내려오면서 신난 표정을 짓고 있습니다.

8 영준이가 산에서 넘어져 아파하는 상황이므로 즐거운 마음이라는 것은 알맞지 않습니다.

9 어머니는 걱정스러운 표정으로 영준이에게 "많이 아프니?"라고 말씀하시는 것이 알맞습니다.

10 이 만화를 읽을 때 글과 그림을 보면 내용과 상황을 더 생생하고 자세히 알 수 있습니다.

11 글과 그림이 있는 매체 자료를 볼 때는 글과 그림을 관련지으며 보는 것이 좋습니다.

12 관람 시간은 10:00~17:00으로 나타나 있습니다.

13 누리집을 찾아볼 때는 알맞은 내용을 담고 있는 누리집인지 살펴보는 것이 좋습니다.

14 ④는 학교 누리집에서 알 수 있습니다.

15 진료 시간과 예약 방법은 병원 누리집에서 알 수 있는 정보입니다.

16 학급 누리집에 올릴 게시물을 작성하는 과정을 나타내고 있습니다.

17 학급 누리집에 우리 반을 소개하는 게시물에 들어갈 내용으로 ④는 알맞지 않습니다.

18 학교 행사와 어울리는 그림은 반 친구들이 운동회에서 달리기를 하는 그림입니다.

19 자신의 경험을 매체와 연결 지어 표현할 때는 전할 내용이 글과 그림 등에 잘 드러나도록 합니다.

20 '터지게'는 글자와 소리가 다르지 않습니다.

7. 내 생각은 이래요

개념 확인하기 온라인 학습북 **31**쪽

1 ㉠	**2** ㉢
3 ㉡	**4** ㉠

정답을 확인하기 전에 자기가 푼 단원 평가의 정답을 큐알을 찍어 올려 보세요.

단원 평가 온라인 학습북 **32~35**쪽

문항 번호	정답	평가 내용	난이도
1	⑤	글의 주제 알기	쉬움
2	①	글의 중심 생각 찾기	어려움
3	③	글의 내용 파악하기	보통
4	⑤	글의 내용 짐작하기	어려움
5	⑤	글의 내용 파악하기	보통
6	⑤	글의 내용 파악하기	보통
7	②	글쓴이의 생각 파악하기	보통
8	①	생각에 알맞은 까닭 찾기	쉬움
9	④	글의 중심 생각 찾기	보통
10	①	글의 제목 짐작하기	쉬움
11	④	생각에 대한 까닭 파악하기	보통
12	⑤	글의 내용 짐작하기	보통
13	④	글을 읽고 자신의 생각 말하기	보통
14	②	글의 내용 짐작하기	보통
15	④	글의 내용 파악하기	쉬움
16	②	인물의 생각 파악하기	어려움
17	①	생각에 대한 까닭 파악하기	보통
18	②	생각에 대한 까닭 파악하기	보통
19	④	글의 내용 파악하기	보통
20	⑤	생각을 표현한 글 읽기	보통

온라인 학습북 **26 ~ 35** 쪽

1 반려견과 야외로 나갈 때 지켜야 할 에티켓에 관하여 쓴 글입니다.

2 글 **가**는 반려견의 배설물은 주인이 치워야 한다는 중심 생각과 그에 대한 설명으로 이루어진 글입니다.

3 반려견을 야외로 데리고 나갈 때에는 목줄을 채워야 한다고 하였습니다.

4 개에게 물렸던 경험을 가진 사람이나 개를 무서워하는 어린이들은 개가 가까이 오는 것에 공포를 느낄 수 있다는 내용 뒤에 이어지는 문장이므로 '위협적인'이 알맞습니다.

5 반려견이 짖게 되면 다른 사람에게 큰 피해를 줄 수 있다고 하였습니다.

6 자신의 반려견이 미움을 받거나 공포의 대상이 되지 않도록 해야 한다고 하였습니다.

7 다른 사람과 내 반려견을 위해 에티켓을 지키자고 말하였습니다.

8 아침에 운동장에서 달리기를 하자는 생각과 이어지는 내용을 통해 '좋은 점'이 알맞은 것을 알 수 있습니다.

9 아침에 운동장을 달리면 기분이 좋아진다고 하였습니다.

10 아침에 운동장에서 달리기를 하자는 생각을 잘 나타내는 제목을 찾아야 합니다.

11 아침에 더 빨리 일어날 수 있다는 내용은 나와 있지 않습니다.

12 뒤에 '하지만'이 쓰이며 즐거움을 느낄 수 있다는 내용이 이어지므로 처음에는 즐거움을 느끼지 못했다는 내용이 오는 것이 알맞습니다.

13 아침에 운동장을 달리면 더 건강해진다고 하였습니다.

14 선생님은 공지 사항을 읽어 보았냐고 물으며 교장 선생님께서 학교 뒤뜰을 자유롭게 꾸며 보라고 하셨다고 했습니다.

15 다혜는 병아리를 키우고 싶어 했다고 하였습니다.

16 뒤에 심은 식물을 돌보지 않으면 죽는다는 말이 이어집니다.

17 식물도 생명이므로 돌보지 않으면 죽는다고 하였습니다.

18 닭이 되는 과정을 볼 수 있다고 하였습니다.

19 책임지고 보살필 돌보미를 정해서 돌아가면서 보살피기로 하였습니다.

20 ㉣은 자신의 느낌을 쓴 문장입니다.

8. 나도 작가

개념 확인하기
온라인 학습북 36쪽

1 ⓒ	2 ⓒ
3 ⓒ	4 ㉠

정답을 확인하기 전에 자기가 푼 단원 평가의 정답을 큐알을 찍어 올려 보세요.

단원 평가
온라인 학습북 37~40쪽

문항 번호	정답	평가 내용	난이도
1	④	시의 내용 파악하기	보통
2	④	장면을 몸으로 표현하기	쉬움
3	④	경험이 드러난 시 읽기	어려움
4	⑤	말하는 사람의 경험 파악하기	보통
5	⑤	노랫말의 내용 파악하기	쉬움
6	③	노랫말을 읽고 경험 파악하기	쉬움
7	③	노랫말을 읽고 장면 상상하기	보통
8	②	경험을 떠올려 노랫말 바꾸어 쓰기	보통
9	③	글의 내용 파악하기	보통
10	①	글의 내용 파악하기	쉬움
11	⑤	인물의 마음 파악하기	어려움
12	①	글의 내용 파악하기	보통
13	③	인물의 생각 파악하기	어려움
14	②	일이 일어난 순서 파악하기	보통
15	④	이어질 이야기 상상하기	보통
16	④	인물의 생각 파악하기	보통
17	⑤	글의 내용 파악하기	보통
18	①	인물의 마음 상상하기	보통
19	②	인물의 마음 상상하기	보통
20	③	이어질 이야기 상상하기	보통

1 시에서 말하는 사람은 '우리'가 눈길을 걷는 모습이 오리와 닮았다고 표현하고 있습니다.

2 친구들이 뒤뚱뒤뚱 걸으며 학교에 가는 모습을 표현할 수 있습니다.

3 오리처럼 걷는 것이 부끄러운 마음은 나타나 있지 않습니다.

4 밤사이 눈 내린 길 위에 나란히 남은 발자국을 본 경험이 드러난 노랫말입니다.

5 말하는 사람은 이른 아침 발자국의 주인이 어디로 갔을지 궁금해하고 있습니다.

6 노랫말에서 말하는 사람은 '너'와 함께 학교와 집을 오고 간 경험을 표현했습니다.

7 '너'와 둘이 손잡고 이야기하며 걸어가는 모습을 떠올릴 수 있습니다.

8 ②는 '너'를 만나러 갈 것임은 알 수 있으나 누구와 함께 걷고 있다는 내용은 드러나 있지 않습니다.

9 풍뎅이를 따라다니던 금방울은 동생들이 보이지 않는다는 사실을 알아차렸습니다.

10 은방울은 빈집에서 언니가 오기를 기다리고 있었다고 했습니다.

11 동생들을 집에서 무사히 찾게 되어 안심한 마음이 느껴집니다.

12 누군가 문을 두드리는 소리에 놀랐기 때문입니다.

13 문밖에 있는 낯선 덩치 몰래 문을 잠그기 위해서입니다.

14 금방울은 문을 두드리는 낯선 덩치를 보고 문고리를 건 뒤 동생들과 방으로 들어가 작은방울을 업고 자장가를 불러 주었습니다.

15 금방울은 낯선 덩치를 보고 문고리를 걸었습니다.

16 택배를 처음 받아봤기 때문입니다.

17 보낸 사람의 이름이 알아볼 수 없을 만큼 얼룩지고 찢겨 있었기 때문입니다.

18 처음으로 택배를 받게 되어 들뜨고 설레는 마음이 드러나 있습니다.

19 모양이나 색이 없이 심심한 하얀색 끈 운동화였기 때문입니다.

20 택배에는 미지의 이름이 쓰여 있었습니다.

정답은
이안에
있어!

배움으로 행복한 내일을 꿈꾸는
천재교육 커뮤니티 안내 ...

 교재 안내부터 구매까지 한 번에!
천재교육 홈페이지

자사가 발행하는 참고서, 교과서에 대한 소개는 물론
도서 구매도 할 수 있습니다. 회원에게 지급되는 별을 모아
다양한 상품 응모에도 도전해 보세요!

 다양한 교육 꿀팁에 깜짝 이벤트는 덤!
천재교육 인스타그램

천재교육의 새롭고 중요한 소식을 가장 먼저 접하고 싶다면?
천재교육 인스타그램 팔로우가 필수!
깜짝 이벤트도 수시로 진행되니 놓치지 마세요!

 수업이 편리해지는
천재교육 ACA 사이트

오직 선생님만을 위한, 천재교육 모든 교재에 대한 정보가 담긴
아카 사이트에서는 다양한 수업자료 및 부가 자료는 물론
시험 출제에 필요한 문제도 다운로드하실 수 있습니다.

https://aca.chunjae.co.kr

 천재교육을 사랑하는 샘들의 모임
천사샘

학원 강사, 공부방 선생님이시라면 누구나 가입할 수 있는 천사샘!
교재 개발 및 평가를 통해 교재 검토진으로 참여할 수 있는 기회는 물론
다양한 교사용 교재 증정 이벤트가 선생님을 기다립니다.

 아이와 함께 성장하는 학부모들의 모임공간
튠맘 학습연구소

튠맘 학습연구소는 초·중등 학부모를 대상으로 다양한 이벤트와 함께
교재 리뷰 및 학습 정보를 제공하는 네이버 카페입니다.
초등학생, 중학생 자녀를 둔 학부모님이라면 튠맘 학습연구소로 오세요!